Ces services administratifs qui nous pourrissent la vie...

© 2015, Jean Claude Dumas
Edition : BoD - Books on Demand, 12/14 rond-point des Champs Elysées, 75008 Paris
Impression : BoD - Books on Demand GmbH, Norderstedt, Allemagne
ISBN : 9782322013388
Dépôt légal : Avril 2015

Jean Claude

Ces services administratifs qui nous pourrissent la vie…

« Pour l'usager, réformer les comportements peut être aussi important que réformer les textes »

Le Médiateur de la République
(Rapport 2008)

Remerciements

Je tiens à exprimer ma reconnaissance et ma gratitude à tous les services administratifs, publics ou privés, qui ont pris la peine de répondre à mes sollicitations, à travers les courriers qu'ils ont rédigés à mon attention.

Ce faisant, ils ont joué un rôle prépondérant dans la réalisation de cet ouvrage. Des quatre histoires racontées ici, ils ont conçu le scénario et rédigé, au fil de nos échanges, les plus belles pages.

Ces épistoliers sont ainsi devenus, à leur insu, les coauteurs – anonymes – de ce document.

Car, ne souhaitant pas partager avec eux le succès d'édition que ne manquera pas de rencontrer ce témoignage, j'ai fait, très égoïstement, le choix de taire leur identité. A cet effet, j'ai soigneusement occulté les noms et les adresses de la plupart des administrations, sociétés commerciales, lieux et personnes, impliqués dans ces récits.

Certains s'accommoderont probablement de ce choix, tandis que d'autres pourraient en prendre ombrage et me le reprocher. Si tel était le cas, je leur demande, par avance, de bien vouloir me le pardonner.

SOMMAIRE

Préface..13

Le trimestre perdu..15

La virgule et le tiret..43

52 jours en mode « Zero Play »............................111

La boulette du 7 février.......................................143

Postface...239

Préface

Qui n'a rêvé d'un monde où la simplicité, l'écoute, la lucidité, la pertinence et l'efficacité seraient reines ! Ce monde reste pour l'instant hors de portée et le restera probablement aussi longtemps qu'il y aura… des services administratifs.

L'administratif, c'est le maillon incontournable entre le citoyen et les institutions – que celles-ci soient publiques ou privées. Il est partout : derrière un guichet, dans un bureau ou dans un centre d'appels. Il répond au téléphone, rédige des lettres et des courriels, consulte et met à jour des fichiers, scanne et photocopie des documents, étudie la réglementation… pour traiter les dossiers qui lui sont soumis.

C'est à lui que revient la lourde responsabilité d'appliquer les nombreux textes existants : lois, règlements, circulaires, directives, conditions générales, chartes, etc. Il doit, dans cet exercice, veiller à défendre les intérêts de l'État, quand il est fonctionnaire, ou ceux de son employeur, quand il exerce ses talents dans le privé.

Usager d'une administration publique ou client d'une entreprise privée, le citoyen ne peut échapper à l'entremise des services administratifs, chaque fois qu'il doit effectuer l'une des démarches – souvent incontournables – qui émaillent une existence.

Récemment, plusieurs contretemps sont venus perturber, de manière inattendue, mon quotidien et celui de mes deux fils. Ces difficultés m'ont amené à me frotter, de manière exceptionnelle, à des services administratifs d'horizons divers, afin de négocier la meilleure issue possible à ces problèmes. Un processus d'échanges – principalement épistolaires – s'est alors établi entre nous, apportant, comme dans un roman d'aventures, son lot d'imprévus, de surprises et de rebondissements.

Comme on le devine, les choses ne se sont pas idéalement passées. J'ai dû batailler, contester, argumenter, pour faire valoir mes intérêts. Disposant de beaucoup de temps libre – privilège de retraité –, je me suis battu d'arrache-pied, sans jamais renoncer, dès lors que les solutions proposées par mes interlocuteurs étaient déraisonnables – donc inacceptables.

Comment s'y prennent-ils, ces alchimistes modernes, pour transformer la vie quotidienne des Français en un véritable bagne ? C'est le mystère que l'on essaiera de percer à travers ce témoignage. Il n'y a probablement pas de leur part une volonté délibérée d'être désagréable avec l'usager – ou le client –, mais leur mode de fonctionnement et la logique administrative semblent conduire inéluctablement à ce résultat.

La vie serait belle si l'administratif rédigeait des courriers clairs, n'éludait pas les questions posées et expliquait avec pertinence et clarté les décisions prises. La vie se complique quand l'administratif néglige d'expliquer ou de justifier sa réponse, alors que l'usager la juge absurde et illogique, lui laissant un sentiment d'injustice ou d'abus de pouvoir.

*

Pour faire revivre avec réalisme ces « aventures », de leur genèse à leur dénouement, j'ai restitué dans ce document les courriers échangés entre nous dans leur quasi-intégralité, afin que personne ne puisse m'accuser de médisance ou d'affabulation.

Pour peu qu'on les examine avec attention, ils donnent un aperçu intéressant sur les comportements administratifs.

Mes commentaires accompagnent ces documents. Ils exposent le contexte de chaque histoire ainsi que les interrogations, les réflexions et les réactions provoquées par la lecture et l'analyse de ces courriers. On pourra y observer, selon le cas, de l'étonnement, de l'incompréhension, de l'agacement, voire de l'exaspération.

Ils illustrent en quelque sorte les effets que la prose administrative a le pouvoir de produire sur un citoyen lambda.

*

Comment tout cela va-t-il se terminer ? David va-t-il terrasser Goliath ? Le pot de terre parviendra-t-il à ébrécher le pot de fer ?

Il faudra attendre les toutes dernières péripéties de chaque histoire pour le découvrir. C'est ainsi que le suspense, omniprésent dans chacun de ces récits, fait de ce témoignage un thriller atypique, que l'on pourrait qualifier de thriller administratif.

Le trimestre perdu

Nous sommes en juillet 2008 : mon fils Olivier vient de terminer ses études et il se met à la recherche d'un emploi. En septembre, en attendant de trouver un CDI conforme à ses aspirations et à sa formation, il signe un CDD auprès d'une société d'intérim, pour un job temporaire dans un centre d'appels. C'est son premier emploi rémunéré. Le CDD court du 11 septembre au 31 décembre 2008.

Cette société pratique le décalage de paye. Contrairement à la règle appliquée dans la majorité des entreprises, le salaire d'un mois donné est versé au début du mois suivant. Ainsi, le salaire de décembre 2008 lui sera versé le 12 janvier 2009.

Lorsqu'un salarié travaille de manière continue du 1er janvier au 31 décembre, il valide quatre trimestres pour la retraite. Mais lorsqu'il ne travaille qu'une partie de l'année – ce qui est le cas de toute personne entrant dans la vie active en cours d'année –, la règle, pour le calcul du nombre de trimestres à valider, est donnée par l'article 351-9 du Code de la Sécurité Sociale : « Il y a lieu de retenir autant de trimestres que le salaire annuel correspondant aux retenues subies par l'assuré sur sa rémunération représente de fois le montant du salaire minimum interprofessionnel de croissance (SMIC) en vigueur au 1er janvier de l'année considérée, calculé sur la base de 200 heures, avec un maximum de quatre trimestres par année civile. »

Au 1er janvier 2008, le montant du SMIC, calculé sur la base de 200 heures, est de 1688 €. Pour calculer nombre de trimestres à valider, il convient donc de diviser le salaire perçu en euros par 1688 et de retenir la partie entière du quotient, sans que ce résultat permette de valider plus de quatre trimestres.

Lorsque fin février 2009, je consulte sur www.lassuranceretraite.fr, site internet de la Caisse Nationale d'Assurance Vieillesse (CNAV), le relevé de carrière d'Olivier, je constate que seuls deux trimestres ont été validés pour l'année 2008. Or, le montant des salaires perçus en contrepartie des jours travaillés du 11 septembre au 31 décembre 2008, divisé par le salaire de référence, permet d'en valider trois. En examinant plus attentivement ce relevé, je constate que le salaire de base utilisé pour la validation des trimestres acquis en 2008 ne cumule que les salaires de septembre, octobre et novembre.

Le salaire de décembre n'a pas été pris en compte, ce qui explique le résultat affiché. D'où les questions qui me viennent immédiatement à l'esprit. S'agit-il d'une erreur de la CNAV ? Est-ce parce que le salaire de décembre n'a été versé qu'en janvier 2009 qu'il n'a pas été comptabilisé en 2008 ? Le cas du décalage de paye a-t-il été prévu par les textes ? Si oui, quelle est la règle à appliquer ? Sinon, peut-on rectifier ce qui me semble être une anomalie ?

Je relis l'article 351-9 du Code de la Sécurité Sociale : il parle bien de salaire annuel, mais sans préciser la règle à appliquer dans le cas particulier du décalage de paye.

Pour en savoir davantage, je décide de me déplacer à l'antenne départementale de la CNAV. Cette institution est en charge de la gestion de la branche retraite du régime de sécurité sociale. C'est donc bien à cette porte qu'il convient de frapper, pour obtenir des réponses pertinentes et irréfutables à ces questions.

REMARQUE. S'il s'avérait impossible d'obtenir la rectification de ce calcul, ce trimestre serait définitivement perdu, car en 2009, Olivier va travailler de février à décembre, ce qui lui permettra de valider quatre trimestres pour la retraite, sans qu'il soit besoin d'ajouter à son salaire de 2009, celui de décembre 2008.

03-03-2009 : je consulte la CNAV

Le 3 mars 2009, je me présente à l'antenne départementale de la CNAV. Après quelques minutes passées à faire le poireau dans l'entrée, l'hôtesse d'accueil me fait signe d'avancer jusqu'au comptoir derrière lequel elle est assise. Les usagers, eux, restent debout.

J'ai essayé ci-dessous de reconstituer le dialogue qui s'est instauré entre elle et moi. Il est évident que n'ayant pas enregistré la conversation, les échanges que je rapporte ici n'en sont pas la reproduction fidèle, au mot près. J'affirme néanmoins que, sur le fond, la teneur de la discussion a été scrupuleusement respectée.

« Bonjour Madame, dis-je, je viens me renseigner à propos du nombre de trimestres que vous avez validé, pour 2008, sur le compte individuel de retraite de mon fils Olivier. D'après mon constat, il semble que vous n'ayez pas pris en compte le salaire de décembre.

– Moi, Monsieur, répond l'hôtesse avec une belle assurance, je prends les chiffres qui me sont indiqués par les employeurs sur la DADS[1].

– Et l'employeur ne vous aurait donc pas communiqué le salaire de décembre 2008 ?

– Moi, Monsieur, je prends les chiffres qui me sont communiqués par les employeurs, répète avec la même conviction l'hôtesse, pensant probablement que je n'avais pas bien entendu.

– Il est vrai, Madame, que cet employeur pratique le décalage de paye. Est-ce à dire qu'il ne réintègre pas le salaire de décembre 2008, payé en janvier 2009, dans la DADS de 2008 ?

– Moi, Monsieur, je prends les chiffres figurant sur la DADS, répète l'hôtesse une nouvelle fois, avec une pointe d'agacement.

– J'ai bien compris, dis-je, mais que prévoit la réglementation pour le calcul du nombre de trimestres qu'il convient de retenir pour la retraite ? Dans des cas similaires, n'êtes-vous pas conduite à corriger le salaire indiqué sur la DADS ?

---

1 : Chaque année, avant le 31 janvier, toutes les entreprises sont tenues de communiquer à la Sécurité Sociale la DADS (Déclaration Annuelle de Données Sociales), pour l'année écoulée. Les salaires font partie de ces données sociales.

– Je prends les chiffres qui me sont communiqués par les employeurs, martèle l'hôtesse, esquissant un geste d'impatience.

– Existe-t-il une instance à qui je pourrais m'adresser pour savoir s'il existe une règle spécifique qui s'appliquerait dans ce type de situation ? Pensez-vous, par exemple, qu'il serait pertinent que je rencontre l'employeur ?

– C'est vous qui voyez, répond l'hôtesse. Moi, je prends les chiffres qui me sont communiqués par les entreprises, répond-elle sèchement.

– Mais ne trouvez-vous pas qu'il serait injuste que mon fils soit pénalisé du fait d'un choix de gestion de l'employeur ? Si celui-ci n'avait pas pratiqué le décalage de paye, il aurait engrangé trois trimestres, alors que vous ne lui en comptabilisez que deux. Ce cas particulier n'a donc pas été prévu par vos services ?

– Moi, Monsieur...

– Je sais, dis-je, en lui coupant la parole, vous prenez les chiffres communiqués par l'employeur ! Donc, pour vous, il n'y a rien qui puisse être fait pour corriger ce qui me semble être une anomalie ?

– Mais vous m'agressez, Monsieur, dit l'hôtesse !

REMARQUE. Face à cette hôtesse robotisée, apparemment programmée pour une seule réponse, je prends conscience que j'ai, sans m'en rendre compte, haussé le ton, révélant ainsi un désappointement mêlé d'irritation, d'où cette remarque de mon interlocutrice.

– Excusez-moi si je me suis un peu échauffé. Je vous remercie pour les renseignements que vous m'avez fournis, dis-je avec une pointe d'ironie ! Au revoir, Madame. »

En bref, une démarche qui n'a servi à rien, sauf à constater l'indifférence – ou l'incompétence – de cette personne. Cette hôtesse est une simple exécutante, qui ne prend aucun recul par rapport à la mission qu'on lui a confiée. Elle ne s'interroge guère sur la finalité et la pertinence de son travail : elle applique des consignes à la manière d'un automate. Elle ne cherche manifestement pas à approfondir les questions qu'on lui soumet. Sa Bible, c'est la DADS. Ce document constitue, pour elle, la référence unique et incontournable. Il ne saurait apparemment être question d'y apporter la moindre rectification.

Je m'étonne qu'une personne aussi peu à l'écoute des usagers, ait été choisie pour occuper ce poste d'hôtesse, avec pour mission de les accueillir et de les renseigner, d'être en quelque sorte la « vitrine » de cette administration.

On peut comprendre qu'un employé ne connaisse pas toutes les règles et toutes les procédures en vigueur (il y en a tant !) et il n'est pas honteux de n'être point compétent sur tout. Mais est-il interdit pour autant d'interroger un collègue ou un supérieur hiérarchique, de rechercher dans la documentation existante des éléments de réponse éventuels, de dire qu'on ne sait pas et qu'on va se renseigner ? Non, rien de tout cela. L'hôtesse semble seulement pressée d'appeler l'usager suivant, qui attend dans l'entrée...

La question de fond reste posée : « Faut-il prendre en compte les salaires perçus en fonction de la date de leur versement au salarié ou en fonction de la période de travail qui correspond à ces salaires ? » Il me semble que la logique voudrait que l'on retienne la deuxième proposition. Si rien n'a été prévu pour traiter ce cas, j'estime que c'est injuste. Imaginons deux personnes qui travaillent toutes les deux du 11 septembre au 31 décembre, avec le même salaire. L'une travaille pour une entreprise qui pratique le décalage de paye, l'autre pas. La première va se voir créditer de deux trimestres et l'autre de trois. C'est totalement inéquitable dans la mesure où cette différence n'est en rien imputable au salarié, mais résulte de choix de gestion différents, faits par ces deux employeurs.

10-03-2009 : je sollicite mon député

Suite à cette visite désespérément infructueuse, j'ai ruminé toute la semaine le vide informationnel dans lequel cette démarche m'a laissé. Puis le 10 mars 2009, bien décidé à ne pas en rester là, je prends l'initiative de solliciter mon député. C'est la première fois que j'entreprends une telle démarche et j'ignore si elle sera utile ou non. Je prends donc ma plus belle plume pour lui exposer les faits et lui demander un avis. J'espère qu'il sera sensible à l'anormalité de cette situation et que cela l'incitera à intervenir.

Jean-Claude   , le 10 mars 2009

OBJET : Validation de trimestres pour la retraite

                                        Monsieur le Député,

Je souhaite soumettre à votre appréciation les faits suivants.

Mon fils Olivier a été embauché en septembre 2008 par une société d'intérim pour la période du 11 septembre au 31 décembre 2008. Il se trouve que la société d'intérim concernée pratique le décalage de paye, en conséquence de quoi le salaire de décembre 2008 lui a été versé le 12 janvier 2009.

Pour l'exercice 2008, la société d'intérim a déclaré à la CNAV les salaires versés en 2008, c'est à dire les salaires de septembre, octobre et novembre. Le salaire de décembre 2008 (versé en janvier 2009) sera déclaré début 2010 au titre de l'exercice 2009.

En conséquence de quoi, la CNAV a validé deux trimestres sur le relevé de carrière. Si le salaire de décembre 2008 avait été comptabilisé en 2008 (comme cela semble logique ?), elle aurait validé trois trimestres.

Je me suis rendu à la CNAV pour demander des explications. La réponse qui m'a été faite est la suivante : « Nous, à la CNAV, nous prenons les chiffres qui nous sont communiqués par les employeurs. L'employeur concerné pratique le décalage de paye (c'est son choix) d'où la situation présente. »

Les faits étant exposés, je souhaiterais connaître, Monsieur le Député votre jugement sur cette situation, qui me paraît personnellement ubuesque, dans la mesure où le nombre de trimestres validés par la CNAV dépend d'un choix de gestion de l'employeur !

Cette situation est-elle conforme à la loi et faut-il en rester là ? Si elle n'est pas conforme à l'esprit de la loi, existe-t-il des moyens de recours pour la corriger ?

Dans l'attente de votre réponse, je vous prie d'agréer, Monsieur le Député, l'expression de mes sentiments distingués.

                                                              Jean-Claude

18-03-2009 : réponse de mon député

Le 18 mars 2009, mon député accuse réception de mon courrier, après avoir transmis une copie de ma lettre à la CNAV. Mon interrogation se trouve maintenant « parrainée » par un élu de la République. Comment la CNAV va-t-elle réagir à cette intervention ?

> *Cher Monsieur,*
>
> *Vous avez bien voulu me faire part de vos interrogations concernant la prise en compte pour la retraite des trimestres travaillés par votre fils.*
>
> *Je suis intervenu dans le sens que vous souhaitiez, et je ne manquerai pas de vous tenir informé des résultats de ma démarche.*
>
> *Je vous prie de croire, Cher Monsieur, à l'assurance de mes sentiments les meilleurs.*

26-03-2009 : accusé de réception de la CNAV

Dès le 26 mars, la CNAV accuse réception de ce courrier auprès du député. Celui-ci me fait suivre la réponse, que l'on peut lire sur la page suivante.

Cet épisode me permet de pénétrer un peu dans l'intimité des rouages administratifs internes à cette institution régionale. Bizarrement, ce n'est pas le service appelé à répondre au député qui accuse réception, mais un service tiers. Le traitement d'un courrier se fait donc en deux temps :

1. Premier temps : le courrier est réceptionné par le Responsable Politique Service Clientèle (sic). Celui-ci le transmet au service compétent et, simultanément, il adresse un accusé de réception à l'auteur de la demande ;

2. Deuxième temps : le service compétent répond au courrier de l'usager. A vrai dire, il répond... quand il veut bien répondre. Car il arrive parfois, allez savoir pourquoi, qu'il s'épargne cette peine. J'en ai fait personnellement l'expérience, comme on le verra plus loin !

Je m'interroge sur la plus-value apportée par ce service intermédiaire. Un simple poste de tri du courrier entrant ne suffirait-il pas ? Pourquoi confier une mission de tri à une personne qui se présente sous le titre de Responsable Politique ? Étonnant, non ?

Mais, tout bien considéré, pourquoi la CNAV n'aurait-elle pas le droit d'estimer que le routage des courriers entrants constitue une mission à caractère hautement politique !

Pour autant, a-t-elle évalué les effets négatifs de cette organisation : accroissement du délai d'acheminement du courrier vers le service compétent – une à deux semaines de délai supplémentaire – et augmentation des coûts administratifs, du fait de la rédaction et de l'envoi d'un accusé de réception dont l'utilité reste à démontrer.

Quoique, en analysant bien la situation, on puisse trouver un réel intérêt à ce processus. Adresser très rapidement un accusé de réception à l'usager permet de le faire patienter, ce qui peut s'avérer judicieux, notamment lorsque le service habilité à répondre est débordé et que la réponse risque de se faire attendre longtemps... voire de ne jamais arriver.

Voici l'accusé de réception, reçu par le député :

Grâce à l'efficacité du Responsable Politique, qui n'a pris que quelques jours pour transmettre le courrier du député au service idoine, ma requête se trouve maintenant entre les mains du service Carrière et Données Sociales. Il n'y a plus qu'à attendre sa réponse. Je note au passage que le prénom de mon fils a été anglicisé, mais il s'agit là d'un détail sans importance : l'important, c'est la réponse datée du 6 avril, que je restitue ci-après.

06-04-2009 : lettre du directeur-adjoint de la CNAV

Monsieur JEAN-CLAUDE

Le 6 avril 2009

Nos Réf. :
AB/CLL
Objet : Votre courrier du 10 mars 2009

Monsieur,

J'ai bien reçu le 23 mars 2009 votre courrier concernant le relevé de carrière de votre fils Olivier, salarié en 2008 d'une entreprise pratiquant le décalage de paie.

En effet, le décalage de paie consiste pour un employeur à régler les salaires correspondants au travail effectué durant un mois donné, dans le courant du mois suivant. Les entreprises pratiquant le décalage de paie doivent en principe s'acquitter de leurs cotisations dans les conditions de droit commun. Le taux et la cotisation sont ceux en vigueur au moment du versement des salaires. Les déclarations annuelles de salaires sont conformes à ces principes et ne doivent pas être remises en cause.

Dans le cas présent de votre fils, il est reporté 3 mois au lieu de 4, le salaire de décembre 2008 étant rattaché à l'année 2009.

Pour remédier à ce préjudice, les services techniques peuvent alors, sur demande de l'assuré, appliquer les mesures bienveillantes prévues par **une lettre ministérielle**. Ainsi, sur demande expresse écrite de l'assuré, la régularisation est possible, sans passer par la Commission de Recours Amiable, au moment de l'attribution de la retraite.

Dans la mesure où le salaire soumis à cotisations est rétabli en application des lettres précitées, la validation des trimestres d'assurance prévue à **l'article R.351-9 Code de la Sécurité Sociale** doit être effectuée compte tenu du salaire rétabli.
Cette opération n'est à faire qu'avec production de tous les justificatifs, attestation employeur ou bulletins de salaires.

En espérant que ces informations répondront à vos interrogations, je vous prie d'agréer, Monsieur, l'expression de mes sentiments distingués.

Le Directeur Adjoint

Voilà une bonne nouvelle ! Le directeur-adjoint reconnaît qu'il y a bien « préjudice » et que, pour y pallier, une lettre ministérielle a prévu des « mesures bienveillantes ».

Dans un monde idéal où nul n'est censé ignorer la loi – pas même les fonctionnaires ! –, l'hôtesse rencontrée le 3 mars m'aurait parlé de cette « lettre ministérielle » et de ces « mesures bienveillantes », m'évitant ainsi d'importuner un député et un directeur-adjoint.

C'est dans ce but que je m'étais déplacé. Mais l'hôtesse ignorait ces dispositions et n'a pas jugé utile d'interroger ses collègues ou sa hiérarchie. Quand au préjudice que je lui ai décrit, il aurait pu la troubler et l'inciter à approfondir la question. Eh bien non ! cette injustice ne l'a pas perturbée le moins du monde! Et c'est ainsi qu'il ne restait plus à l'usager que je suis, qu'à s'investir personnellement pour pallier les carences de l'administration. Heureusement, dans cette affaire, l'appel au député a bien fonctionné, mais que se serait-il passé sans cette intervention ? La CNAV m'aurait-elle informé de l'existence de ces mesures ?

Poursuivons la lecture. Le courrier m'apprend que le nombre de trimestres validés se fait sur la base du salaire rétabli. La présentation de tous les justificatifs est bien entendu nécessaire, mais était-il besoin de le préciser ! Chacun sait que les administratifs sont boulimiques de justificatifs ! J'avais d'ailleurs anticipé cette exigence en apportant avec moi tous les bulletins de salaire – de septembre à décembre – lors de ma visite du 3 mars à l'antenne départementale de la CNAV. Car je m'étais alors imaginé – quelle naïveté de ma part ! – que grâce, entre autres, aux vertus de l'informatique, la rectification pourrait être réalisée sur-le-champ.

Venons en à la phrase suivante, dont j'ai du mal à comprendre la signification : « Ainsi, sur demande expresse écrite de l'assuré, la régularisation est possible, sans passer par la Commission de Recours Amiable, au moment de l'attribution de la retraite. »

Les administrations ont le secret des phrases alambiquées, qui vous déclenchent un mal de crâne dès que vous tentez de les analyser, alors que notre langue offre tant de possibilités pour exprimer notre pensée de façon simple, claire et précise. Je vois ici deux façons possibles d'interpréter cette phrase :

– **interprétation n°1** : la régularisation est possible soit immédiatement soit au moment de l'attribution de la retraite, sans qu'il soit nécessaire, dans ce second cas, de passer devant la Commission de Recours Amiable ;

– **interprétation n°2** : la régularisation n'est possible qu'au moment de l'attribution de la retraite, sur demande expresse écrite de l'assuré, sans passer par la Commission de Recours Amiable.

Au moment de l'attribution de la retraite ? Pour Olivier, cela signifie vers 2050 ! Cette interprétation me paraît tellement invraisemblable que je l'écarte d'emblée. Qu'on puisse différer de plus de quarante ans une simple rectification de salaire sur un fichier, alors que le principe en est validé par une lettre ministérielle et que tous les justificatifs sont à portée de main, me paraît tout simplement abracadabrantesque ! Et que l'on m'explique en 2009, de manière détaillée, ce qu'il faudra faire en 2050, me paraît surréaliste... Néanmoins, si la véritable signification de cette phrase était celle-ci, pourquoi ne pas avoir écrit tout simplement : « La régularisation n'est possible qu'au moment de l'attribution de la retraite. » ? Et pourquoi avoir évoqué la Commission de Recours Amiable, dont on est en droit de se demander si elle existera encore dans quarante ans et dont ne voit pas pourquoi on lui demanderait de statuer sur ce cas, sinon pour lui trouver une occupation, vu qu'une circulaire ministérielle a déjà traité la question ? Ne serait-ce pas uniquement pour rendre le texte incompréhensible ? En conclusion, j'opte pour l'interprétation n°1 et je décide de demander immédiatement à la CNAV, par écrit, de rétablir le salaire 2008, justificatifs à l'appui.

06-04-2009 : lettre de la CNAV au député

Mais entre temps, je reçois un courrier de mon député. En fait, le 6 avril, le directeur-adjoint a rédigé deux lettres : une première à mon attention puis une seconde destinée à mon député, pour l'informer du résultat de sa démarche. C'est cette lettre que le député me communique. Ce n'est pas une copie de celle que j'ai reçue, mais un courrier personnalisé supposé répondre à ses besoins spécifiques présumés. Cette réponse laconique indique simplement que « le nécessaire a été fait ». Le député peut donc logiquement considérer que l'affaire est réglée et que j'ai obtenu satisfaction. Le directeur adjoint de la CNAV doit estimer que le député n'a pas besoin de connaître les détails et il se garde bien d'indiquer en quoi consiste précisément le « nécessaire ». Il aurait été difficile d'imaginer une formule plus vague...

Monsieur
Député
ASSEMBLEE NATIONALE

Le 6 avril 2009

Nos Réf. : AB/CLL
Objet : V/courrier du 18 mars
Réf. 203-2009-

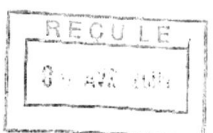

Monsieur le Député,

Comme suite à votre demande concernant le relevé de carrière de Olivier _____, fils de Monsieur Jean-Claude _____, je vous signale que le nécessaire a été fait auprès de cet assuré et que tous les éléments d'information lui ont été transmis.

Je vous prie de croire, Monsieur le Député, à l'assurance de mes sentiments distingués.

Le Directeur Adjoint

10-04-2009 : je demande à la CNAV de rectifier le décompte

Comme je l'avais décidé suite au courrier du directeur-adjoint, daté du 6 avril, je demande à Olivier d'écrire à la CNAV pour demander la rectification de son décompte retraite pour 2008.

Olivier , le 10 avril 2009

N°SS :

à
CRAM

OBJET : Validation de trimestres pour la retraite (année 2008)

Madame, Monsieur,

Suite à votre lettre du 6 avril 2009 (Vos Réf : AB/CLL), je vous demande de bien vouloir appliquer les mesures bienveillantes prévues par la lettre ministérielle évoquée dans votre courrier.

Je rappelle qu'il s'agit de rétablir, pour la validation de trimestres d'assurance au titre de 2008, les salaires soumis à cotisation, qui m'ont été versés par l'employeur en 2009 en contrepartie d'heures travaillées en 2008, puis d'appliquer les règles prévues à l'article R.351-9 du Code de la Sécurité Sociale sur ce salaire rétabli.

Vous trouverez ci-joints les bulletins de salaire correspondant à la période concernée.

Veuillez agréer, Madame, Monsieur, l'expression de mes sentiments distingués.

Olivier

La demande est postée le jour même. La réponse de la CNAV va-t-elle dissiper l'ambiguïté résultant de la formule syntaxiquement alambiquée concoctée par le directeur-adjoint ? Nous devrions en savoir davantage dans quelques jours.

24-04-2009 : lettre de la CNAV

La réponse de la CNAV arrive rapidement. Elle est datée du 24 avril. Cette fois, il n'y a pas eu d'accusé de réception émanant du Responsable Politique, mais peut-être ce protocole n'est-il réservé qu'aux élus de la République !

---

l'Assurance Retraite

Monsieur OLIVIER

N° de S.S. :
Suivi par :
Secteur : 5200
Téléphone :
N'oubliez pas d'indiquer sur vos courriers le secteur et le numéro de Sécurité sociale

Le 24 avril 2009
Objet : Régularisation de carrière

Monsieur,

Vous avez demandé une mise à jour de votre carrière du régime général.

Je vous informe que la loi du 21 août 2003 portant réforme des retraites prévoit un droit à l'information des assurés sociaux.

Vous recevrez, dans ce cadre, un relevé individuel de situation et une estimation indicative de l'ensemble de vos retraites de base et complémentaires (selon le calendrier joint).

Suite à cet envoi, si vous constatez que votre carrière n'est pas complète, vous aurez la possibilité d'en demander la mise à jour en joignant les justificatifs nécessaires.

Il vous est également possible d'obtenir une estimation de votre retraite à partir de notre site internet : www.cnav.fr, rubrique "Préparer votre retraite dès 54 ans" et "Estimer votre retraite".

Recevez, Monsieur, mes sincères salutations.

Votre correspondant,

CRAM

Il y a dû avoir de la friture sur la ligne car je ne reconnais pas la demande du 10 avril dans la réponse de la CNAV. Une chose est sûre : le salaire « 2008 » n'a pas été rectifié.

Le « calendrier joint » annonce un relevé de situation dans une dizaine d'années suite auquel il serait possible de demander une mise à jour de la carrière, si celle-ci « n'est pas complète ». Si une rectification dans dix ans, c'est mieux qu'une rectification dans quarante ans, ce n'est pas satisfaisant pour autant. Pourquoi attendre ? D'autant que cette possibilité n'est censée s'appliquer que si la carrière est incomplète. Mais ce concept n'étant pas défini, comment savoir si une rectification de salaire est assimilable à une mise à jour de carrière ?. Comment savoir si la CNAV acceptera, dans dix ans, de faire rétablir le salaire 2008 à sa vraie valeur. Par ailleurs, quelle serait la cohérence de cette règle avec la règle énoncée par le directeur-adjoint dans son courrier du 6 avril, et la formule : « au moment de la retraite » ?

A ce courrier, la CNAV a joint une notice sur le droit à l'information des assurés sociaux, dont voici la page de couverture (ci-contre), ainsi qu'un document d'information générale sur la retraite, intitulé « La retraite du régime général des salariés, Informations et Conseils pratiques » (ci-dessous), informations que je n'avais pas sollicitées.

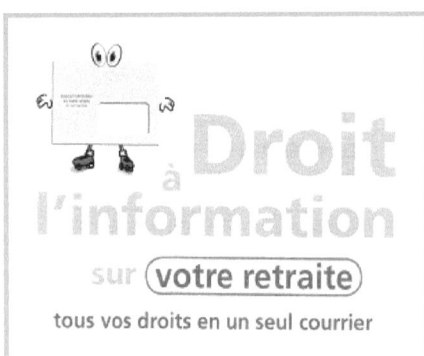

Cet envoi permet de faire diversion et d'éluder la demande de l'usager. Du grand art ! La CNAV a probablement estimé que la lecture de ces deux fascicules me ferait plus de bien que la rectification immédiate d'une anomalie liée à un décalage de paye ! A une demande personnalisée, elle répond par une information générale, bâtie autour d'une lettre standard et de prospectus, alors que j'attendais la rectification de mon compte. Comment l'expliquer ? Formulons, une fois encore, deux hypothèses :

- **hypothèse n°1** : l'employé n'a pas perçu que ma demande s'inscrivait dans une démarche initialisée en mars et faisait suite à un courrier du directeur-adjoint. Il l'a traitée comme toutes les demandes d'information – probablement nombreuses – reçues par la CNAV et pour lesquelles un traitement standard a été défini par l'organisation interne : courrier-type et envoi de plaquettes d'information générale.

- **hypothèse n°2** : l'employé a bien compris ma demande et il connaissait le contexte dans lequel elle s'inscrivait. Pourtant il l'a traitée comme une demande d'information ordinaire, parce qu'il a considéré – sans le dire ! – qu'une telle rectification ne pourra être traitée que beaucoup plus tard, soit au moment de la liquidation de la retraite, soit – peut-être – dans dix ans, validant ainsi mon interprétation n°2 de la lettre du directeur-adjoint (cf *supra*). Dans ce cas, la moindre des politesses aurait voulu qu'il précise cette règle dans sa réponse.

Conclusion

Finalement, ma demande n'a pas été exaucée, mais pourquoi ne m'a-en t-on pas expliqué la raison ? Est-il si difficile pour la CNAV d'énoncer clairement les règles qu'elle applique plutôt que de laisser l'usager baigner dans l'ignorance et l'incertitude ?

N'y a-t-il pas d'autre solution que d'attendre 2050 pour rectifier le salaire de 2008, telle est mon interrogation ? Eh bien ! pour le savoir, je vais poser la question sans détours. Ainsi la CNAV ne pourra pas se dérober... c'est, du moins, ce que j'espère.

28-04-2009 : je questionne la CNAV

Jean-Claude , le 28 avril 2009

à   CRAM

A l'attention de
Directeur-Adjoint

OBJET : Validation de trimestres pour la retraite
       Votre courrier AB/CLL du 6 avril 2009

Madame, Monsieur,

Je vous remercie pour les renseignements que vous m'avez transmis par votre courrier du 6 avril dernier.

Je sais maintenant que le cas que j'ai porté à votre connaissance a fait l'objet d'une lettre ministérielle qui prévoit la possibilité d'une régularisation.

Si je me permets de vous solliciter à nouveau, c'est pour préciser un point relatif aux modalités calendaires de cette régularisation : puis-je demander cette régularisation immédiatement (en vous adressant tous les justificatifs requis) ou dois-je attendre le « moment de l'attribution de la retraite » ?

A la lecture de votre courrier, si je focalise sur la phrase suivante :

« Ainsi, sur demande expresse écrite de l'assuré, la régularisation est possible, sans passer par la Commission de Recours Amiable, au moment de l'attribution de la retraite »,

je me dis que oui, peut-être faut-il attendre le moment de l'attribution de la retraite, c'est à dire dans le cas de mon fils attendre 40 ans, mais, en même temps, cela me paraît tellement surréaliste de différer jusqu'en 2049 ou 2050 cette régularisation, que je me demande si je ne fais pas une erreur d'interprétation.

Je vous remercie, Madame, Monsieur, pour les éclaircissements que vous pourrez m'apporter et vous prie d'agréer l'expression de mes sentiments distingués.

                                                      Jean-Claude

15-05-2009 : accusé de réception de la CNAV

Coucou, le revoilà ! Le Responsable Politique Service Clientèle qui ne s'était pas manifesté à l'occasion de mon courrier précédent est toujours en vie : le voici une nouvelle fois en pleine action. Comme il l'avait fait suite à la lettre du député, il accuse réception de mon courrier du 28 avril et m'informe - le 15 mai ! – qu'il le transmet au service Carrière et Données Sociales. Il n'est donc pas nécessaire d'être député pour bénéficier de ses services... qui, en l'occurrence, ont retardé de quinze jours la remise de ma lettre au bon destinataire.

Car cette fois, c'est bien deux semaines de retard qu'il convient de mettre au débit de cette organisation très originale, à défaut d'être efficace !

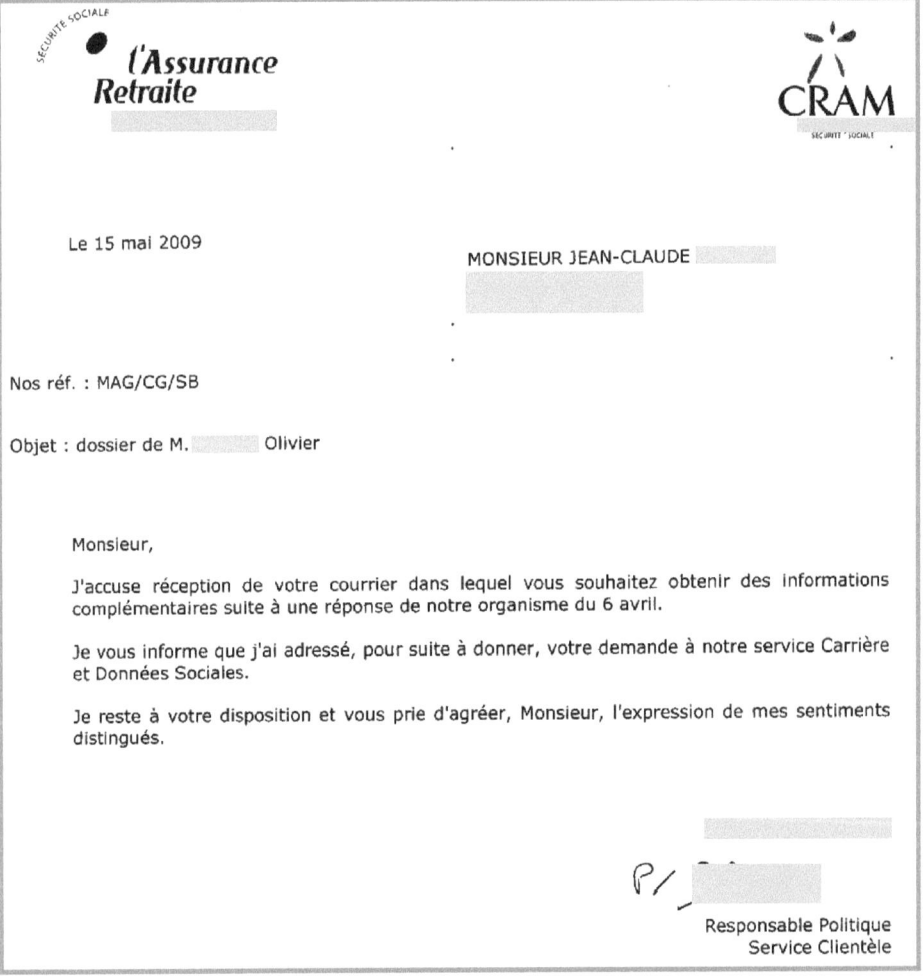

10-07-2009 : faute de réponse, je relance la CNAV

La CNAV fait le mort

Aurais-je posé une question inconvenante ? Nous sommes maintenant le 10 juillet 2009. Deux mois et demi se sont écoulés depuis le 28 avril, date à laquelle j'ai posté mon courrier, et près de deux mois ont passé depuis que le Responsable Politique l'a transmis, « pour suite à donner », au service Carrière et Données Sociales. Aucune réponse ne m'est parvenue et je m'interroge sur le sort qui lui a été réservé. Cette vénérable institution aurait-elle décidé de ne pas me répondre ? Ferait-elle le mort en attendant que je me lasse face à son inertie ou son indifférence ? C'est une stratégie qui peut s'avérer gagnante. Beaucoup d'usagers n'ont pas pas suffisamment de temps libre pour se permettre de le gaspiller en relances – parfois stériles – d'administrations récalcitrantes. Mais est-il convenable de snober ainsi un citoyen qui cherche à connaître les règles applicables dans notre République ?

Relancer ou abandonner ?

C'est la question que je me pose. Après quatre mois d'efforts, la démarche initialisée le 3 mars semble s'être enlisée et je commence à ressentir une légère lassitude. Le mutisme de la CNAV est à la fois agaçant et décourageant et je pourrais être tenté de jeter l'éponge. Nul ne saurait avoir, chevillée au corps, la détermination d'un Don Quichotte partant en guerre contre les moulins à vent. Néanmoins, j'estime avoir le droit de savoir ? La CNAV ne doit pas échapper à son obligation d'information. Ce n'est tout de même pas compliqué de répondre par oui (il faut attendre la liquidation de la retraite) ou par non. Quoique, si elle répond oui , il lui faudra se justifier. Je m'encourage en me remémorant ce vers de La Fontaine : « Patience et longueur de temps font plus que force ni que rage. » !

Le Responsable Politique Service Clientèle

Cette fois, je vais lui adresser un courrier de relance qu'il devra de nouveau transmettre au service Carrière et Données sociales. D'ailleurs, à cette occasion, si j'osais, je lui ferais – gracieusement ! – une suggestion organisationnelle. Puisqu'il accuse réception des courriers reçus des usagers avant de les transmettre aux services compétents, pourquoi ne veillerait-il pas également à ce que tous les courriers émanant des usagers reçoivent une réponse dans un délai raisonnable et ne relancerait-il pas lui-même les services concernés, lorsque la réponse se fait un peu trop attendre ? Cette évolution contribuerait à améliorer la qualité des relations avec les usagers, tout en donnant à la fonction du Responsable Politique un supplément de valeur ajoutée : au final, des bénéfices pour tous !

Mais dans le cadre du mode de fonctionnement actuel, c'est à moi de relancer. Personne ne fera le travail à ma place. Je vais donc lui adresser mon courrier, en espérant qu'il ne s'agacera pas face à mon insistance. Mais cela ne devrait pas être le cas : ne m'a-t-il pas indiqué, dans son dernier courrier, qu'il « restait à ma disposition ». Espérons qu'il ne s'agit pas d'une simple formule de politesse, mais d'un engagement sincère à m'assister dans ma quête d'information. A toutes fins utiles, je vais lui demander également de m'indiquer quel est le service compétent pour mettre en œuvre la rectification attendue.

En réalité, je ne fais assez peu d'illusions sur le succès de cette relance, mais elle mérite néanmoins d'être tentée... avant d'envisager d'autres modalités d'action.

Jean-Claude ▓▓▓▓▓▓ ▓▓▓▓▓▓, le 10 juillet 2009
▓▓▓▓▓▓

à CRAM ▓▓▓▓
▓▓▓▓

A l'attention de ▓▓▓▓
Responsable Politique Service Clientèle

OBJET : Validation de trimestres pour la retraite
        Votre courrier MAG/CG/SB du 15 mai 2009 (copie jointe)
        Courrier AB/CLL du 6 avril 2009

                    Madame,

Je vous remercie pour votre lettre du 15 mai dernier dans lequel vous m'indiquiez avoir transmis mon courrier du 6 avril, pour réponse, au service Carrière et Données Sociales, compétent en la matière.

N'ayant à ce jour pas reçu de réponse, je me permets de vous solliciter à nouveau, pour relance de ce service.
Ma question portait sur les actions à engager pour obtenir la régularisation du montant des salaires perçus par mon fils Olivier en 2008. Je rappelle qu'une partie des salaires 2008 n'a pas été comptabilisée en 2008, car l'employeur, qui pratique le décalage de paye, n'a versé le salaire de décembre 2008 qu'en janvier 2009.

Dans sa réponse du 6 avril 2009, Monsieur le Directeur Adjoint m'a indiqué que cette régularisation a été prévue par une lettre ministérielle et qu'il convient bien entendu de fournir les bulletins de salaire justifiant l'opération.

De plus, pour mon information, pouvez-vous m'indiquer à qui précisément je dois adresser les justificatifs pour que cette régularisation puisse être réalisée ?

Je vous remercie par avance, Madame, pour votre aide et je vous prie d'agréer l'expression de mes sentiments distingués

                                    Jean-Claude ▓▓▓▓

En remerciant le responsable politique d'avoir fait suivre mon courrier, j'ironise au passage sur son action dérisoire, puisque restée sans effet, au bout de deux mois.

14-09-2009 : je réitère ma demande de rectification

La période des congés d'été est terminée et, comme je le subodorais, ma relance du 10 juillet est restée sans réponse, après deux mois d'attente. Pas même un accusé de réception du Responsable Politique. Consternant ! Exaspérant ! Inacceptable !

Le 14 septembre, je décide de réitérer ma demande de régularisation, en joignant, pour la deuxième fois, les bulletins de salaire. C'est la technique du bélier. Au premier assaut, le chambranle vacille, mais la porte résiste. A ce stade, il ne faut surtout pas renoncer. Il faut, au contraire, persévérer, car il arrive parfois que, sous la répétition des coups, elle finisse par céder. Et si c'était le cas avec cette deuxième tentative ? Soyons optimistes !

Olivier , le 14 septembre 2009

N°SS :

à   CRAM

OBJET : Validation de trimestres pour la retraite (année 2008)

Pièces jointes :
Copie de votre courrier du 6 avril 2009
Copie de mes bulletins de salaire de septembre à décembre 2008

Madame, Monsieur,

Suite à votre courrier du 6 avril 2009 (dont je joins la copie), je vous transmets ci-joint la copie de mes bulletins de salaire des mois de septembre à décembre 2008, afin que vous puissiez procéder à la régularisation du nombre de trimestres validés sur mon relevé de carrière.

Je vous en remercie par avance et vous prie d'agréer, Madame, Monsieur, l'expression de mes sentiments distingués.

Olivier

Je ne recevrai jamais de réponse écrite à ce courrier, mais, à ma grande surprise, une réponse téléphonique. Dans aucun de mes courriers, je n'avais communiqué mon numéro de téléphone : la CNAV a donc pris la peine de le rechercher sur l'annuaire. Pourquoi cette démarche inhabituelle ? Pourquoi utiliser le téléphone plutôt que l'envoi postal ? La question est intéressante et je m'efforcerai plus loin de proposer une explication à cette bizarrerie.

23-09-2009 : allô... ici la CNAV !

Nous sommes le 23 septembre, en début d'après-midi : un bel après-midi d'automne... Je suis à mon domicile. Le téléphone sonne : c'est la CNAV qui appelle. Mon interlocutrice m'indique que son appel fait suite à mon courrier du 14 septembre, auquel elle regrette de ne pouvoir répondre positivement, car cette opération de régularisation, ajoute-t-elle, ne peut avoir lieu maintenant, mais uniquement lors de la liquidation de la retraite.

Eh bien voilà ! les choses sont dites ! La CNAV vient enfin de répondre clairement à la question que je lui pose depuis plusieurs mois. Pour autant, la réponse est seulement orale. Rien n'est écrit et aucune justification ne m'est fournie. Lorsque je lui demande la raison de cette disposition, elle me répond, pour toute explication, que « c'est la règle ».

Je sais donc maintenant que la CNAV ne peut pas – ou ne veut pas – faire la rectification en 2009. Pourquoi ? Tout simplement parce que « c'est la règle » ! Dois-je me contenter de cette réponse ? Si j'en reste là, il me faudra attendre plus de 40 ans, pour que la rectification soit réalisée. C'était bien l'interprétation n°2, que j'avais imaginée, sans y croire, qu'il fallait retenir de la phrase alambiquée, et par conséquent ambiguë, rédigée par la CNAV le 6 avril. Non, je ne rêve pas ! Mais pourquoi ne pas avoir dit les choses aussi clairement, dès le début ? On aurait gagné du temps. La CNAV se comporte comme si elle avait honte d'énoncer une telle règle. Le choix d'une réponse téléphonique confirme ce sentiment. Une réponse téléphonique ne laisse pas de trace écrite et chacun sait que si « les écrits restent, les paroles s'envolent ». Et en l'occurrence, la CNAV n'a manifestement pas souhaité graver cette règle dans le marbre, manquant ainsi singulièrement de courage en n'assumant pas ses choix de gestion. Si cette règle lui fait honte, qu'est-ce qui l'empêche d'en changer ? Est-il si compliqué de s'adapter au monde moderne en dépoussiérant, chaque fois que nécessaire, les habitudes de travail et les organisations héritées d'un passé parfois lointain ?

J'ai retenu mon interlocutrice au téléphone, car cette réponse orale ne saurait me satisfaire. Il est trop facile de signifier une fin de non recevoir par un simple appel téléphonique, sans donner la moindre explication et de prétendre ainsi mettre un point final à cette affaire. Je lui demande de confirmer sa réponse par écrit. Mais, je la sens gênée par ma demande : elle tarde à répondre. Je l'imagine en train de se tortiller sur sa chaise, comme une anguille prise dans une nasse. Puis, après quelques instants de flottement probablement causés par une panique passagère, l'idée – astucieuse, il faut le reconnaître - lui vient de se défausser de sa responsabilité sur sa hiérarchie. Elle est sauvée. J'ai perdu. Elle a trouvé une échappatoire. Elle m'assure qu'elle va examiner avec son responsable hiérarchique la possibilité (sic) de m'adresser une réponse écrite. Belle hypocrisie ! Elle n'y croit pas, moi non plus : ce n'est qu'un subterfuge pour se dérober. Bien que n'ayant que le son (pas l'image), je la sens pressée d'en terminer avec cet échange. Je la laisse raccrocher après lui avoir néanmoins rappelé que je compte sur elle pour m'adresser une réponse écrite. Sans illusions !

Comme je l'avais pressenti, cet échange téléphonique n'aura pas de suite. Après avoir attendu en vain, pendant un mois, un hypothétique courrier de la CNAV, j'ai considéré que celle-ci avait mis fin unilatéralement à nos échanges. Dommage ! Ils n'ont pas osé écrire cette règle insensée et la diffuser sous la signature d'un cadre moyen ou supérieur : le risque de ridicule était trop fort. Et sans doute ont-ils espéré que l'affaire allait se terminer ainsi. Grossière erreur d'appréciation de leur part, car dopé par ce rebondissement, je décide de faire appel de nouveau à l'aide de mon député. Cela me coûte de le déranger une nouvelle fois, car il a sans doute d'autres sujets plus importants à traiter. Mais ai-je une autre alternative ?

22-10-2009 : je sollicite à nouveau l'aide de mon député

Jean-Claude   , le 22 octobre 2009

OBJET : Validation de trimestres pour la retraite.
             Régularisation du relevé de carrière de mon fils Olivier
PJ   : Copie de la réponse de la CRAM datée du 6 avril 2009

Monsieur le Député,

Le 10 mars dernier, je vous ai sollicité pour obtenir de la CNAV une réponse sur la possibilité de comptabiliser, sur l'année 2008, le salaire de décembre 2008 (payé en janvier 2009) pour la détermination du nombre de trimestres à valider.

Grâce à votre « parrainage », la CNAV m'a répondu par un courrier daté du 6 avril, en se référant à une lettre ministérielle, que cette régularisation était possible. Une question restait en suspens : quand peut-on procéder à cette régularisation ? La réponse de la CRAM n'était pas claire à cet égard. Je cite : « Ainsi, sur demande expresse écrite de l'assuré, la régularisation est possible, sans passer par la Commission de Recours Amiable, au moment de l'attribution de la retraite ».

Le complément circonstanciel de temps (au moment de l'attribution de la retraite) s'applique-t-il à la proposition principale (la régularisation est possible) et dans ce cas, pourquoi ne pas avoir écrit : « Ainsi, sur demande expresse écrite de l'assuré, la régularisation n'est possible qu'au moment de l'attribution de la retraite, sans passer par la Commission de Recours Amiable », ou s'applique-t-il au complément circonstanciel de manière (sans passer par la Commission de Recours Amiable), précisant ainsi les modalités de fonctionnement de cette commission ?

Dans une lettre adressée à la CRAM le 10 avril, j'ai demandé des précisions à ce sujet. Ce premier courrier étant resté sans réponse, j'ai relancé la CRAM le 10 juillet.

Ce deuxième courrier est également resté sans réponse... Exaspérant !

En désespoir de cause, le 14 septembre, j'ai transmis à la CRAM la copie des feuilles de paie (septembre à décembre 2008), en demandant qu'il soit procédé à la régularisation.

En réponse, la CRAM m'a contacté le 23 septembre par téléphone, pour m'indiquer que cette régularisation ne sera possible qu'au moment de la liquidation de la retraite, (donc vers 2050 !). Je ne verrai donc pas cette régularisation de mon vivant et, entre temps, tous les personnels de la CRAM ayant eu à s'intéresser à ce dossier seront partis en retraite.

Pourquoi cette situation ubuesque ? La CRAM se réfère-t-elle à une loi, un décret, une directive ministérielle, une règle de gestion interne, une coutume régionale... ? Cette situation est-elle figée à tout jamais ou est-elle susceptible d'évoluer ? Quelle est, Monsieur le Député, votre appréciation sur cet état de choses ?

Dans l'attente de votre réponse, je vous prie d'agréer, Monsieur le Député, l'expression de mes sentiments distingués.

Jean-Claude

30-11-2009 : lettre du directeur de la CNAV

Le 30 novembre, un peu plus d'un mois après l'envoi de ma lettre au député, le directeur de la CNAV me fait le très grand honneur de rédiger le courrier suivant à l'attention de mon fils :

Le 30 novembre 2009   MONSIEUR OLIVIER

N/Réf : Direction
    PR/MAG/JYA/AB/SB
    Affaire suivie par /

Objet : Validation de trimestres

Monsieur,

J'ai bien reçu votre courrier du 14 septembre 2009 ayant pour objet la validation de vos trimestres pour l'année 2008.

Je vous informe que je procéderai, à titre exceptionnel, à la modification de cette validation.

Toutefois, je vous précise que cette opération ne pourra être réalisée qu'en février ou mars 2010.

En effet, c'est seulement au début de l'année 2010, après l'exploitation de la Déclaration Annuelle des Données Sociales établie par la société   , que j'aurai connaissance de vos salaires déclarés pour l'année 2009.

Je devrai alors soustraire le salaire du mois de décembre 2008 du montant des salaires 2009 déclaré par la société   pour éviter que le décalage de paie pratiqué par cet employeur n'ait d'incidence sur la validation de vos trimestres de l'année 2009.

En espérant avoir répondu à votre demande,

Je vous prie d'agréer, Monsieur, l'expression de mes sentiments distingués.

Le Directeur

A la bonne heure ! Que ne me l'a-t-il dit plus tôt ! Pourquoi cette soudaine bienveillance ? Il a vraisemblablement reçu un courrier de mon député. Bien que celui-ci n'ait pas accusé réception de ma lettre du 22 octobre 2009, il l'a probablement transmise au directeur de la Caisse. Ce dernier préfère cependant se référer à mon courrier du 14 septembre 2009. Ce choix lui évite d'évoquer le courrier du député et lui permet de ne pas officialiser par un écrit le fait qu'il réagit suite à son intervention. Ainsi les naïfs penseront qu'il a pris cette décision de son plein gré. Mais arrêtons nous un instant sur ce courrier signé par Monsieur le Directeur de la Caisse et permettons-nous quelques remarques.

Autographes

Cette fois, ce n'est pas le directeur-adjoint qui m'écrit, mais le directeur en personne. J'ai maintenant à mon actif un beau tableau de chasse, puisque dans cette affaire, j'ai engrangé un autographe du directeur-adjoint et un autographe du directeur. Bien entendu, les autographes de Brad Pitt et d'Angelina Jolie auraient été plus valorisants pour ma collection, mais ne faisons pas la fine bouche et réjouissons-nous plutôt de l'évolution favorable du dossier ! En aparté, je me dis quand même que que le *top management* ne doit pas être tellement débordé, pour s'occuper personnellement de problèmes aussi peu stratégiques !

Deux poids, deux mesures

Grâce à l'intervention d'un député de la République, ce qui était impossible hier devient miraculeusement possible aujourd'hui. Il a suffi qu'un élu intervienne pour obtenir, en quelques semaines, une réponse positive, là où un citoyen ordinaire comme moi s'est heurté, pendant plusieurs mois, à un refus accompagné d'un mutisme complet, dès lors qu'il s'est agi de motiver ce refus. Deux poids, deux mesures : mépris ou indifférence pour un usager normal, empressement vis à vis d'un élu du peuple.

A titre exceptionnel ?

Néanmoins, cette régularisation sera faite, me dit-on, « à titre exceptionnel ». Mais qu'a donc cette décision d'exceptionnel ? Si la CNAV s'estime dans son droit quand elle refuse de procéder maintenant à cette rectification, le fait de l'accepter, en raison de l'intervention d'un député, signifie que je bénéficie d'un régime de faveur, ce qui a effectivement un caractère exceptionnel. Mais est-elle vraiment dans son droit ? Et si oui, pourquoi ne justifie-t-elle pas sa position autrement que par un péremptoire : « c'est la règle » ? Probablement par manque d'imagination... Comme j'aime rendre service, je lui suggère quatre explications possibles qui pourraient l'aider à justifier ce refus, en en précisant toutefois leurs limites :

1- La règle est décrite par les textes législatifs ou réglementaires... mais dans ce cas, l'usager risque de lui demander de citer ces textes.

2- Il y a une bogue dans le système informatique qui ne permet pas de traiter ce cas et la CNAV ne dispose pas d'un budget suffisant pour financer sa correction : l'opération n'est donc pas possible en l'état actuel des choses... mais l'usager risque de lui rétorquer que c'est un argument – je veux parler des carences de l'informatique – qui a déjà été beaucoup utilisé !

3- Il convient d'optimiser les coûts de gestion pour économiser l'argent des contribuables... mais bien que l'objectif soit louable, l'usager risque de mettre en doute le fait que la procrastination – avec un différé de 40 ans ! – permette de faire des économies !

4- La CNAV a décidé souverainement d'appliquer cette règle, car elle l'applique depuis la nuit des temps... mais si plus rien ne permet de la justifier aujourd'hui, l'usager risque de dénoncer un abus de pouvoir, qui pourrait être sanctionné par le Tribunal Administratif, pour peu qu'on le saisisse.

Une règle inavouable

Il faut noter que le fait d'évoquer le caractère exceptionnel de la mesure permet, une fois de plus, de passer sous silence les vraies raisons du refus, que l'on est, de ce fait, logiquement fondé à imaginer soit inexistantes soit inavouables. En fait, si le directeur n'aborde pas cette question, c'est très probablement parce qu'il ne dispose pas d'éléments sérieux de justification, sinon pourquoi se priverait-il de les utiliser ? Lorsqu'une administration refuse d'expliquer ses décisions, on est en droit de suspecter soit un abus de pouvoir soit une addiction à des pratiques ancestrales qu'elle se refuse à faire évoluer. Une administration se doit d'être transparente. Dans un État de droit, en vertu de quels privilèges pourrait-elle prendre des décisions, sans citer la réglementation à laquelle elle se réfère, à défaut de donner une explication recevable et compréhensible par l'usager ?

Si une telle règle existe réellement, qui a bien pu l'inventer ? Cette question me taraude. Voilà une rectification qui est officiellement validée par une lettre ministérielle, dont tous les justificatifs sont à portée de main et qui, compte tenu des moyens informatiques disponibles, requiert moins de temps qu'il n'en faut pour rédiger un courrier de refus. Et voilà que la CNAV prétend ne pouvoir faire cette correction qu'au moment de la liquidation de la retraite, c'est à dire dans plus de quarante ans. A cette époque, il faudra réanalyser le dossier, fouiller dans les archives pour retrouver les pièces justificatives, exhumer la lettre ministérielle... Combien d'heures de travail seront alors nécessaires ? Peu importe, doivent-ils se dire en aparté, puisque ce sont les générations futures qui s'en chargeront !

Voilà la recette pour améliorer l'efficacité de l'administration : différer de quelque décennies le travail qu'on n'a pas envie de faire maintenant en se déchargeant sur les générations futures, en somme, la procrastination pluridécennale !

A-t-on demandé au contribuable ce qu'il en pense ?

Toutefois

Vous aurez aussi noté le « Toutefois, cette opération ne pourra être réalisée qu'en février ou mars 2010 ». Cette réserve est tout à fait fondée. Elle est à porter au crédit du directeur, car elle relève d'un souci de bonne gestion. Il s'agit de ne pas utiliser deux fois (une première fois en 2008 et une deuxième fois en 2009) le salaire du mois de décembre 2008, pour valider des trimestres de retraite. Notons qu'une autre façon de faire était possible : la régularisation immédiate accompagnée d'un pense-bête destiné à vérifier ce point en février ou mars 2010. Néanmoins, ce « toutefois » vient retarder encore un peu la prise en compte de la régularisation, car il va « peser » quatre mois supplémentaires dans le délai global.

Pédagogie

Saluons par ailleurs l'effort de pédagogie du directeur, lorsqu'il explique ce qu'il devra faire début 2010 (« Je devrai alors soustraire... »). Je le rassure tout de suite, car la soustraction ne modifiera pas le nombre de trimestres acquis en 2009. Mais que n'a-t-il fait un effort d'explication comparable pour expliquer la règle, objet du litige ?

Le bout du tunnel

A ce stade, je me réjouis de l'évolution positive du dossier. Le bout du tunnel est en vue. Je me mets en attente de l'échéance annoncée par le directeur pour la conclusion de l'affaire : février ou mars 2010.

04-12-2009 : lettre de mon député

Dans le courrier que j'avais adressé à mon député le 22 octobre, je m'interrogeais sur la pertinence de la décision de la CNAV de laisser le dossier en l'état pour les 40 ans à venir et je lui demandais si une évolution de cette situation était envisageable. Sa réponse me parvient quatre jours après celle du directeur de la CNAV.

> Réf. 775-12-2009 -   , le 04 Décembre 2009
>
> Cher Monsieur,
>
> Je fais suite à votre dernière correspondance concernant la prise en compte pour la retraite des trimestres travaillés par votre fils, et je vous prie tout d'abord de bien vouloir m'excuser pour cette réponse tardive.
>
> Dans l'attente d'une clarification par les services de la CRAM , j'ai de nouveau saisi le Directeur Régional de cet organisme, et je me rapproche des services du Ministère du Travail.
>
> Je ne manquerai bien évidemment pas de vous tenir informé des résultats de ma démarche.
>
> Je vous prie de croire, Cher Monsieur, à l'assurance de mes sentiments les meilleurs.

Certes, la lettre du député est un peu tardive, mais il a, lui, l'élégance de s'en excuser. Cette lettre m'apprend deux choses :

1. Elle confirme qu'il a bien saisi le directeur de la CNAV, en lui demandant une « clarification » de la situation, preuve qu'il a lui même considéré que l'attitude de la CNAV ne brillait pas par sa transparence. De plus, il indique qu'il va consulter le ministère du Travail. On comprend maintenant pourquoi, après avoir exclu toute possibilité de rectification immédiate (cf l'appel téléphonique du 23 septembre), la CNAV a subitement changé d'avis et m'a finalement accordé cette « faveur », par la plume de son directeur ? A titre exceptionnel, bien entendu !

2. Le Directeur de la Caisse n'a pas communiqué sa décision au député, ou sa lettre est encore dans les tuyaux. Dans le doute, pour ne pas laisser le député dans l'ignorance quant à l'évolution du dossier, je vais l'informer des derniers rebondissements. Saurai-je un jour si le directeur de la CNAV a « clarifié » sa position auprès du député ?

11-12-2009 : j'informe mon député et le remercie

Jean-Claude   , le 11 décembre 2009

à   Monsieur le Député

OBJET : Validation de trimestres pour la retraite.
         Régularisation du relevé de carrière de mon fils Olivier.

PJ   : Copie de la lettre du Directeur de la CRAM (30/12/09)

Monsieur le Député,

Suite à votre courrier du 4 décembre 2009, je tiens à vous remercier très sincèrement pour l'intérêt que vous avez manifesté pour la question que je vous ai soumise et pour votre implication dans la recherche d'une solution.

Ce problème est, en effet, en voie d'être résolu, puisque le Directeur de la CRAM m'a adressé un courrier (daté du 30 novembre 2009) m'indiquant qu'il procédera en février ou mars 2010 à la correction demandée.

Ce changement d'attitude de la CRAM, est, sans aucun doute possible (après la fin de non recevoir du 23 septembre), le résultat de votre implication personnelle.

Pour votre information, je vous transmets ci-joint copie de cette lettre.

Ainsi, tout finit comme je l'espérais. Il est seulement dommage d'avoir eu à dépenser une telle énergie pour obtenir une réponse de simple bon sens à cette situation.

Les « tergiversations » de la CRAM, en la circonstance, auront eu deux effets regrettables, un gaspillage non négligeable de temps (donc d'argent) et une image quelque peu ternie, à mes yeux, de cette administration.

En vous réitérant mes remerciements, je vous prie d'agréer, Monsieur le Député, l'expression de mes sentiments distingués.

Jean-Claude

02-04-2010 : la CNAV ne tient pas sa promesse

Dans son courrier du 30 novembre 2009, le directeur s'était engagé à procéder à la régularisation du compte retraite en février ou mars 2010, après l'exploitation de la DADS de 2009. En consultant le compte retraite d'Olivier sur internet, dans la deuxième quinzaine de février, je constate que la DADS de 2009 a déjà été exploitée. Je m'attends donc à une rectification prochaine – d'ici la fin février. Mais le mois de février s'achève sans que rien ne se passe. Pourquoi s'inquiéter puisque le directeur a précisé février ou mars ? Puis le mois de mars se passe sans que la situation évolue. Le 2 avril, la rectification n'est toujours pas faite : le directeur n'a pas tenu parole!

Quand on s'engage à respecter une échéance, il n'est pas interdit de s'organiser en conséquence. Il suffisait au directeur de mettre en place un pense-bête sur son éphéméride ou sur sa messagerie, pour ne pas l'oublier. Apparemment, il n'a rien préparé. Et à l'échéance prévue, son engagement n'a pas été tenu !

Comptait-il sur moi pour lui servir de pense-bête ou espérait-il que j'oublierais de le relancer, pour l'obliger à faire aujourd'hui, ce qu'il avait l'intention de laisser en héritage à ses successeurs, pour 2050 ?

Le 2 avril, je dois, encore une fois, prendre la plume, pour pallier les carences de gestion de la Caisse et rappeler à son directeur l'engagement qu'il a pris le 30 novembre 2010.

Olivier   , le 2 avril 2010

à   Monsieur
    Directeur de la CRAM

OBJET : Validation de trimestres

Monsieur le Directeur,

Je vous remercie vivement pour votre courrier du 30 novembre 2009, qui répondait à mon courrier du 14 septembre 2009.

Par ce courrier, vous m'indiquiez que vous procéderiez, en février ou mars 2010, à la modification de la validation de trimestres, pour l'année 2008, après l'exploitation de la DADS 2009 établie par la société   .

Ce jour, 2 avril 2010, je constate, en consultant mon relevé de carrière, sur www.retraite.cnav.fr, que cette modification n'a pas été réalisée. C'est pourquoi, je me permets, Monsieur le Directeur, de vous relancer sur ce point.

Veuillez agréer, Monsieur, l'expression de mes sentiments distingués.

                                                                Olivier

12-04-2010 : le trimestre retrouvé

Finalement, toute cette démarche se termine positivement le 12 avril 2010, par une rectification du relevé de carrière, annoncée par le courrier ci-dessous :

Tout est donc bien qui finit bien, comme dans les contes de fées, mais le merveilleux et la magie en moins.

Quant à la raison pour laquelle la CNAV voulait différer vers 2050 cette rectification, elle demeure toujours aussi mystérieuse ! Peut-être s'agit-il d'un attachement viscéral aux habitudes du passé, à moins qu'il ne s'agisse d'une irrésistible propension à la procrastination, que l'on pourrait traduire par cet hymne à la paresse : « Il faut toujours laisser aux générations futures le soin de faire les travaux que l'on a pas envie de faire aujourd'hui », ou encore par : « Il ne faut jamais battre le fer tant qu'il est chaud, même s'il est beaucoup plus difficile à battre quand il est froid » !

Bilan

Calendrier

Date de la demande initiale :   3 mars 2009
Date de la rectification :   12 avril 2010
Délai total :   13 mois et 9 jours

Inventaire des échanges

– 8 courriers envoyés, dont 3 vers mon député et 5 vers la CNAV.
– 1 déplacement (inutile) à l'antenne départementale.
– 4 courriers émis par mon député, dont 2 vers moi et 2 vers la CNAV.
– un appel téléphonique et 8 courriers émis par la CNAV, dont 2 vers mon député.

Résultats observés

Positifs :

– Le décompte a été corrigé. Il ne faudra pas remettre l'ouvrage sur le métier et exhumer les justificatifs et la lettre ministérielle dans plus de 40 ans. Ouf !

Négatifs :

– des règles tellement aberrantes que la CNAV n'ose pas les écrire ;
– le silence (synonyme de mépris) en guise de réponse ;
– la nécessité de faire appel à un élu, car la pugnacité de l'usager ne suffit pas ;
– l'ignorance et l'absence d'écoute de l'antenne départementale ;
– le refus de rectification immédiate, resté sans explication ;
– un comportement monarchique ;
– des coûts administratifs sans rapport avec les enjeux.

Humour

Pour conclure, je m'autorise à persifler un peu - ça détend ! - en synthétisant, à l'intention de nos administrations, quelques règles de comportement apprises à mes dépens, au fil de ce parcours, riche en enseignements :
1- Pour opposer une fin de non recevoir à un usager, il ne faut pas hésiter à invoquer « La Règle », sans autre précision ;
2- Quand on énonce une règle, flou et alambiqué valent mieux que clarté et simplicité ;
3- Il ne faut donner aucune explication ou justification qui pourrait être contestée par l'usager ou qui pourrait inspirer *Les Guignols de l'Info* ;
4- Face à un usager déterminé, il est prudent de s'abriter derrière sa hiérarchie ;
5- Il peut être judicieux de faire le mort face aux questions embarrassantes ;
6- Il faut éviter les traces écrites, quand on n'est pas sûr de son bon droit.

La virgule et le tiret

Février 2010 : ma carte d'identité est proche de sa date de péremption et mon passeport est déjà périmé depuis plusieurs mois. Je dois les renouveler.

10-02-2010 : je me rends au service de l'état civil

Le 10 février 2010, vers 10h30, je me présente à la mairie, au service de l'état civil, pour établir ma demande de renouvellement. A l'employé qui me reçoit, je fournis les documents à renouveler – carte d'identité et passeport –, mon extrait de naissance, des photos normalisées et 86 euros en timbres fiscaux pour le passeport.

Je remplis l'imprimé ad hoc – le Cerfa n° 12100*02 – sur lequel j'indique mon état civil complet. A la rubrique « prénom », j'écris « Jean-Claude », avec un trait d'union entre Jean et Claude, puisque mon unique prénom est, en effet, le prénom composé Jean-Claude. L'employé prend mes empreintes digitales et constitue un dossier informatisé qui va être immédiatement télétransmis à la préfecture, car si la mairie reçoit les usagers pour établir les dossiers de renouvellement, c'est la préfecture qui les valide et qui fabrique cartes d'identité et passeports. Avant de me donner congé, mon interlocuteur me remet le récépissé que je devrai présenter pour retirer mes nouveaux papiers d'identité lorsqu'ils seront prêts, et il m'indique les délais habituels de fabrication : environ 10 jours ouvrés pour le passeport et 15 à 20 jours pour la carte d'identité.

Vers 12 heures, à peine suis-je rentré chez moi que le téléphone sonne : c'est l'employé de l'état civil qui m'a reçu tout à l'heure, qui m'appelle. Qu'a-t-il donc de si important et urgent à me dire ? Eh bien, que le dossier pour le renouvellement du passeport a été transmis à la préfecture qui l'a immédiatement contrôlé... et rejeté, car, en fin limier, la préfecture s'est aperçue que sur mon acte de naissance, il n'existe pas de trait d'union entre Jean et Claude.

Cette information est exacte, comme on peut le constater sur l'extrait de mon acte de naissance reproduit ci-dessous. Cette particularité, je viens de la découvrir, ou – plus vraisemblablement – de la redécouvrir, après l'avoir oubliée depuis bien longtemps.

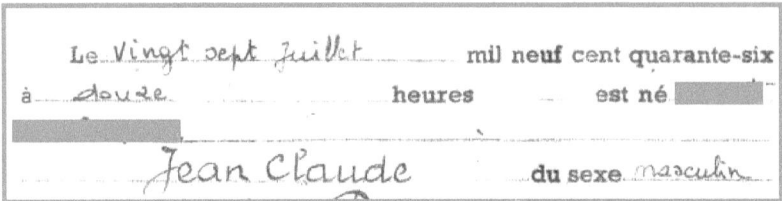

En conséquence, la préfecture refuse d'accepter le prénom Jean-Claude et impose d'inscrire « Jean, Claude ». Cela change tout, car insérer une virgule entre Jean et Claude revient à me déposséder de mon prénom composé ; dès lors, mon prénom principal devient Jean et Claude n'est plus qu'un deuxième prénom. L'employé de l'état civil, apparemment très ennuyé, me propose l'alternative suivante : ou bien j'accepte que l'on inscrive « Jean, Claude » sur mon passeport et ma carte d'identité, ou bien je fais mettre le dossier en attente et je demande au procureur de la République de mon lieu de naissance de procéder à la rectification administrative de mon acte de naissance. Selon les dires de mon interlocuteur, cette opération est simple et gratuite : il suffit de demander l'ajout d'un tiret entre Jean et Claude.

J'évalue rapidement cette seconde proposition. Les procédures judiciaires ne me sont guère familières, mais je sais qu'elle peuvent être longues et que, si je retiens cette option, mon ancienne carte risque d'être périmée avant que j'aie récupéré la nouvelle. J'accepte donc que la préfecture insère, dans l'immédiat, une virgule entre Jean et Claude, en me promettant de demander la rectification administrative de mon acte de naissance dans un second temps. D'où la nouvelle carte d'identité qui m'est délivrée trois semaines plus tard :

Prénom(s) : JEAN , CLAUDE

Sexe M   **Né(e) le 27 . 07 . 1946**

L'employé de l'état civil m'a également donné le conseil suivant pour gérer au mieux cette situation nouvelle : « Si vous devez prendre l'avion, veillez à indiquer Jean pour prénom, afin qu'il n'y ait pas de différence entre votre carte d'embarquement et votre carte d'identité ou votre passeport. Cette précaution vous évitera tout souci lors du passage en douane. »

Il est en effet pertinent et sympathique de sa part d'attirer mon attention sur ce point, car je suis conscient que par un réflexe acquis durant plus d'un demi-siècle, j'aurai tendance à écrire spontanément mon prénom Jean-Claude, seule appellation que j'aie jamais connue. C'est le prénom qui a été déclaré par mes parents à l'état civil lors de ma naissance et c'est ainsi que l'on m'a toujours prénommé. Et tous mes papiers administratifs, de la carte d'identité, renouvelée décennie après décennie, en passant par mon permis de conduire, mon livret de famille, etc., portent le prénom composé Jean-Claude. Oui mais voilà, en 1946, année de ma naissance, l'employé de l'état civil a écrit mon prénom « Jean Claude », sans que, pendant plus de 60 ans, cela ne me cause le moindre souci !

Je viens donc de découvrir (ou de redécouvrir ?), en février 2010, cette réalité, parce qu'un employé sans doute plus attentif ou appliquant une réglementation plus contraignante qu'auparavant, a découpé mon unique prénom composé en deux prénoms simples. Je suis complètement déstabilisé par cette situation : changer de prénom à 64 ans, quelle histoire ! Mais pourquoi s'inquiéter puisque, selon l'employé de l'état-civil, une simple rectification administrative permettra de rétablir la situation antérieure !

22-09-2010 : je demande la rectification de mon acte de naissance (1ère tentative)

Plusieurs mois se sont écoulés depuis février. N'ayant pas d'addiction particulière pour les démarches juridico-administratives, je n'ai toujours pas saisi le procureur de la République. Pendant tout ce temps, j'ai découvert que d'autres que moi avaient connu pareille mésaventure, mais cela ne m'a pas consolé pour autant. J'ai bien essayé d'adopter mon nouveau prénom, mais à chaque fois le naturel est revenu au galop. Finalement, après avoir longtemps hésité à franchir le pas, j'ai ressenti, un beau matin, le besoin irrépressible de récupérer ma véritable identité et décidé de suivre les conseils de l'employé de l'état civil.

Comment m'y prendre ? Mon premier réflexe est d'interroger internet. Je saisis « rectification administrative » dans un moteur de recherche et, sur le site officiel du gouvernement (http://vosdroits.service-public.fr/particuliers), je découvre le texte suivant, qui détaille le contexte et les modalités pratiques de cette rectification :

> Certains actes d'état civil [=] peuvent comporter des erreurs matérielles. Il peut s'agir, par exemple, d'un prénom oublié ou d'un nom mal orthographié.
>
> Dans ce cas, il convient de demander la rectification de cet acte.
>
> **Comment faire la demande ?**
>
> La demande de rectification doit comporter :
>
> - l'objet de la demande : soit sur papier libre, soit en utilisant le formulaire Cerfa n° 11531*01,
> - la copie intégrale de l'acte à rectifier,
> - tout document d'état civil comportant les indications **exactes** et justifiant de la rectification à effectuer (par exemple : si le nom de famille de l'époux est erroné sur son acte de mariage, il faudra fournir son acte de naissance qui indique l'orthographe exacte),
> - la photocopie de votre pièce d'identité (carte nationale d'identité, passeport...).

Ce texte renvoie au formulaire officiel Cerfa n°11531*01 qui permet de transmettre au tribunal concerné une « demande de rectification d'une erreur ou d'une omission matérielle, contenue dans un acte de l'état civil » (voir l'en-tête de ce formulaire page suivante).

Le Cerfa 11531 (en-tête)

```
                    Nous sommes là pour vous aider

                         RÉPUBLIQUE FRANÇAISE

                    MINISTÈRE DE LA JUSTICE                    cerfa
                                                             n° 11531*01

    Demande de rectification d'une erreur ou d'une omission matérielle
                  contenue dans un acte de l'état civil
         (Article 99 alinéa 3 du code civil et 1046 du code de procédure civile)

  Votre identité :

  ☐ Madame       ☐ Mademoiselle      ☐ Monsieur

  Votre nom de famille : _____

  Votre nom d'usage (exemple : nom d'épouse) : _____

  Vos prénoms : _____

  Votre adresse : _____
```

C'est inespéré : ce document semble parfaitement adapté à ma situation ! L'information communiquée par l'employé de l'état civil était donc pertinente : il existe bien une procédure officielle. De plus, je suis agréablement surpris de trouver un imprimé clair, accompagné de sa notice (Cerfa 51206#01), très claire également, qui indique la marche à suivre. La simplification administrative que le gouvernement nous promet tous les cinq ans serait donc une réalité. L'administration se modernise : c'est une excellente nouvelle ! Et apparemment, elle n'a pas attendu le « choc de simplification » annoncé en 2013 par le Président Hollande...

En outre, l'engagement du ministère de la Justice – « Nous sommes là pour vous aider » – , mis en exergue en tête du formulaire met tout de suite en confiance. Si bien que j'aborde cette démarche avec une sérénité totale.

Je constitue un dossier : j'imprime et je complète le formulaire Cerfa ; je photocopie tous les documents qui vont me permettre de prouver au procureur que mon prénom usuel a toujours été Jean-Claude : permis de conduire, livret de famille, carte vitale, ancienne carte d'identité, etc. A qui envoyer le dossier ? La notice Cerfa 51206#01 donne la réponse : « Pour les actes établis en France, au procureur de la République auprès du tribunal de grande instance du lieu où l'acte a été dressé ou transcrit. » Et elle ajoute : « Toutefois, vous pourrez toujours adresser votre demande au procureur de la République auprès du tribunal de grande instance de votre domicile, qui le transmettra à l'autorité compétente. »

Le 22 septembre 2010, j'envoie ma demande, par envoi postal, au procureur de la République du tribunal de grande instance de mon lieu de naissance, où l'acte a été dressé.

Le 28 octobre – quelle célérité ! – , je reçois la réponse du procureur, reproduite ci-après.

28-10-2010 : réponse du procureur

COUR D'APPEL DE
TRIBUNAL DE GRANDE INSTANCE DE
SERVICE du JUGE AUX AFFAIRES FAMILIALES

le 28 octobre 2010

LE GREFFIER

A

M. Jean Claude

Objet : Requête aux fins de changement de prénom

Monsieur

J'ai l'honneur de vous indiquer suite à votre correspondance adressée à Monsieur le Procureur de la République qui nous a été transmise pour compétence, que votre requête doit être présentée par ministère d'avocat.

Je vous invite donc à vous mettre en relation avec l'avocat de votre choix afin de donner suite à votre demande étant précisé que la procédure peut être introduite devant le Juge aux affaires familiales de votre domicile, ou celui de

Je vous prie de croire, Monsieur, à l'assurance de ma considération distinguée.

LE GREFFIER

Je suis assommé par cette réponse à laquelle je n'étais pas du tout préparé. Je ressens un véritable « choc d'incompréhension », qui suscite les réflexions suivantes :

Un interlocuteur inattendu

La réponse n'émane pas du procureur à qui j'avais adressé ma demande, mais du greffier attaché au juge aux affaires familiales. Pourquoi le procureur n'a-t-il pas répondu personnellement à ma demande ? Pourquoi ne m'a-t-il pas indiqué qu'il transférait le dossier à un autre service, en m'en expliquant la raison ? Ne serait-il pas compétent pour traiter un problème de rectification d'état civil, contrairement à ce qui m'a été dit, et confirmé ensuite par le formulaire Cerfa 11351s ?

Changement de prénom ?

L'objet de ma demande portait sur la rectification d'un acte d'état civil. Et voilà que, bien que faisant référence à « ma correspondance », cet objet en a été transformé en « requête aux fins de changement de prénom ».

Changement de prénom ? Ai-je bien lu ? Je n'ai jamais formulé un tel souhait : je n'ai aucune envie de changer de prénom. Avant de transférer ma demande au greffier, le procureur a-t-il bien lu mon courrier ? Je dois dire qu'à la première lecture je n'avais pas porté attention à ce changement d'objet, pressé que j'étais de découvrir la teneur de la réponse.

Et à cette lecture, je tombe des nues. Voici qu'entrent en scène deux nouveaux personnages : le juge aux affaires familiales et l'avocat. Là où j'attendais une procédure simple, rapide et gratuite – c'est ce que m'avait dit l'employé de l'état civil, dont je pensais a priori qu'il possédait compétence et expérience sur ce sujet –, voilà que s'annonce une véritable procédure judiciaire, à coup sûr longue et onéreuse ! Et ceci sans la moindre explication !

Demander un changement de prénom à 64 ans et payer un avocat pour cela : dites-moi que je rêve, ou qu'il s'agit d'un gag !

Jean Claude

Avez-vous remarqué que le greffier a écrit mon prénom « Jean Claude », sans trait d'union ? Il n'a pas écrit Jean-Claude, comme je l'avais fait sur ma demande. Il n'a pas non plus écrit « Jean, Claude » comme l'a orthographié la préfecture ? En retenant cette écriture, il respecte la graphie utilisée sur l'acte de naissance. Cela signifie-t-il que, contrairement à la préfecture, le tribunal valide la graphie « Jean Claude » ? Je reviendrai plus loin sur ce point.

Conclusion

Le processus qui m'avait été suggéré et dont j'attendais une solution rapide à mon problème, vient – semble-t-il – de tomber à l'eau. Quant à me lancer dans une procédure de changement de prénom, il n'en est pas question. Cet aléa administratif valide mon choix de n'avoir pas lié l'obtention de ma carte d'identité à cette demande de rectification !

A ce stade, au vu des questions que je pose ci-après, je m'interroge sur la légitimité de la position du procureur :
  – pourquoi l'employé de l'état civil m'aurait-il conseillé de faire une demande de rectification, s'il ne s'était pas agi d'une procédure banale, applicable dans ce contexte ?
  – à quoi sert le formulaire Cerfa 11503 intitulé « Demande de rectification d'une erreur ou omission matérielle sur un acte d'état civil », s'il n'est pas utilisable dans ma situation ? Pourrait-on me citer des exemples concrets d'utilisation de ce formulaire ?

J'aurais apprécié que le procureur apporte une réponse à ces questions, mais il s'est contenté de transférer mon dossier au greffe du juge aux affaires familiales, sans le moindre commentaire, exception faite de la formule « pour compétence ». Cette formule sous-entend que, contrairement à ce que l'on m'avait dit, le procureur ne s'estime pas compétent.

Qui a raison, le procureur ou l'employé de l'état-civil ? Quel est le plus fiable des deux ? Pour trancher, il faut un arbitre. Cet arbitre, ce sera le ministère de la Justice, autorité de tutelle du procureur , à qui j'adresse le courrier ci-après.

15-11-2010 : je questionne le ministère de la Justice

Jean-Claude , le 15/11/2010

à Ministère de la Justice
13, place Vendôme
75001 Paris

Monsieur le Ministre,

Lors du renouvellement de ma carte nationale d'identité, en février 2010, la Préfecture d   refuse d'orthographier mon prénom « Jean-Claude » (avec un tiret entre Jean et Claude, comme sur mon ancienne CNI et sur tous mes autres documents administratifs : permis de conduire, acte de mariage...), au motif que sur mon extrait de naissance, Jean et Claude sont séparés, non par un tiret, mais par une espace.

En conséquence de quoi, la Préfecture a inscrit sur ma nouvelle carte d'identité « Jean, Claude ». Ainsi mon prénom composé s'est transformé en deux prénoms simples.

N.B. : Le préposé à l'état-civil m'indique qu'une rectification peut être faite sur l'extrait de naissance en en faisant la demande au procureur de la République du lieu où l'acte a été transcrit.

Sur le site internet du Ministère de la Justice, je trouve l'imprimé Cerfa 11531*01 et sa notice explicative Cerfa 51206*01, qui indiquent la marche à suivre pour faire rectifier l'état-civil.

En suivant scrupuleusement les indications portées sur ces deux documents, je prépare un dossier de demande de rectification :
- je complète le Cerfa 11531*01 (Demande de rectification d'une erreur contenue dans un acte de l'état civil) ;
- je joins les pièces demandées : copie intégrale de l'acte de naissance, copie des documents justifiant de la rectification à effectuer (ancienne CNI, acte de mariage, permis de conduire, carte Vitale...) ;
- copie de ma nouvelle pièce d'identité.

et j'envoie l'ensemble au procureur de la République auprès du TGI de   , par courrier le 22/09/10.

> **Courrier adressé au ministère de la justice : page 2/2**
>
> Le 28/10/2010, je reçois la réponse du greffier du TGI de ▓▓▓▓ qui m'indique que cette requête doit être introduite par un avocat devant le Juge aux affaires familiales (cf lettre jointe), alors que les documents publiés sur le site internet du Ministère de la Justice ne font mention ni du Juge des affaires familiales ni de la nécessité de passer par un avocat, mais seulement de solliciter le procureur de la République.
>
> Je me trouve donc face à deux avis différents, d'où mon embarras. Que dois-je faire ? Quelle est la bonne directive ?
>
> Je vous remercie par avance pour votre réponse et vous prie d'agréer, Monsieur le Ministre, l'expression de mes sentiments distingués.
>
> Jean-Claude ▓▓▓▓

Ce courrier ne recevra jamais de réponse. Le ministère doit probablement être débordé. Sur les 77542 agents qui constituent ses effectifs, pas un n'a trouvé quelques minutes pour m'expliquer la règle qu'il convient d'appliquer en la circonstance !

06-01-2011 : je demande la rectification de mon acte de naissance (2ème tentative)

Que faire ? Renoncer à récupérer mon véritable prénom ? ... Jamais !
C'est pourquoi je décide de refaire ma demande de rectification, mais cette fois en l'adressant au procureur de la République de mon lieu de résidence. Il peut sembler absurde de faire deux fois la même demande à quelques semaines d'intervalle. C'est vrai, mais le fait que cette situation, aberrante à mes yeux, ne me soit expliquée ni par le procureur ni par le ministère m'a probablement rendu un peu fada, d'où cette initiative quelque peu déconcertante. Est-il supportable qu'un magistrat me refuse une rectification administrative sans expliquer sa décision, puis que le ministère « oublie » de me répondre !
Il peut également paraître absurde de l'envoyer au procureur de mon lieu de résidence, alors que je sais pertinemment qu'il n'est pas territorialement compétent. Mais n'est-il pas censé transmettre le dossier à l'autorité idoine ? Et puis je m'imagine, qu'à cette occasion, il me fera peut-être part de son avis sur le fond de l'affaire – ce qui me permettra de disposer de deux avis distincts – ou que le procureur de mon lieu de naissance examinera avec davantage de considération un dossier qui lui aura été adressé par un confrère. On a le droit de rêver, non !
Par ailleurs, le procureur de mon lieu de naissance a peut être été muté entre temps et remplacé par un nouveau procureur. Et qui sait si le nouveau titulaire n'aura pas une appréciation différente de la situation ? L'interprétation des règles administratives n'est pas une science exacte. Deux magistrats différents ne peuvent-ils pas, en s'appuyant sur les mêmes bases, prendre deux décisions diamétralement opposées ? Évidemment oui, sinon à quoi serviraient les cours d'appel ? Bref, rien n'est moins sûr, mais qui ne tente rien n'a rien !

Voici, ci-dessous, la nouvelle demande que j'adresse, plein d'espoir, le 6 janvier 2011, au procureur du TGI de mon domicile :

Jean-Claude , le 6/01/2011

à   Monsieur le Procureur de la République
    auprès du Tribunal de Grande Instance
    Cité Judiciaire

OBJET : Demande de rectification d'une erreur ou d'une omission matérielle contenue dans un acte d'état civil

Monsieur le Procureur,

J'ai l'honneur de vous solliciter afin qu'il soit procédé à la rectification d'une erreur ou d'une omission matérielle figurant sur mon acte de naissance.

Mon prénom y est en effet orthographié « Jean Claude », alors qu'il aurait dû être orthographié « Jean-Claude », pour être reconnu sans ambiguïté comme le prénom composé que mes parents avaient choisi de me donner, à ma naissance. C'est en effet ainsi que m'ont toujours appelé mes parents et toutes les personnes et les administrations avec lesquelles j'ai été en relation, tout au long de ma vie. Et c'est ainsi que mon prénom a été orthographié sur tous mes documents officiels : carte d'identité, permis de conduire, acte de mariage...
Il s'agit donc bien d'une erreur commise par l'officier d'état civil qui a rédigé l'acte, ou (peut être ?) d'une façon d'écrire les prénoms composés, propre à une époque ou à un canton.

Vous trouverez ci-joint, comme cela est précisé sur l'imprimé Cerfa 51206#01, trouvé sur le site modernisation.gouv.fr, la copie de mon acte de naissance (document à rectifier), la copie de ma carte nationale d'identité, ainsi que la copie de mon permis de conduire et de mon livret de famille.

Je vous remercie par avance pour votre action et vous prie d'agréer, Monsieur le Procureur, l'expression de mes sentiments distingués.

Jean-Claude

12-01-2011 : le procureur n'est pas compétent

Quatre jours ouvrés ont suffi au procureur pour me répondre. Je suis à la fois surpris et ravi par une telle réactivité, plutôt inhabituelle. Voilà un service particulièrement bien géré, me dis-je ! Peut-être que les administratifs bénéficient de RTT supplémentaires, lorsqu'ils répondent en moins de huit jours ! Néanmoins, quand une administration met moins d'un mois à répondre à ses usagers, cela mérite des encouragements, voire des félicitations.

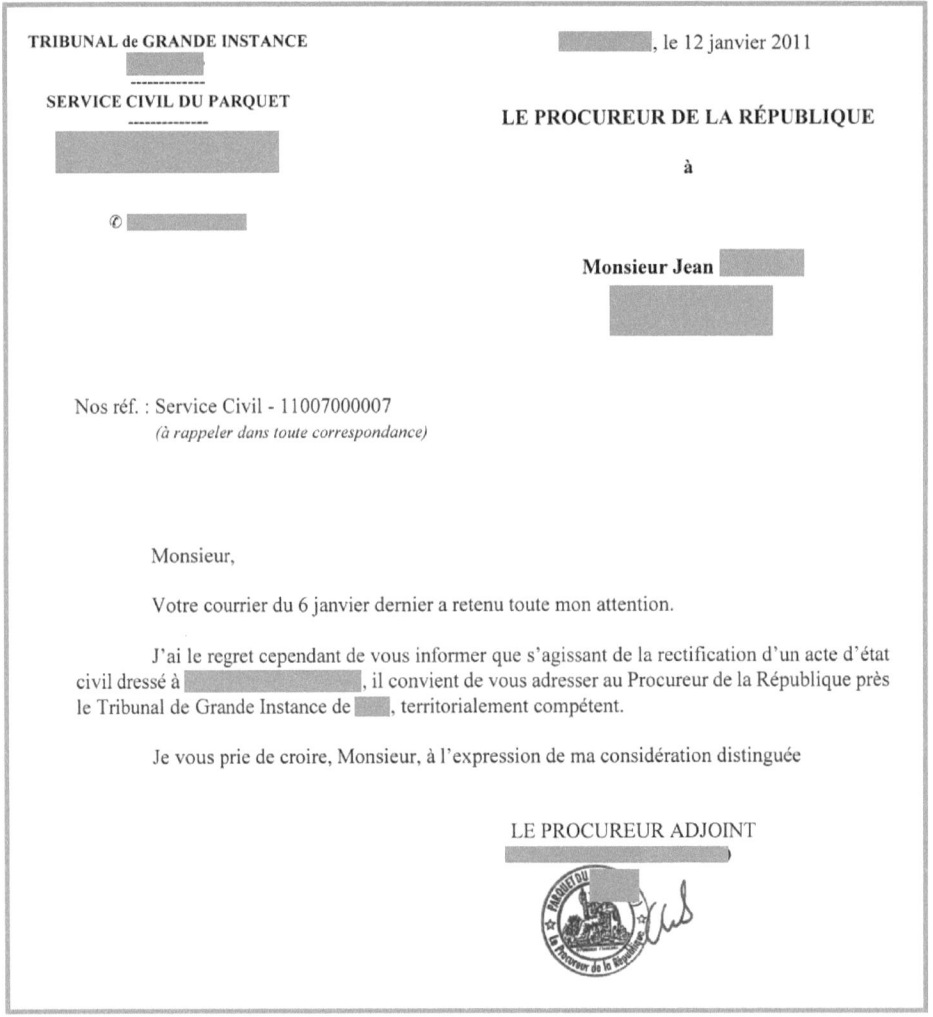

En fait, je me suis enthousiasmé un peu vite : la lecture de la réponse gâche un peu le plaisir procuré par sa rapidité. Elle m'inspire les remarques suivantes :

Compétence territoriale

La réponse confirme que seul le procureur de mon lieu de naissance est territorialement compétent. Ce n'est pas une surprise : je le savais.

Quel prénom utiliser ?

Le procureur m'a prénommé Jean, alors que j'avais signé mon courrier Jean-Claude. On ne peut donc pas lui reprocher de n'avoir pas lu attentivement ma lettre. Cependant, il n'a pas résisté au plaisir de remuer le couteau dans la plaie, en adoptant sur-le-champ le prénom simple dont m'a affublé la préfecture, de préférence à mon prénom composé.

Lorsqu'il s'est agi de rédiger mon adresse postale, chaque procureur a dû s'interroger sur le prénom à utiliser, parmi les trois possibilités offertes : Jean, Jean¬Claude ou « Jean Claude ». Celui-ci a retenu Jean, alors que le procureur de mon lieu de naissance avait retenu « Jean Claude ». Placés dans la même situation et disposant des mêmes informations, l'un s'est aligné sur la préfecture, l'autre sur l'acte de naissance, mais aucun sur mon véritable prénom : ce dut être un choix cornélien ! Comment chacun s'est-il déterminé : selon sa sensibilité, par application de règles existantes ou en jouant à pile ou face ? Il semble que les différents intervenants ne partagent pas tous la même logique.

Pas d'avis sur le fond

Le procureur ne se prononce pas sur la recevabilité de ma demande de rectification d'un acte d'état civil, probablement parce qu'il n'a pas examiné la question au fond, trop pressé qu'il était de se débarrasser d'un dossier, en le refilant à son collègue territorialement compétent. S'il avait été compétent pour traiter ma demande, aurait-il accepté la rectification ou m'aurait-il orienté, comme son confrère, vers le juge aux affaires familiales ? Je ne le saurai jamais : mon espoir d'obtenir un deuxième avis sur ce point est donc totalement déçu.

Flagrant délit d'infraction

En ne transférant pas ma demande au procureur de la République territorialement compétent, le procureur n'a pas respecté la réglementation rappelée par la notice explicative Cerfa N° 51206#01 :

> Toutefois, vous pourrez toujours adresser votre demande au procureur de la République auprès du tribunal de grande instance de votre domicile qui le transmettra à l'autorité compétente.

Ce magistrat semble ignorer les règles édictées par le ministère de la Justice, son autorité de tutelle. Pire, non seulement il n'a pas transmis ma demande à l'autorité compétente, mais il m'invite à le faire moi-même, tout en conservant dans ses archives le dossier que je lui ai soumis. Pourquoi donc conserve-t-il un dossier qui ne lui est d'aucune utilité, puisqu'il n'a pas compétence pour le traiter : mystère et boule de gomme ! A-t-il songé qu'il allait ainsi m'obliger à le reconstituer ?

Ce dossier comportait une dizaine de photocopies de documents originaux que je n'ai pas l'intention de photocopier une nouvelle fois pour pallier la désinvolture de ce magistrat : c'est pourquoi je vais lui demander – poliment bien sûr – de me le retourner.

19-01-2011 : je demande au procureur le retour de mon dossier

Jean-Claude   , le 19/01/2011

à   Monsieur le Procureur de la République
    auprès du Tribunal de Grande Instance

OBJET : Demande de rectification d'une erreur ou d'une omission matérielle contenue dans un acte d'état civil
Votre référence : Service Civil – 11007000007

Monsieur le Procureur,

Je vous remercie pour votre réponse en date du 12 janvier à mon courrier du 6 janvier 2011 et je vous prie de m'excuser si j'ai commis une erreur de routage. Cependant, en vous adressant ma demande de rectification, je n'ai fait que suivre les consignes figurant sur la notice Cerfa 51206 que l'on trouve sur le site internet du Ministère de la Justice et des Libertés (vos-droits.justice.gouv.fr).

Cette notice précise en page 2/2 : « Toutefois, vous pourrez toujours adresser votre demande au procureur de la République, du TGI de votre domicile qui le transmettra à l'autorité compétente » (voir copie de la notice en pièce jointe). C'est l'option que j'avais retenue, à tort semble-t-il.

Dois-je en conclure que les informations diffusées via internet par le Ministère de la Justice ne sont pas fiables ?

Néanmoins, je vais suivre votre conseil et adresser ma demande au TGI de   .
Cependant, pour m'éviter de reconstituer un dossier complet (car je n'ai pas conservé de photocopies), pourriez-vous me retourner celui que je vous ai transmis ?

Je vous en remercie par avance et vous prie d'agréer, Monsieur le Procureur, l'expression de mes sentiments distingués.

                                                                Jean-Claude

Convenons qu'on ne saurait être plus poli...

18-03-2011 : 2 mois plus tard...

Deux mois se sont écoulés et le procureur ne m'a toujours pas retourné mon dossier. Comment expliquer ce silence : dysfonctionnement, indifférence, mauvaise volonté, dossier égaré, services débordés, budget d'affranchissement épuisé... ? Si à ma demande initiale le procureur avait pratiquement répondu par retour du courrier, trop content sans doute d'alimenter le compteur des dossiers traités (là, je reconnais que je persifle !), cette fois, aucune réaction de sa part pendant deux mois. Ce n'est pourtant pas un travail insurmontable que d'extraire un dossier des archives et de le mettre sous pli !

Je n'ai pas d'autre alternative que de le relancer, car il n'est pas question de capituler face à l'inertie coupable de ce magistrat. Nul ne doit se soustraire à la loi, surtout quand on a pour mission de la faire appliquer. Le procureur se doit d'être exemplaire.

Si bien que le 18 mars, je renvoie mon courrier du 19 janvier, après y avoir ajouté, en rouge, l'encadré suivant... et je me remets en situation d'attente.

> Le 18/03/2011
> **RAPPEL DE**
> **MON COURRIER**
> du 19/01/2011

18-04-2011 : 3 mois plus tard...

Trois mois après mon courrier du 19 janvier et un mois après mon courrier de relance, le constat est amer : la demande initiale a été superbement ignorée et la relance n'a pas suscité davantage d'intérêt. Après sa réponse du 12 janvier, le procureur a probablement considéré que l'affaire était classée et qu'il n'était pas question de remettre l'ouvrage sur le métier. Ce procureur, qui est en infraction vis à vis de la réglementation, persiste à se moquer de celle-ci en faisant le mort. Un tel comportement de la part d'un procureur, ce n'est pas seulement agaçant, c'est révoltant. Trois mois ont été perdus et j'ai le sentiment que, pour ce magistrat, ma requête ne vaut pas un pet de lapin.

Mais je suis plus que jamais résolu à ne pas me laisser décourager par le je-m'en-foutisme de cet individu. Face à une telle passivité, il est probable que bien des usagers auraient cédé au découragement et fini par renoncer, incitant ainsi les administrations à pérenniser un comportement condamnable. Moi, non ! Je décide d'émettre une deuxième relance, mais cette fois en musclant le ton. Le formulaire Cerfa évoqué plus haut précise qu'en pareil cas, le procureur doit transmettre le dossier au tribunal compétent, mais en furetant sur internet, je découvre que l'arsenal législatif qui peut être invoqué dans ce type de situation, est plus riche que cette simple règle. Ce magistrat est en infraction avérée avec la loi et il est indispensable de rafraîchir sa mémoire (défaillante ?) d'éminent juriste.

Une fois n'est pas coutume : un usager lambda va rappeler la loi au procureur de la République. Peut-être qu'après trois mois de silence, ce rappel pédagogique l'incitera à prendre ma demande en considération et à remettre le nez dans ses archives.

C'est dans cet état d'esprit que je rédige un nouveau courrier de relance, le 18 avril 2011.

18-04-2011 : je relance le procureur

Jean-Claude   , le 18/04/2011

à Monsieur le Procureur de la République
   auprès du Tribunal de Grande Instance

OBJET : Demande de rectification d'une erreur ou d'une omission matérielle contenue dans un acte d'état civil.
Mes courriers des 6 janvier, 19 janvier et 18 mars
Votre référence : Votre courrier du 12/01/11 Service Civil – 11007000007

Monsieur le Procureur,

Suite au dossier de demande de rectification d'état-civil que je vous ai adressé avec mon courrier du 06/01/2011, vous m'avez répondu (cf votre courrier du 12/01/2011) que cette question ne relevait pas de votre compétence et vous m'avez invité à le transmettre au service idoine, sans toutefois me retourner le dossier. Suite à votre réponse, je vous ai demandé (cf mon courrier du 19/01/11 relancé le 18/03/11), de bien vouloir me retourner celui-ci. Votre silence m'a conduit à penser que j'avais entrepris une démarche non recevable par vos services, en somme que j'avais « tout faux ». Pour en avoir le cœur net, j'ai effectué quelques recherches dans nos textes de lois et j'ai trouvé les informations suivantes :

1. Le code de procédure civile, dans son article 1046, stipule, que, je cite : « Toutefois, la demande peut toujours être présentée au procureur de la République du lieu où demeure l'intéressé afin d'être transmise au procureur de la République territorialement compétent. »

2. Par ailleurs la loi 2000-321 du 12 avril 2000 stipule dans son article 20, que, je cite : « Lorsqu'une demande est adressée à une autorité administrative incompétente, cette dernière la transmet à l'autorité administrative compétente et en avise l'intéressé. »

Il apparaît donc que je suis dans mon droit, lorsque je vous demande de me retourner le dossier que je vous ai transmis le 6 janvier, à défaut de vous demander de le transmettre au tribunal compétent.

Si toutefois, vous aviez malencontreusement égaré, voire détruit ce dossier, je vous saurai gré de bien vouloir m'en informer.

Je vous en remercie par avance et vous prie d'agréer, Monsieur le Procureur, l'expression de mes sentiments distingués.

Jean-Claude

J'imagine que pour un procureur dont c'est la fonction de faire condamner les individus qui enfreignent la loi, recevoir des leçons de droit d'un citoyen ordinaire ne doit pas être particulièrement agréable. Tant pis si cette démarche lui déplaît ; elle se veut uniquement pratique (et écologique !) : je souhaite récupérer mon dossier pour n'avoir pas à le reconstituer. J'avoue cependant que cette situation me procure un soupçon de jubilation intérieure. C'est sûr, il n'appréciera pas ; et pourtant, ne devrait-il pas se réjouir qu'un citoyen lambda se décarcasse pour faire respecter la loi ?

Pour autant, cette leçon de droit va-t-elle s'avérer efficace ? Eh bien, oui ! et cette fois, je n'aurai pas à attendre longtemps, puisque la réponse me parvient le 22 avril, à peine 4 jours calendaires plus tard, dans une enveloppe tamponnée par la poste le 21 avril.

15-04-2011 : réponse du procureur

TRIBUNAL de GRANDE INSTANCE
_____
SERVICE CIVIL DU PARQUET
_____

, le 15 avril 2011

LE PROCUREUR DE LA RÉPUBLIQUE

à

Monsieur Jean-Claude

Nos réf : Service Civil - 11007000007
(à rappeler dans toute correspondance)

Monsieur,

En réponse à vos courriers des 19 janvier et 18 mars dernier, j'ai l'honneur de vous retourner sous ce pli, les pièces produites à l'appui de votre demande.

Veuillez agréer, Monsieur, l'expression de ma considération distinguée.

LE PROCUREUR ADJOINT

Bigre ! Il n'est pas très bavard, le procureur... Mais bien que son texte soit très court, il n'en suscite pas moins plusieurs observations :

Jean-Claude

Après m'avoir prénommé Jean dans son courrier du 12 janvier, voilà maintenant qu'il me prénomme Jean-Claude. Se sachant en faute, il évite d'agiter le chiffon rouge probablement pour éviter de m'irriter davantage. Car il y a de quoi être courroucé quand on a dû attendre un dossier plus de trois mois et rédiger trois courriers pour le récupérer. Autant de tracas parce que le procureur n'a pas respecté la loi, en ne le transmettant pas au tribunal compétent, puis en traînant ensuite les pieds pour répondre à ma demande.

Mon courrier aurait-il été inutile ?

Le courrier du procureur est daté du 15 avril, soit trois jours avant l'envoi de mon deuxième rappel – ou quatre jours avant la date probable de réception de celui-ci. Ainsi donc, mon courrier du 18 avril aurait été inutile. C'est bête, j'aurais donc travaillé pour rien !

Mû par une pulsion soudaine, après trois mois de passivité, le procureur, ressentant un terrible sentiment de culpabilité pour avoir enfreint l'article 20 de la loi 2000-321 du 12 avril 2000 et un besoin irrépressible de se racheter, aurait décidé, le 15 avril, de répondre favorablement à ma demande et de me retourner spontanément mon dossier ! Mazette !

Analyse d'une mystification

Le procureur indique qu'il répond à mes courriers des 19 janvier et 18 mars, mais il ne mentionne pas ma relance du 18 avril. Ceci est parfaitement cohérent puisqu'il a rédigé son courrier le 15 avril, soit quatre jours calendaires avant d'avoir reçu le mien. Mais examinons attentivement le séquencement de ces actions :

 – **vendredi 15 avril 2011** : le procureur rédige sa réponse ;
 – **lundi 18 avril 2011** : je rédige et je poste mon courrier de relance ;
 – **mardi 19 avril** (ou mercredi 20) : le procureur reçoit mon courrier (dans une même ville, le courrier est distribué le lendemain, exceptionnellement le surlendemain) ;
   – **jeudi 21 avril** : la lettre du procureur est tamponnée par la poste.

Le courrier du procureur aurait donc été rédigé trois jours avant l'envoi de ma lettre de rappel et tamponné par la poste trois jours après cet envoi ! Étonnant, n'est-ce pas ? C'est tellement étonnant que je me demande s'il n'y a pas eu de sa part la volonté de maquiller la réalité. Je m'interroge. Le véritable séquencement de ces actions ne serait-il pas le suivant :

 – **mardi 19 avril** (ou mercredi 20) : le procureur reçoit mon courrier du 18 avril et dès réception, pour sauver la face, il rédige en urgence sa réponse, en antidatant son courrier à la date du 15 avril ;
 – **jeudi 21 avril** : la poste tamponne le courrier antidaté ?

Hum ! Il semble bien que le procureur se soit livré à une manipulation de date, pour tenter de me faire prendre des vessies pour des lanternes. Mais quel serait le mobile de cette falsification ? Le procureur aurait-t-il mal supporté d'être rappelé à la loi par un citoyen ordinaire,qui, de plus, a eu le toupet de laisser des traces en le faisant par écrit ? Aurait-il voulu gommer l'existence de mon courrier du 18 avril ? Ce courrier a-t-il été détruit ou a-t-il été conservé pour archivage avec mes courriers des 19 janvier et 18 mars ? Il serait intéressant de vérifier ce point... Est-il possible qu'un magistrat de la République viole ainsi la loi pendant trois mois, puis, « honteux comme un renard qu'une poule aurait pris », se livre à des manipulations de dates dignes d'un gamin de dix ans.

Mais je divague complètement : cette analyse ne tient pas la route... D'ailleurs, il existe un autre scénario beaucoup plus crédible que je détaille ci-après ! Pendant trois mois, le procureur reste sourd à mes demandes, car il a égaré mon dossier. Mais le 15 avril,, il le retrouve par hasard dans une pile de documents prêts à archiver et, immédiatement, il s'empresse de rédiger une lettre pour me retourner les documents que j'attends depuis si longtemps. La secrétaire étant en congés, ce n'est qu'à son retour – le 20 avril – que ce courrier est dactylographié. Puis la lettre est postée le 21 avril. Si entre temps, mon courrier du 18 avril est arrivé sur le bureau du procureur (le 19 ou le 20), c'est une pure coïncidence...

Considération distinguée

La réponse du procureur est fort laconique. On n'y trouve pas le moindre mot d'excuse, juste une pincée de « considération distinguée », dont on se demande bien, au-delà de la formule, quelle en est la traduction concrète. La réalité, c'est qu'il en a totalement manqué de considération distinguée, pendant plus de trois mois !

Archivage efficace, mais inutile

Je viens donc de récupérer les documents justificatifs joints à mon dossier du 6 janvier. Mais dans sa précipitation, le procureur a « oublié » de me retourner le formulaire Cerfa sur lequel j'avais rédigé la demande de rectification.

Malgré ce regrettable oubli, je dois reconnaître qu'un bon point peut être attribué à cette administration pour la qualité de son archivage et la rapidité avec laquelle mon dossier a pu être retrouvé au bout de trois mois. Quant à l'intérêt qu'avait ce service à conserver un dossier qu'il n'avait pas compétence à traiter – sauf à imaginer un goût immodéré pour le papier –, la question reste posée. Je ne peux toutefois m'empêcher de penser au coût de cet archivage inutile qui pèse sur le budget du ministère de la Justice et donc sur l'argent des contribuables.

Maintenant que j'ai récupéré mes photocopies, je vais pouvoir transmettre mon dossier à la juridiction compétente, après avoir renseigné, une nouvelle fois, le Cerfa 11531*01.

27-04-2011 : je demande la rectification de mon acte de naissance (3ème tentative)

Les choses ont évolué depuis ma demande initiale. Maintenant on peut remplir le Cerfa directement sur ordinateur et le transmettre au tribunal via internet. Mais le système ne permet pas encore de transmettre les justificatifs par voie télématique. Il faut donc les envoyer, en parallèle, par courrier, en rappelant la référence informatique attribuée au dossier, pour permettre le regroupement des différents documents.

Jean-Claude   , le 27/04/2011

à Monsieur le Procureur de la République
   auprès du Tribunal de Grande Instance

OBJET : Demande de rectification d'une erreur ou d'une omission matérielle contenue dans un acte de l'état civil.

Monsieur le Procureur,

Je viens de vous formuler une demande de rectification de mon acte de naissance, concernant mon prénom, via un formulaire CERFA n° 11531. Ce formulaire a été transmis en ligne le 26/04/2011 à 18h07 et a fait l'objet d'un accusé de réception.
Le numéro de dossier qui lui a été attribué est le **A-1-KNW18MXMQ**.
Conformément aux consignes indiquées dans la notice CERFA 51206, je vous adresse ci-joints, les justificatifs nécessaires.

Je vous prie de croire, Monsieur le Procureur, à l'assurance de ma considération distinguée.

Jean-Claude

05-05-2011 : 1ère réponse du procureur

La réponse du procureur ne tarde pas : en voici, ci-dessous, le fac-similé :

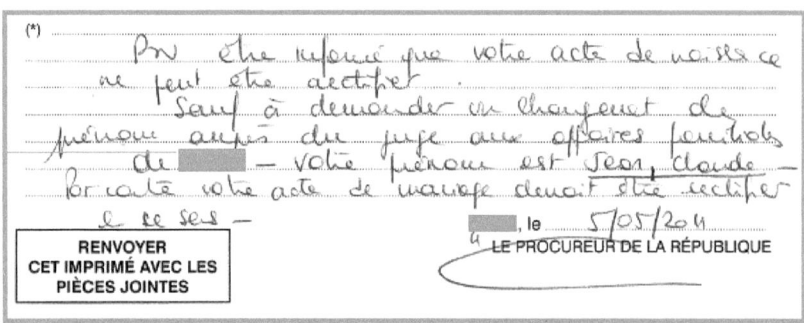

Je vais m'efforcer de décoder cette réponse, en abordant trois thèmes.

Hiéroglyphes et fautes d'accord

Cette fois, c'est bien le procureur qui répond et non le greffier, mais contrairement à celui-ci, il ne doit pas disposer d'une secrétaire – ou celle-ci est en congés – car sa réponse est manuscrite. De ce fait, le terme « décoder » que je viens d'utiliser s'avère tout à fait approprié. Il y a en effet dans ce court texte deux mots que je ne parviens pas à lire, faute de maîtriser la technique d'un Champollion ! Au passage, je note des fautes d'accord. Le verbe « rectifier » est orthographié deux fois comme un infinitif, alors qu'il devrait être orthographié ici comme un participe passé (« rectifié »). S'agit-il d'une faute d'inattention de la part du procureur ? Si l'erreur n'était apparue qu'une fois, on aurait pu effectivement diagnostiquer une étourderie, mais elle apparaît deux fois dans un texte de six lignes ! Le procureur maîtrise-t-il l'accord des verbes ? Peu importe, me direz-vous, l'important, c'est qu'il maîtrise le droit, pas la conjugaison... bien qu'il serait préférable qu'il maîtrisât les deux.

Sadisme administratif ?

Sur le fond, rien n'a changé depuis octobre 2010. A l'évidence, le procureur n'a pas été muté ou bien son successeur applique les mêmes règles. La rectification est refusée. Seule la demande de changement de prénom est proposée. Et pour bien remuer le couteau dans la plaie, le procureur ajoute : « votre acte de mariage devrait être modifié ». Mon cas s'aggrave. Est-ce du sadisme ou de la compassion ? Il faudrait donc non seulement que je me résigne à me prénommer Jean au lieu de Jean-Claude, mais qu'en plus je fasse rectifier mon acte de mariage. Comment procéder ? En demandant directement au procureur ou par voie d'avocat ! Il ne me dit pas si je dois aussi faire rectifier ma gourmette ! Ni quel prénom mes héritiers devront faire graver sur ma tombe ! Cependant, si cette modification était impérativement obligatoire, il aurait écrit : « votre acte de naissance doit être rectifié ». En écrivant « devrait », il semble m'accorder un petit espace de liberté... à moins que l'usage du conditionnel ne confirme son manque de maîtrise du français ! N'est-ce pas une hypothèse plausible puisqu'on a vu *supra* qu'il a confondu infinitif et participe passé !

Parce que c'est comme ça !

Depuis le 28 octobre 2010, j'attends que l'on m'explique pourquoi la demande de rectification de mon acte de naissance s'est transformée, par la décision d'un procureur, en demande de changement de prénom. Voici un début d'explication, un simple début. Mon « acte de naissance ne peut être rectifié », indique péremptoirement le procureur, tout en se gardant bien d'en donner la raison. Mais peut-être n'y-a-t-il pas de véritable motif : c'est tout simplement comme ça ! A ce stade, le mystère reste donc entier. Le budget prévu pour l'achat de l'encre nécessaire à la rectification est-il épuisé ? N'y-a-t-il pas suffisamment de place dans la marge de l'acte de naissance pour notifier cette rectification ?

Dois-je me contenter d'une simple affirmation non étayée, fût-elle prononcée par un procureur de la République ? Sûrement pas ! J'estime avoir le droit de connaître les véritables motivations de cette sentence !

Pour tenter d'en savoir davantage, je vais solliciter les explications qui font défaut, en interrogeant de nouveau le procureur. C'est l'objet de mon courrier du 16 mai 2011.

16-05-2011 : je demande des explications au procureur

Jean-Claude , le 16/05/2011

à Monsieur le Procureur de la République
   auprès du Tribunal de Grande Instance

OBJET : Dossier A-1-KNW18MXMQ
Demande de rectification d'une erreur ou d'une omission matérielle contenue dans un acte de l'état civil.

Monsieur le Procureur,

J'accuse réception de votre courrier du 5/05/2011, dans lequel vous m'indiquez que mon acte de naissance ne peut être rectifié et que seul un changement de prénom pourrait être envisagé.

Pour ma gouverne personnelle, pourriez-vous m'indiquer quels sont les critères qui permettent de définir ce qu'est une erreur ou une omission matérielle contenue dans un acte d'état-civil ? Dans le cas qui me préoccupe, il s'agit indubitablement d'une erreur, ou d'une omission matérielle, (ou d'une habitude locale d'écriture des prénoms composés ?) commise le 27 juillet 1946 par l'employé de l'état-civil de   , qui a reçu déclaration de ma naissance, de la bouche de mon père.

Depuis cette date, pour mes parents, mes proches, mes voisins, mes camarades de classe, mes professeurs, etc., mon prénom a toujours été Jean-Claude, sans qu'il y ait le moindre doute ou la moindre ambiguïté à ce sujet.

Il a fallu que j'arrive à 63 ans, pour qu'une règle en vigueur en février 2010 (règle d'ailleurs éphémère, puisque, à ma connaissance, elle a cessé d'avoir cours peu de temps après) fasse que lors du renouvellement de ma carte d'identité, le service chargé de ce renouvellement insère une virgule entre Jean et Claude et transforme ainsi mon prénom composé en deux prénoms simples. Il ne s'agit donc pas pour moi de changer de prénom, mais de mettre mon acte de naissance en conformité avec la réalité, puisque malencontreusement en juillet 1946, l'employé de l'état civil a omis d'insérer un trait d'union entre Jean et Claude, sans toutefois y insérer une virgule, et qu'en 2010, les services de délivrance des cartes d'identité ont cru bon d'insérer une virgule dont aucun document officiel ne porte la trace.

Dans l'attente de votre réponse, je vous prie d'agréer, Monsieur le Procureur, l'expression de mes sentiments distingués.

Jean-Claude

19-05-2011 : 2ème réponse du procureur

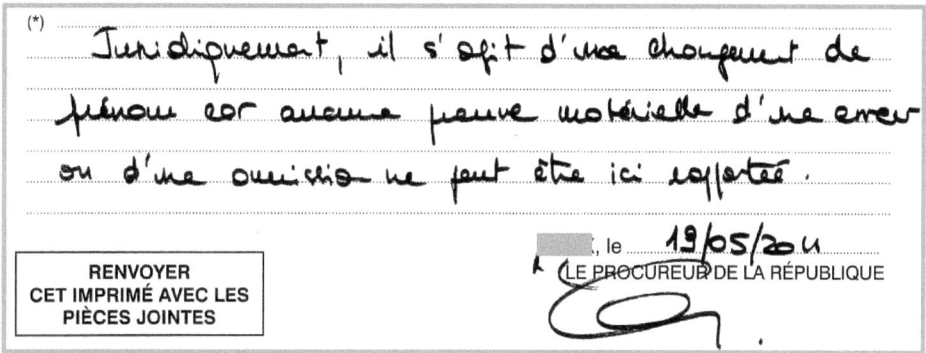

Laconique et inconsistant

C'était bien la peine que je rédige un courrier d'une page pour obtenir, en retour, trois lignes en guise de réponse ! Le seul point positif, c'est qu'il a répondu par retour du courrier. Mais j'aurais préféré qu'il prenne quelques jours de plus pour élaborer une réponse plus consistante. N'a-t-il vraiment pas d'autre explication à me fournir ? La langue me démange de lui répondre : « Ah ! Non ! C'est un peu court, jeune homme ! » Mais manifestement, le procureur ne semble pas vouloir engager un dialogue avec moi.

Attends réponse désespérément

Je lui demande comment il définit une erreur matérielle. Il répond : « car aucune erreur matérielle ne peut être ici rapportée ». N'est-ce pas là ce qui s'appelle éluder la question ! Cela revient à me répondre : « Pourquoi voulez-vous savoir ce qu'est une erreur matérielle ou une omission puisque je vous dis qu'il n'y a ni erreur ni omission sur votre acte de naissance ? Cette réponse devrait vous suffire ! »

Bien que les informations arrivent au compte-gouttes, on progresse un peu dans l'explication. Le courrier précédent m'apprenait que « mon acte de naissance ne pouvait être rectifié ». Celui-ci m'apprend que c'est parce qu'« aucune preuve matérielle d'une erreur ou omission ne peut être ici rapportée ». Encore un petit effort, Monsieur le procureur !

Ju-ri-di-que-ment...

Le tiret qui aurait dû séparer Jean et Claude, sur mon acte de naissance, n'aurait donc pas été omis par erreur ? Qu'est-ce qui lui permet d'affirmer cela ? Le mystère perdure. Ce procureur affirme, mais ne justifie rien. Son ton est péremptoire, sa parole infaillible. Lorsqu'il a parlé, il n'y a plus qu'à s'incliner et à se taire. Et pour couper court à toute velléité de contradiction, cette fois, il abat une carte maîtresse, un atout majeur dont il est le seul à disposer. Cette carte, c'est le mot « ju-ri-di-que-ment », qu'il convient de prononcer en détachant bien chaque syllabe, pour lui donner l'impact maximum. Ce mot a des vertus magiques : il peut supplanter les analyses les plus objectives, décourager les démonstrations les mieux étayées et transformer toute tentative de contestation en combat d'arrière-garde. Il se suffit à lui-même. Une fois asséné, la messe est dite. Du moment que le procureur affirme que « juridiquement, il s'agit d'un changement de prénom », c'est qu'il s'agit d'un changement de prénom, un point c'est tout ! Pourquoi douter de sa parole ?

Dans ces conditions, comment pourrais-je apporter la preuve qu'il y a erreur ou omission matérielle, puisque le procureur ne daigne pas me dire comment il définit, en termes juridiques, ces deux vocables ? Certes, si mon père et l'employé de l'état civil qui, en 1946, a rédigé mon acte de naissance n'avaient pas tous deux élu domicile au cimetière depuis longtemps, on pourrait organiser une reconstitution de la déclaration de naissance en demandant à ces deux acteurs essentiels de rejouer la scène, pour connaître la vérité.

Tous les documents dont j'ai fourni la copie, qui orthographient mon prénom avec un trait d'union entre Jean et Claude, ne prouvent-ils donc rien ? Le procureur ne dit pas un seul mot à leur sujet. Pourquoi les ignore-t-il ? Les a-t-il seulement examinés ? Pourquoi ne m'explique-t-il pas pourquoi le fait que tous ces documents qui portent le prénom composé Jean¬Claude ne constituent pas le début du commencement de la preuve d'une erreur ou d'une omission ? Comment analyse-t-il cette situation, si tant est qu'il ait envie de l'analyser ? Ne mettent-ils pas au minimum le doute dans son esprit sur la possibilité d'une erreur ? Que faudrait-il lui apporter comme éléments supplémentaires ? Bon sang, mais qu'il le dise ! S'il faut des témoignages écrits de mes camarades de scolarité, de service militaire, de mes voisins, etc., je ferai les efforts nécessaires pour les collecter !

Le niveau monte

Selon le procureur, l'acte de naissance n'autoriserait donc pas de supposer un seul instant, que si les prénoms Jean et Claude y sont séparés par une espace, c'est parce qu'il y a eu erreur ou omission matérielle –, bien qu'il ait cependant permis à la préfecture de décréter qu'il était obligatoire d'insérer une virgule entre ces prénoms !

Raisonnons par l'absurde et imaginons qu'il ait raison, le procureur, à savoir qu'aucune erreur n'est démontrable et que mon vrai prénom n'est pas Jean-Claude, mais Jean. Dans cette hypothèse, comment expliquer que, depuis ma naissance, le prénom composé Jean-Claude ait été inscrit sur tous les papiers officiels qui m'ont été délivrés par la République française ? C'est incompréhensible ! Il existe pourtant une explication objective – je n'en vois qu'une seule ! – à cette situation : tous les fonctionnaires qui dans le passé, ont établi ces documents étaient des incompétents, ou des tire-au-flanc rénâclant à faire le moindre effort de vérification. Mais ces temps de médiocrité et d'obscurantisme sont révolus : une nouvelle génération est arrivée, sûre d'elle et de ses compétences, grâce à laquelle le niveau de professionnalisme de l'administration va faire un grand bond en avant !

Cent fois sur le métier...

On peut le comprendre, cette réponse me laisse encore une fois sur ma faim. Suite à mes questions, le procureur a délivré quelques bribes d'information, insuffisantes à mes yeux pour valider sa décision. Par ailleurs, sa façon catégorique d'énoncer ses attendus est insupportable. Je croyais - naïvement ! -, que les administrations étaient tenues d'expliquer et de motiver spontanément leurs décisions, sans qu'il soit besoin de quémander, à de multiples reprises, des éclaircissements. Ce n'est, à l'évidence, pas le cas.

C'est pourquoi un nouveau courrier s'impose pour tenter d'en savoir un peu plus.

23-05-2011 : je redemande des explications au procureur

Jean-Claude , le 23/05/2011

à Monsieur le Procureur de la République
    auprès du Tribunal de Grande Instance

OBJET : **Dossier A-1-KNW18MXMQ**
Demande de rectification d'une erreur ou d'une omission matérielle contenue dans un acte de l'état civil.

Monsieur le Procureur,

J'accuse réception de votre courrier du 19/05/2011, dans lequel vous m'indiquez « qu'il s'agit d'un changement de prénom car aucune preuve matérielle d'une erreur ou d'une omission ne peut être ici rapportée ».

Dans ces conditions, comment peut-on expliquer que les services de la Préfecture n'aient pas inscrit dans la zone « Prénom(s) » de ma carte d'identité et de mon passeport, « Jean Claude », avec une simple espace entre Jean et Claude, sans trait d'union ni virgule, comme cela apparaît sur mon acte de naissance ? C'est, je suppose, ou alors il faut que l'on m'explique quel a été leur raisonnement, parce qu'ils ont considéré que la rédaction de mon prénom, sur l'acte de naissance, n'était pas correcte et ne pouvait donc pas être reprise à l'identique sur mes papiers d'identité.

Donc, si cette rédaction n'est pas correcte, cela ne peut être que la conséquence soit d'une erreur soit une omission matérielle. A ce stade de l'analyse, la Préfecture avait le choix entre deux interprétations. Soit il manquait une virgule entre Jean et Claude, soit il manquait un trait d'union. Et c'est la première option qui a été retenue, à tort.

J'espère qu'à la lumière de ces éléments, vous voudrez bien reconsidérer votre position.

Dans cette attente, je vous prie d'agréer, Monsieur le Procureur, l'expression de mes sentiments distingués.

Jean-Claude

Dans ce courrier, je mets l'accent sur ce qui m'apparaît être une contradiction entre la position de la préfecture et celle du procureur. Ma démonstration me paraît relever d'une logique irréfutable, mais cette logique est-elle compatible avec celle d'un juriste ?

26-05-2011 : 3ème réponse du procureur

> (*) Por être informé que notre décision demeure la même
>
> La rectification d'erreur matérielle ou omission ne saurait se fonder sur une interprétation ou une lecture de l'acte mais sur des preuves de cette erreur. En l'espèce rien ne prouve l'erreur commise.
>
> Dès lors il s'agit d'un changement de prénom.
>
> le 26/05/2011
> LE PROCUREUR DE LA RÉPUBLIQUE

RENVOYER CET IMPRIMÉ AVEC LES PIÈCES JOINTES

« [...] notre décision demeure la même »

Le procureur, imperturbable, persiste et signe en affirmant – péremptoirement comme toujours – que sa « décision demeure la même ». Mes arguments n'ont rien changé à son analyse et il se garde bien d'aborder la problématique que je lui ai soumise.

« La rectification d'erreur matérielle ou omission ne saurait se fonder sur une interprétation ou une lecture de l'acte [...] »

Comment faut-il comprendre cette affirmation ? Personnellement, je vois deux interprétations possibles, ce qui illustre bien le désarroi que peut ressentir un administré qui tente d'analyser une réponse de cette nature :

– **première interprétation** : le procureur répond à la question que je lui ai posée. Je lui demandais la raison pour laquelle la préfecture a modifié l'orthographe de mon prénom, s'il n'y a pas d'erreur matérielle ou d'omission sur mon acte de naissance, comme il le prétend. Dans cette hypothèse, sa réponse est clairement un désaveu implicite de la position de la préfecture. Car, pour se permettre d'ajouter une virgule entre Jean et Claude, celle-ci s'est nécessairement fondée sur une interprétation ou une lecture de l'acte, dans la mesure où elle ne disposait pas d'autre document (exception faite de l'ancienne carte d'identité qui, elle, affichait un trait d'union entre Jean et Claude) et a trouvé une preuve d'erreur, là où le procureur n'en voit aucune. Il aurait donc été courageux de la part du procureur d'assumer cette position en exprimant explicitement ce désaveu ;

– **deuxième interprétation** : le procureur ne répond pas à la question posée ; ce n'est certes pas bien de sa part, mais c'est sans surprise, car il est coutumier du fait. Quant à ce qu'a fait la préfecture, il préfère l'ignorer : ce n'est pas son problème. Et pourtant, tous deux sont confrontés à la même question : faut-il considérer que l'orthographe de mon prénom sur mon acte de naissance est due à une erreur ou pas ? Manifestement ces deux administrations, rattachées à deux ministères différents, s'ignorent superbement et se moquent des incohérences engendrées par leurs logiques respectives.

Mais s'il ne répond pas à la question posée (qui porte sur la décision de la préfecture), c'est que sa réponse s'applique à sa propre décision. Il sous-entend donc qu'il s'est fondé sur la seule lecture de l'acte pour aboutir à sa conclusion. Il reconnaît ainsi implicitement qu'il a bâclé son travail, en n'examinant pas les justificatifs que je lui ai transmis à l'appui de ma demande et en n'en tirant pas toutes les conséquences. Cette hypothèse est corroborée par le fait qu'il ne fait jamais référence à ces documents. Et s'il a ignoré l'existence de ces preuves, je comprends qu'il lui soit difficile de conclure qu'il y a eu erreur ou omission,

Faut-il vraiment considérer cette réponse comme une auto-critique de la part du procureur ? Hum ! C'est peu probable ! Qu'un procureur puisse reconnaître qu'il a mal fait son travail me semble tout simplement inconcevable !

« [...] mais sur des preuves de cette erreur. »

Fort bien, mais comment prouver une erreur lorsque les témoins oculaires ne sont plus là ? Le procureur n'aurait-il pas pu m'indiquer quel type de preuve lui aurait permis d'accéder à ma demande ? N'aurait-il pas pu me dire en quoi les documents joints étaient insuffisants, mais le pouvait-il puisqu'il ne les a probablement pas examinés ? N'aurait-il pas pu me communiquer quelques éléments de jurisprudence, me donner un avis, un conseil, pour m'aider dans ma démarche ? Ce n'est apparemment pas la préoccupation de cette institution.

Si Jean avait été orthographié par erreur Jan, aurait-il considéré qu'il y avait erreur ? Logiquement non, car comment prouver que la volonté de mes parents était d'orthographier ce prénom Jean et non Jan, même si, en 1946, la mode n'était pas à l'exotisme des graphies ?

Imaginons maintenant que pour aligner mon acte de naissance sur ma nouvelle carte d'identité, je demande au procureur d'ajouter une virgule – au lieu d'un tiret – entre Jean et Claude, et essayons d'imaginer sa réponse. S'il accepte cette rectification, c'est qu'il considère qu'il existe la preuve d'une erreur. Dans cette hypothèse, il existerait donc la preuve d'une erreur quand je demande l'ajout d'une virgule et pas de preuve quand je demande l'ajout d'un tiret. Autrement dit, l'existence de la preuve dépendrait de la nature de la rectification demandée ! On voit bien que cette hypothèse ne tient pas la route et c'est donc un refus que logiquement le procureur m'opposera. Il désavouera ainsi la préfecture qui, elle, n'a pas hésité une seconde, à la lecture de l'acte, à ajouter une virgule, et il maintiendra le non alignement de ma carte d'identité sur mon acte de naissance. Belle illustration de l'incohérence de ces deux services publics !

Dois-je regretter de n'avoir pas testé cette demande ? Le test aurait été très intéressant, mais risqué, car en dépit de l'incompatibilité de cette décision avec la précédente, je m'exposais – les administrations n'étant pas à un illogisme près –, à être contraint d'adopter définitivement le prénom simple Jean, ce que je ne souhaite à aucun prix.

Bilan d'étape

Quel est le bilan de ces trois échanges avec le procureur ? En résumé, j'ai appris en mai :
– le 5, que « mon acte de naissance ne pouvait être rectifié » ;
– le 19, que « c'est parce qu'aucune preuve d'une erreur ne pouvait être rapportée » ;
– le 26, que « la rectification ne saurait se fonder sur une interprétation ou une lecture de l'acte, mais sur des preuves de cette erreur ».

Finalement, il aura fallu trois courriers du procureur pour obtenir une explication complète de sa décision. N'aurait-il pas pu « cracher le morceau » en une fois en écrivant : « L'acte de naissance ne peut être rectifié parce qu'aucune preuve d'une erreur ne peut être rapportée et que le rectification ne saurait se fonder sur une interprétation ou une lecture de l'acte , mais sur des preuves de cette erreur »

Pourquoi avoir ainsi segmenté ainsi sa réponse ? Je risque une explication : parce qu'il estime qu'il n'a pas à expliquer ses décisions au peuple – qui ne le mérite pas. Son aura de magistrat est là pour conférer l'infaillibilité à sa parole. C'est ainsi que sa première réponse (« l'acte ne peut être rectifié ») équivaut à répondre : « parce que c'est comme ça ! » Cependant, face à la demande insistante de l'usager, il a néanmoins consenti à apporter de menus compléments à cette première réponse...

Cependant, cette explication ne vaut pas justification, et bien des questions subsistent.

Mes parents devaient être des gens instables. Après m'avoir inscrit à l'état civil sous le prénom Jean – avec Claude pour second prénom –, ils auraient décidé par la suite, probablement après avoir pris conscience d'avoir fait un très mauvais choix, de me prénommer Jean-Claude et d'imposer, avec succès, ce prénom composé dans toutes les démarches administratives postérieures ! De deux choses l'une : ou ils souhaitaient me prénommer Jean avec pour second prénom Claude, alors, dans ce cas, l'employé de l'état civil a commis une erreur ou une omission matérielle, en n'insérant pas de virgule entre Jean et Claude, ou ils souhaitaient me prénommer Jean-Claude, alors, dans ce cas, l'employé de l'état civil a commis une erreur ou une omission matérielle en omettant d'insérer un trait d'union entre Jean et Claude. S'il n'est certes pas nécessaire d'avoir un gros QI, pour comprendre ce raisonnement, un QI dans la moyenne semble toutefois requis...

Ainsi, quelle que soit l'hypothèse retenue, il est évident qu'il y a bien eu erreur matérielle ou omission. Mais ces considérations n'intéressent pas le procureur. Il a des convictions intimes qui s'imposent à lui comme des certitudes ! Imbu de ses connaissances « ju-ri-di-ques », il préfère s'en tenir à quelques affirmations péremptoires, déconnectées de la logique et de la réalité. Peut-on croire que le législateur ait voulu cette situation aberrante ? Sûrement pas, mais lorsqu'un fonctionnaire chargé d'appliquer la loi ne prend pas le recul nécessaire, ne réfléchit pas, n'examine pas les éléments contextuels, chausse des œillères qui focalisent son regard sur les textes (au fait, lesquels, car il ne cite jamais ses sources ?) en oubliant la vraie vie, il lui est difficile d'accoucher d'une décision intelligente.

« Dès lors, il s'agit d'un changement de prénom. »

La sentence vient de tomber... Elle est définitive. La logique est imparable : on ne peut pas prouver qu'il y a une erreur, « dès lors, il s'agit d'un changement de prénom ». Le procureur a jugé souverainement en premier et en dernier ressort, en s'appuyant sur trois lignes de plaidoirie. Il n'y a aucune possibilité d'appel. Le dialogue avec le procureur s'interrompt ici. Une page se tourne. Cette sentence consacre la suprématie du juridisme et du dogmatisme sur le réalisme et le pragmatisme.

Et maintenant ?

Avant de passer à l'étape suivante, je dois signaler que ce procureur-ci m'a retourné les documents joints à ma demande, sans que j'aie eu besoin de les réclamer, preuve qu'il les avait bien reçus – mais probablement pas lus... car considérés sans intérêt.

Comme je suis très sceptique sur la pertinence des arguments développés par ce magistrat, je vais tenter de recueillir l'avis d'une autorité indépendante : le Défenseur des droits.

30-05-2011 : je demande l'avis du Défenseur des droits

Jean-Claude , le 30 mai 2011

à Monsieur le Médiateur de la République,

Mon problème :

Je suis né le 27 juillet 1946 à   .
Mon père a déclaré ma naissance le jour même auprès de l'état-civil et a indiqué que le prénom choisi par les parents était Jean-Claude (prénom composé). Sur l'acte de naissance, l'employé de l'état-civil a écrit « Jean Claude », avec une simple espace, sans trait d'union ni virgule, entre Jean et Claude.

Jusqu'à l'âge de 63 ans, ceci n'a posé aucun problème, tant il était évident, que pour tout le monde, mon prénom était Jean-Claude. Tous mes documents officiels ont été orthographiés Jean-Claude (cartes d'identité, passeport, livret de famille, acte de mariage, etc.), jusqu'à ce jour de février 2010, où je me suis présenté à la mairie de   pour faire renouveler ma carte d'identité et mon passeport.

Et là, surprise, une règle nouvelle (à ma connaissance abandonnée peu de temps après) fait que l'on remonte à mon acte de naissance et que l'on refuse d'orthographier mon prénom Jean-Claude sur mes nouveaux papiers d'identité.

Résultat : les services de l'état-civil inscrivent sur ma carte d'identité et sur mon passeport Jean, Claude (Jean virgule Claude) ce qui signifie que dorénavant, selon mes papiers d'identité, je ne me prénomme plus Jean-Claude mais Jean. Claude devient un second prénom.

N.B. : C'est à cette occasion que j'ai (re)découvert que mon prénom était orthographié « Jean Claude » sur l'acte de naissance.

L'employé de l'état civil, embarrassé, m'indique que je peux demander une rectification de l'acte de naissance auprès du procureur de la République et que cela est gratuit.

Les démarches entreprises :

Je décide de suivre la suggestion de l'employé de l'état civil et de demander la rectification de mon acte de naissance, pour erreur matérielle ou omission, auprès du procureur de la République de mon lieu de naissance.

Je découvre sur le site internet de Service Public l'existence d'un formulaire prévu à cet effet, le CERFA 11531*01 qui « permet de transmettre au tribunal concerné une demande de rectification d'une erreur ou d'une omission matérielle contenue dans un acte de l'état civil ».

Le 27/04/2011, j'adresse au procureur de la République le CERFA 11531*01 dûment rempli ainsi que des photocopies de divers documents, à l'appui de ma demande.

> **Courrier au Défenseur des droits : page 2/2**
>
> Dans sa réponse du 27/04/2011, le procureur refuse de rectifier l'acte de naissance. Pour lui, il s'agit non d'une rectification mais d'un changement de prénom ! Cette procédure nécessite le recours à un avocat.
>
> Suite à mes deux autres courriers, le procureur campe sur cette position. Vous trouverez en pièces jointes les courriers échangés avec le TGI de ▇▇▇▇ :
> - mon courrier du 27/04/2011 et la réponse du TGI du 05/05/2011
> - mon courrier du 16/05/2011 et la réponse du TGI du 19/05/2011
> - mon courrier du 23/05/2011 et la réponse du TGI du 26/05/2011
>
> Je vous remercie, Monsieur le Médiateur, de me faire part de votre avis quant à cette situation abracadabrante et vous prie d'agréer l'expression de mes sentiments distingués.
>
> Jean-Claude

27-07-2011 : réponse du Défenseur des droits

> *Défenseur des droits*
>
> Monsieur Jean-Claude ▇▇▇
> ▇▇▇
>
> Paris, le **2 7 JUIL. 2011**
>
> Monsieur,
>
> Vous avez appelé l'attention du Médiateur de la République sur les difficultés que vous rencontrez concernant votre état civil.
> Votre extrait d'acte de naissance comporte les prénoms « *Jean Claude* ». sans trait d'union ni ponctuation.
> Vous vous êtes toujours fait appeler Jean-Claude et souhaitez qu'il continue à en être ainsi.
> Toutefois, lors du dernier renouvellement de votre carte nationale d'identité (CNI) et de votre passeport, et alors que vos anciens documents d'identité avaient été établis précédemment au prénom de Jean-Claude, les autorités compétentes ont inscrit sur ces pièces le prénom de « Jean, Claude ».
> Vous aimeriez donc faire modifier votre extrait de naissance, afin d'obtenir une nouvelle carte d'identité ainsi qu'un passeport conformes à vos souhaits.

Réponse du Défenseur des Droits : page 2/3

Vous avez alors saisi le procureur de la République de ...., votre lieu de naissance, d'une demande de rectification de votre acte de naissance.

Ce dernier a opposé un refus à votre demande au motif que celle-ci ne pouvait s'analyser juridiquement que comme une demande de changement de prénom, relevant de la compétence du juge aux affaires familiales, et non comme une demande de rectification d'erreur matérielle.
Contestant cette position, vous avez sollicité l'intervention du Médiateur de la République.

A titre liminaire, je vous précise que les missions précédemment dévolues au Médiateur de la République relèvent désormais, en application de la loi organique n°2011-333 du 29 mars 2011 (parue au Journal officiel n°75 du 30 mars 2011), de la compétence du Défenseur des droits.

Cette même loi, comme précédemment celle du 3 janvier 1973 instituant la fonction du Médiateur de la République, ne permet pas au Défenseur des droits de remettre en cause le bien-fondé d'une décision de l'autorité judiciaire.
Or tel est le cas en l'espèce, s'agissant de la décision du procureur de la République de

Toutefois, l'examen attentif, par mes services, des pièces que vous avez transmises appelle les observations suivantes.
L'instruction générale relative à l'état civil, datée du 11 mai 1999, énonce désormais, en son article 111 : *«Les prénoms doivent toujours être indiqués dans l'ordre où ils sont inscrits à l'état civil. Les prénoms simples sont séparés par une virgule, les prénoms composés comportent un trait d'union»*.

En outre, s'agissant de la rédaction de votre prénom sur votre carte nationale d'identité, une circulaire du ministère de l'Intérieur (NOR/INT/D/00/00001/C), datée du 10 janvier 2000 relative à l'établissement et la délivrance des cartes nationales d'identité précise à la rubrique 48 : *« pour un prénom composé, le tiret est utilisé pour assurer le lien entre les deux éléments du prénom...L'absence de séparateur entre les prénoms figurant dans l'acte de naissance ne suffit pas à justifier que le demandeur de carte d'identité puisse se prévaloir d'un prénom composé »*.

De façon générale, il convient de noter que la rectification des actes d'état civil peut prendre deux formes selon la nature de celle-ci :
Les articles 1046 du code de procédure civile et 99 du code civil, prévoient que le procureur de la République est compétent pour procéder à la rectification administrative des erreurs et omissions purement matérielles des actes de l'état civil.

Une telle demande relève du pouvoir d'appréciation du procureur de la République qui se prononce sur l'existence ou non de l'erreur ou de l'omission, en fonction des éléments du dossier.
Il peut, soit faire droit à cette demande, soit la rejeter en estimant qu'il ne s'agit pas d'une simple erreur matérielle.
Dans ce dernier cas, il est possible au requérant de saisir le président du tribunal de grande instance territorialement compétent pour faire juger de ce point, conformément à l'article 1047 du code de procédure civile.

Réponse du Défenseur des Droits : page 3/3

Par ailleurs, en l'absence de reconnaissance d'une erreur matérielle ou omission, seule la voie judiciaire est alors offerte pour une rectification touchant à « l'état des personnes ».

S'agissant d'un changement de prénom ou, en l'espèce, du rétablissement de l'usage d'un prénom composé, il peut être demandé au juge aux affaires familiales par "*toute personne qui justifie d'un intérêt légitime*" (article 60 du code civil).
La personne doit adresser sa demande, en en précisant les motifs, au juge aux affaires familiales du tribunal de grande instance.
Le tribunal compétent est celui du lieu de naissance du demandeur ou du lieu où demeure celui-ci.
L'assistance d'un avocat est nécessaire. Le demandeur peut, sous certaines conditions demander l'aide juridictionnelle s'il ne dispose pas de ressources suffisantes.
Dans votre situation, la procédure devant le juge aux affaires familiales est la seule envisageable.
Il ne peut toutefois être présagé de l'issue d'une telle démarche, la décision appartenant au juge aux affaires familiales qui apprécie l'existence d'un intérêt légitime.

La loi ne donne pas de définition ni d'exemple de l'intérêt légitime. Son existence ainsi que son appréciation sont confiées au seul juge qui décide au vu des circonstances de fait et des pièces qui lui sont soumises par le requérant. Le seul fait que le prénom « ne plaise pas » ne sera pas suffisant pour constituer un intérêt légitime au sens de la loi. En règle générale, et à titre indicatif, les tribunaux ont admis les critères suivants pour fonder les requêtes en changement de prénom : la volonté de francisation du prénom, la crainte de discriminations raciales, les motifs religieux, l'usage prolongé d'un autre prénom, la jonction d'un nom et d'un prénom à consonance ridicule, etc.

Il apparaît dès lors préférable de faire expertiser au préalable les chances de succès d'une telle action auprès d'un avocat, dont je vous rappelle que le ministère est obligatoire.

Telles sont les informations qui peuvent vous être communiquées et, espérant qu'elles ont pu contribuer à vous éclairer dans vos démarches, je procède à la clôture de votre dossier.

Je vous prie d'agréer, Monsieur, l'expression de ma considération distinguée.

Le Médiateur délégué
auprès du Défenseur des droits

Bernard DREYFUS

J'ai vu, dans la réponse du Défenseur des droits, quatre parties :

– **la première partie** (alinéas 1 à 8), est une reformulation de ma situation, telle que je l'ai décrite dans mon courrier du 30 mai 2011. Cette reformulation est claire et fidèle.

– **la deuxième partie** (alinéas 9, 10 et 11) précise la mission du Défenseur des droits et les limites de celle-ci. Lorsque le Défenseur des droits indique qu'il n'a pas le pouvoir de « remettre en cause le bien fondé d'une décision de l'autorité judiciaire », je comprends immédiatement qu'il considère que la décision du procureur est, par principe, fondée et qu'il ne pourra qu'abonder dans son sens ;

– **dans la troisième partie** (alinéas 12 à 19), c'est en effet ce qu'il va s'efforcer de faire. D'abord il étaye sa position en citant des textes, ce qui est tout de même un énorme progrès si on compare sa réponse aux réponses laconiques du procureur. Cependant, sans commenter l'intégralité de son texte, je note qu'il écrit que « l'absence de séparateur entre les prénoms figurant dans l'acte de naissance ne suffit pas à justifier que le demandeur de carte d'identité puisse se prévaloir d'un prénom composé ». Soit, mais pour autant, l'absence de séparateur autorise-t-elle à se prévaloir de deux prénoms simples ? C'est cela que j'aurais aimé savoir ! Et lorsque je lis « qu'une telle demande relève du pouvoir d'appréciation du procureur de la République », je ne peux m'empêcher de penser à la formule qui sous l'Ancien Régime ponctuait les actes royaux : « Car tel est notre bon plaisir. » Plus loin, le Défenseur des droits écrit que le procureur de la République « peut se prononcer sur l'existence ou non de l'erreur, en fonction des éléments du dossier ». La formule « en fonction des éléments du dossier » adoucit un peu le caractère discrétionnaire de la déclaration précédente. Oui, mais voilà, malgré trois courriers échangés entre nous, le procureur n'a jamais évoqué les éléments du dossier ni pour estimer qu'ils étaient insuffisants ni pour m'indiquer quels éléments j'aurais dû produire pour bénéficier du droit de rectification.

– **dans la quatrième partie** (alinéas 20 à 29), le médiateur aborde la demande de changement de prénom. Et il m'indique que « dans ma situation, la procédure devant le juge aux affaires familiales est la seule envisageable ». Puis il m'explique que l'issue de cette démarche est pour le moins incertaine, car :
   – « la décision appartient au juge aux affaires familiales » (qui juge selon son bon plaisir ?) ;
   – « il ne peut être présagé de l'issue d'une telle démarche » ;
   – « il est préférable de faire expertiser au préalable les chances de succès par un avocat ».

Bigre ! Dans ces conditions, qui serait assez fou pour se lancer dans une telle entreprise ? On voudrait décourager un candidat à demander un changement de prénom qu'on ne s'y prendrait pas autrement ! Mais peu importe puisque cette option ne m'intéresse pas.

Quelle suite donner ?

Le Défenseur des droits a fait une présentation dissuasive de la demande de changement de prénom et fermé la porte menant à la rectification administrative. L'avenir s'assombrit. Vais-je devoir renoncer ? Une autre idée me vient à l'esprit. Pourquoi ne demanderais-je pas à ce que l'orthographe de mon prénom soit alignée sur mon acte de naissance, à savoir « Jean Claude », sans séparateur – ni tiret ni virgule. Finalement, l'orthographe utilisée dans mon acte de naissance, qui, de plus, est décrétée sans erreur démontrable par le procureur, ne doit-elle pas être sacralisée ? En pratique, cela ne changerait pas grand chose pour moi. Phonétiquement, mon prénom resterait le même, mais sa graphie ne serait pas identique sur tous mes documents officiels – à un tiret près. Le procureur lui-même, dans son courrier du 28 octobre 2010, n'a-t-il pas écrit « Jean Claude » ? Je vais donc demander aux services de l'état civil de m'indiquer si cette écriture est acceptable, au vu de la réglementation existante. A qui adresser cette demande ? A la mairie ou à la préfecture ?

03-08-2011 : j'interroge la mairie

Dans un premier temps, je soumets la question aux services de l'état-civil, à la mairie :

Jean-Claude   , le 3 août 2011

à   Service de l'état-civil
    Mairie

OBJET : Demande de renseignement

Monsieur, Madame,

Le contexte :

Courant février 2010, je me suis présenté à la mairie   , au service de l'état-civil, pour faire renouveler ma carte nationale d'identité. Alors que sur mon ancienne CNI (ainsi d'ailleurs que sur toutes mes autres pièces d'identité, et ce depuis ma naissance), mon prénom était orthographié « Jean-Claude », sur ma nouvelle carte, celui-ci a été orthographié « Jean, Claude », au prétexte que sur mon extrait de naissance, il n'y avait pas de trait d'union entre Jean et Claude.

La loi en vigueur à cette date voulait en effet que l'on remonte à l'extrait de naissance pour vérifier l'identité du demandeur. Cette règle a changé avec la circulaire ministérielle du 1er mars 2010, relative à la simplification de la délivrance des cartes nationales d'identité et des passeports. Cette circulaire stipule, en effet, que « sur présentation d'une carte d'identité plastifiée, il n'y a plus lieu de demander un acte d'état civil. » Ma nouvelle carte m'a été délivrée le 25/02/2010. C'est dire qu'à quelques jours près, ce courrier n'aurait pas eu de raison d'être.

Souhaitant conserver mon prénom composé, j'ai demandé au procureur de la République de faire rectifier mon acte de naissance, (comme me l'avait suggéré l'employé de l'état civil, en précisant que la procédure était gratuite). Mais en fait, le procureur m'a indiqué qu'il ne s'agissait pas d'une rectification administrative, mais d'un changement de prénom, et que de ce fait, il fallait en faire la demande auprès du juge des affaires familiales, par l'intermédiaire d'un avocat.

Ma question :

Ne souhaitant pas mettre en œuvre cette procédure, lourde et probablement longue et coûteuse, je me satisferais, à défaut de mieux, de retrouver sur ma carte d'identité l'orthographe de mon prénom, tel qu'il apparaît sur mon acte de naissance, c'est à dire Jean Claude (avec une simple espace entre Jean et Claude). Cette demande est-elle recevable par vos services ?

Dans l'attente de votre réponse, je vous prie d'agréer, Monsieur, Madame, l'expression de mes sentiments distingués.

Jean-Claude

01-09-2011 : réponse de la mairie

DIRECTION DE LA SOLIDARITÉ URBAINE
Service Population

Le 1 SEP 2011

Monsieur

Objet: précision d'état civil

Cher Monsieur,

Par courrier du 3 août 2011, vous m'exposez les difficultés que vous avez rencontrées lors du renouvellement de votre carte d'identité sécurisée.
En effet, alors que votre prénom usuel est "Jean-Claude", votre carte d'identité a été établie au prénom de Jean, Claude, puisque c'est de cette façon que figurent vos deux premiers prénoms sur votre acte de naissance.
Les services de la Préfecture, seuls compétents pour établir les titres d'identité, la Mairie n'étant qu'un intermédiaire, n'accepteront pas de modifier votre carte, puisque l'état civil qui y figure est conforme à celui de votre acte de naissance.
J'attire cependant votre attention sur l'importance d'avoir vos différents titres et droits ouverts (caisse de retraites, maladie, compte bancaire ...) en conformité, car cela pourrait vous poser des difficultés à l'avenir.
Je vous incite donc à faire réaliser les modifications nécessaires auprès des autorités compétentes.
Je vous prie de croire, Cher Monsieur, à l'assurance de mes sentiments les meilleurs.

Le Maire,
Jean-Claude

Non ! Je n'y crois pas ! Soit ils ne comprennent pas le français à la mairie, soit ils ont fait une lecture très superficielle de ma lettre ! Celle-ci était pourtant claire. C'est consternant.

Ma demande	La réponse
« Je me satisferais de retrouver sur ma carte d'identité l'orthographe de mon prénom, tel qu'il apparaît sur mon acte de naissance, c'est à dire « Jean Claude » (avec une simple espace entre Jean et Claude) ».	« [...] votre carte d'identité a été établie au prénom de « Jean, Claude » puisque c'est de cette façon que figurent vos deux premiers prénoms sur votre acte de naissance. »

La mairie considère que l'orthographe du prénom sur la carte d'identité doit être la même que sur l'acte de naissance. Elle pronostique donc que la préfecture refusera de supprimer la virgule sur ma carte, pour rester conforme à l'acte de naissance, alors que – au contraire – c'est la suppression de la virgule qui permettrait d'aligner ces deux documents. La préfecture, quant à elle, s'est bien moquée de la conformité des documents. C'est une histoire de fous !

Le procureur m'avait conseillé de faire rectifier mon acte de mariage. La mairie en rajoute, en me conseillant de faire rectifier mon identité auprès de tous les organismes auprès desquels je suis enregistré, « au risque de rencontrer des difficultés » si je ne le fais pas ! Moi, qui n'ai aucune responsabilité dans cette situation, je devrais faire aligner l'orthographe de mon prénom sur l'orthographe décrétée par la préfecture, sur tous les fichiers de France et de Navarre ! Ubuesque ! L'usager reste toujours taillable et corvéable à merci, même en République ! Et si la préfecture s'est permise de transformer mon prénom en cinq minutes, sur la simple décision d'un administratif, j'imagine déjà les difficultés qui seront les miennes pour étendre cette métamorphose à l'ensemble de mes papiers, connaissant l'esprit tracassier des services administratifs, qui ne manqueront pas d'exiger moult explications et justificatifs.

Je me rassure en pensant que je pourrai toujours me faire assister dans ces démarches par la préfecture qui pourra expliquer la nécessité de remplacer le tiret par la virgule et par le procureur qui pourra justifier l'impossibilité de conserver le tiret. En commençant ces démarches dès maintenant, je peux espérer en avoir terminé dans trois ou quatre ans !

15-09-2011 : j'interroge la préfecture

La mairie est incompétente, alors interrogeons la préfecture. Quand on veut connaître la réglementation, il ne faut pas lésiner sur les moyens ! La question reste la même. C'est pourquoi, le 15 septembre 2011, je fais une copie de la lettre adressée à la mairie le 3 août, j'actualise la date et le destinataire et je l'adresse à la préfecture.

16-11-2011 : 2 mois plus tard...

Le 16 novembre 2011, deux mois après l'envoi de ma lettre, aucune réponse ne m'est parvenue : la préfecture doit être débordée... Néanmoins, deux mois pour répondre à une question simple, cela devrait largement suffire. Il est urgent de relancer.

Je reprends mon courrier du 15 septembre auquel j'ajoute l'encadré ci-dessous, en rouge. Je renvoie le tout à la préfecture et je me mets en attente de la réponse.

> Le 16/11/2011
> **RAPPEL DE
> MON COURRIER**
> du 15/09/2011

16-01-2012 : 4 mois plus tard...

Le 16 janvier 2012, soit quatre mois après mon premier courrier et deux mois après ma relance, force est de constater que la préfecture est restée muette. Lui aurais-je posé une colle, une question trop complexe nécessitant le recours à des experts très pointus, donc peu disponibles, pour justifier un tel délai ?

Que faire ? Renoncer, sûrement pas ! Et si je sollicitais le Défenseur des droits ? Celui-ci a des représentants dans chaque département et, dans le département où je réside, son bureau est situé dans les locaux de la préfecture, ce qui pourrait faciliter son intervention. Pour tenter de débloquer la situation, je lui adresse le courrier suivant, le 16 janvier 2012 :

Jean-Claude   le 16 janvier 2012

à   Monsieur le Médiateur de la République

OBJET : Le service des cartes d'identité ne me répond pas

PIECES JOINTES :
Mon courrier du 15/09/2011 à la Préfecture
Mon rappel du 16/11/2011 à la Préfecture

                    Monsieur le Médiateur de la République,

   Le 15 septembre 2011, j'ai adressé un courrier à la Préfecture   (service des cartes d'identité), pour demander une information (voir copie jointe).
   Cette information, qui m'intéresse au plus haut point pour ce qui concerne mon cas personnel, est en fait à portée générale.
   Le 16 novembre 2011 (M+2), n'ayant pas reçu de réponse à ce courrier, j'ai relancé la Préfecture (voir copie jointe).
   Nous sommes aujourd'hui le 16 janvier 2012 (M+4) et j'attends toujours la réponse à ma demande.
   Monsieur le Médiateur de la République, je me permets de faire appel à vos services pour « débloquer », si possible, cette situation.

   Dans cette attente, je vous prie d'agréer, Monsieur le Médiateur, l'expression de mes sentiments distingués.

                                                            Jean-Claude

---

Ce courrier ne recevra pas de réponse du médiateur départemental, mais je présume qu'il a néanmoins rencontré les personnels concernés de la préfecture et qu'il a plaidé ma cause, car le 2 février 2012, un courrier aux couleurs de la République tombe enfin dans ma boîte à lettres. Qu'il en soit ici remercié !

02-02-2012 : 4,5 mois plus tard : réponse de la préfecture

RÉPUBLIQUE FRANÇAISE

PRÉFECTURE
**DIRECTION DE LA REGLEMENTATION
ET DES LIBERTES PUBLIQUES**

Bureau de l'Identité et de la Naturalisation   le   - ? FEV. 2012

Monsieur

Par courrier en date du 16 novembre 2011 vous faites état de difficultés rencontrées pour le renouvellement de votre carte d'identité.

Une carte d'identité vous a été délivrée le 6 juin 2000 en mentionnant le prénom composé de Jean-Claude. Il s'agissait d'une erreur que vous n'avez pas fait rectifier à l'époque bien qu'elle soit non conforme à votre acte de naissance.

Cette « erreur administrative » ne vous confère aucun droit à vous autoriser à l'avenir à transformer vos prénoms en prénom composé.

La simplification administrative que vous évoquez ne vous aurait pas dispensé de fournir un acte de naissance dans la mesure où des cartes d'identités vous avaient déjà été délivrées avec des prénoms simples.

Vous êtes né en 1946, c'est pourquoi votre acte de naissance ne comporte aucune virgule, mais en l'absence de virgule originale, il convient de considérer qu'il s'agit de prénoms simples.

En effet, la circulaire du Ministère de l'Intérieur NOR/INT/D/00/00001 /C du 10 /01/2000 relative à l'Etablissement et la délivrance des cartes nationales d'identité précise à la rubrique 48 : *"les prénoms simples sont séparés par une virgule, les prénoms composés comportent un trait d'union."*

Pour un prénom composé, le tiret est utilisé pour assurer le lien entre les deux éléments du prénom sauf pour certain prénom d'origine étrangère où l'espace remplace le tiret.

L'absence de séparateur entre les prénoms figurant dans l'acte de naissance, ne suffit pas à justifier que le demandeur de carte d'identité puisse se prévaloir d'un prénom composé ; en conséquence la rectification de son acte de naissance s'impose avant la délivrance de ce titre. »

C'est pourquoi Mme la Procureur de la République vous a invité à saisir le juge aux affaires familiales.

> **Réponse de la préfecture : page 2/2**
>
> S'agissant d'une procédure qui peut être longue et surtout qui doit être motivée, je comprends que vous ne souhaitiez pas la mettre en œuvre.
>
> Toutefois en application des textes précités, je ne peux accéder à votre demande et vous établir une carte d'identité avec un simple espace entre Jean et Claude.
>
> Aussi une carte d'identité vous sera établie avec pour prénoms : Jean, Claude
>
> Je vous invite à vérifier votre identité auprès des différents organismes dont vous relevez et entreprendre les démarches de rectification si nécessaire .
>
> Veuillez agréer, Monsieur l'assurance de ma considération distinguée.
>
> *Au regret de ne pa pouvoir vous satisfaire,*
>
> Le préfet.
>
> Pour le Préfet,
> le Directeur délégué

Une aussi longue attente

Voici enfin, après 4,5 mois d'attente, la réponse attendue ! Vu le temps qui a été nécessaire à sa gestation, j'imagine que mon interlocuteur a dû en peser chaque mot, en peaufiner chaque phrase, en faire valider chaque affirmation... à moins que sa rédaction n'ait été réalisée dans l'urgence, suite à l'intervention du représentant départemental du Défenseur des droits.

Après une aussi longue attente, je brûle d'impatience de la découvrir.

Hors sujet

La première chose qui saute aux yeux, alors que j'avais pris la précaution de bien mettre en exergue la question posée – qui portait sur la possibilité d'aligner la carte d'identité sur l'acte de naissance –, c'est que la réponse porte, pour une large part, sur l'usage du tiret et de la virgule. En son temps, mon professeur de français aurait écrit « hors sujet » dans la marge.

Il me faut maintenant disséquer ce texte avec la plus grande attention, pour en vérifier la pertinence. Comme ce courrier a été rédigé (ou simplement validé ?) par une dame, bien qu'il soit signé (pour le préfet) par le Directeur délégué , je m'adresse ci-après directement à cette dame et j'exerce mon droit de réponse en réagissant à chacune de ses assertions.

« Par courrier en date du 16 novembre [...] »

Ah ! non madame ! ce n'est pas par courrier du 16 novembre 2011 que je vous ai soumis une question, mais par courrier du 15 septembre 2011. Le 16 novembre, c'est la date à laquelle je vous ai relancée, deux mois plus tard, faute de réponse de votre part. Cette supercherie vous permet de laisser penser que votre réponse n'arrive que deux mois et demi après ma question, alors qu'en fait, elle arrive quatre mois et demi après. Peut-être cela vous gêne-t-il d'officialiser par écrit cette réalité insupportable pour l'usager ?

« [...] vous faites état de difficultés [...] »

Non madame, je ne fais pas état de difficultés, je vous demande tout simplement s'il est possible d'écrire, sur ma carte d'identité, mon prénom, sans séparateur, tel qu'il figure sur mon acte de naissance. Si avant de poser la seule question pour laquelle j'attendais une réponse, je vous ai rappelé les difficultés rencontrées auparavant, c'était simplement pour vous exposer le contexte dans lequel j'ai été amené à vous interroger. Lorsque j'ai rédigé ce courrier, j'avais renoncé à récupérer le tiret que vous m'avez (illégitimement ?) subtilisé : cela était clairement dit dans ma lettre. Mais cette lettre, vous l'avez probablement lue avec bien peu d'attention, bien qu'ayant disposé pour le faire de plus de quatre mois. A quoi a-t-il servi que, pour éviter toute confusion de votre part, j'aie pris la précaution de bien isoler mon interrogation dans un paragraphe intitulé « Ma question » ? Mes efforts rédactionnels sont vraiment très mal récompensés. La question que je posais est une question d'ordre général qui peut intéresser chaque citoyen. Pour y répondre, il n'était pas nécessaire de disserter sur l'utilisation du tiret et de la virgule. Il vous suffisait de m'indiquer si l'orthographe utilisé sur l'acte de naissance peut être reproduite à l'identique sur la carte d'identité et, dans la négative, de m'en indiquer les raisons.

« Une carte d'identité vous a été délivrée le 6 juin 2000 en mentionnant le prénom composé de Jean-Claude. »

C'est exact, mais pourquoi rappelez-vous ce fait qui remonte à plus de 10 ans ? A cette époque, vos services avaient effectivement conservé mon prénom composé, tel qu'il figurait sur ma précédente carte d'identité, contrairement à ce qu'ils ont fait en février 2010 ? Pourquoi cette évolution ? Qu'est-ce qui aurait changé entre temps ?

« Il s'agissait d'une erreur que vous n'avez pas fait rectifier à l'époque, bien qu'elle soit non conforme à votre acte de naissance. »

Vous voulez probablement dire qu'il s'agissait d'une erreur de votre part : il serait pertinent de le préciser. Car pour moi, il n'y avait aucune erreur. S'il y a eu erreur, comme vous le prétendez, ce n'est pas seulement le 6 juin 2000 qu'il y a eu erreur, mais aussi lors de l'établissement de la première carte d'identité qui m'a été délivrée après ma naissance et de tous les renouvellements décennaux qui ont précédé le renouvellement du 6 juin 2000.
S'il y a eu erreur, on peut affirmer que les préfectures ont persisté dans l'erreur pendant plus d'un demi-siècle, en ne faisant pas correctement leur travail de contrôle.
S'il y eu erreur, ce n'est pas à moi qu'il convient de demander des comptes, mais aux services préfectoraux qui sont rémunérés pour vérifier la conformité des cartes d'identité.
S'il y a eu erreur, comment aurais-je pu demander la rectification de ma carte d'identité puisque, n'ayant jamais été confronté à ce problème, j'ignorais (ou j'avais oublié) qu'elle n'était pas conforme à mon acte de naissance.
Mais les anaphores les plus courtes étant les meilleures, examinons tout de suite ce que vous

auriez souhaité que je fasse pour pallier cette non conformité qui vous chagrine. Je présume que vous auriez souhaité aligner la CNI sur l'acte de naissance. Il n'est jamais trop tard pour bien faire : c'est précisément la demande que je vous soumets aujourd'hui. Cependant, vous allez tout à l'heure me refuser cette solution. Et en faisant le choix, en février 2010, d'insérer, sur ma CNI, une virgule entre Jean et Claude, vous avez remplacé une non conformité par une autre. Belle cohérence de votre part !

« Cette erreur administrative ne vous confère aucun droit à vous autoriser à l'avenir à transformer vos prénoms en prénom composé. »

Moi, je n'ai jamais rien transformé, car ce prénom composé, je le porte depuis ma naissance : il figure sur tous mes papiers. Alors que vous, Madame, vous avez transformé – de quel droit ? – ce prénom composé en prénoms simples. Au fait, de quelle erreur administrative parlez-vous ? De l'erreur de l'employé de l'état civil qui, en 1946, n'a pas inséré de tiret entre Jean et Claude sur mon acte de naissance, de l'erreur des préfectures qui ont établi et renouvelé plusieurs fois ma carte d'identité avec un tiret entre Jean et Claude, ou de l'erreur de la préfecture où vous exercez votre mission, qui en février 2010 a inséré une virgule là où, sur l'acte de naissance, il n'y avait qu'une espace ?

« La simplification administrative que vous évoquez ne vous aurait pas dispensé de fournir un acte de naissance dans la mesure où des cartes d'identité vous avaient déjà été délivrées avec des prénoms simples. »

C'est faux ! Jamais une carte d'identité ne m'a été délivrée avec des prénoms simples. Ceci confirme que vous n'avez pas lu attentivement mon courrier. Celui-ci n'était pourtant pas si long et ce point était très clairement précisé dans le paragraphe intitulé « Le contexte ».
Comment d'ailleurs pouvez-vous affirmer cela, avec autant d'aplomb ? Avez-vous des preuves de ce que vous avancez ? Avez-vous recherché dans les archives des préfectures les traces de toutes les cartes d'identité qui m'ont été délivrées depuis ma naissance et en auriez-vous trouvé au moins une (voire deux puisque vous évoquez « des cartes ») dans laquelle mon prénom aurait été orthographié « Jean, Claude » ? Si vous aviez fait ce travail, à supposer que ce soit possible, vous n'auriez trouvé aucune carte d'identité à mon nom, portant le prénom « Jean, Claude ». Quand on affirme, il faut des preuves !
Par ailleurs, la circulaire ministérielle NOR IOCK 1102528C du 1er mars 2010, indique de manière on ne peut plus claire qu'en application des nouveaux principes définis par le ministre, « les demandeurs souhaitant renouveler leur carte nationale d'identité plastifiée […] n'ont désormais à fournir que les pièces élémentaires propres à tout dossier de demande de titre (photographie, justificatif de domicile, formulaire Cerfa). Ils n'ont plus ni à justifier de leur nationalité ni à fournir un acte d'état civil. » Si depuis le 1er mars 2010, vous exigez la présentation d'un acte de naissance lorsque le demandeur présente une carte d'identité plastifiée, comme vous le sous-entendez, vous commettez une infraction à la règle et un acte de désobéissance caractérisé vis à vis de votre ministre de tutelle.

« Vous êtes né en 1946, c'est pourquoi votre prénom ne comporte aucune virgule […] »

Enfin, une chose exacte ! Je suis bien né en 1946… et il est un fait avéré que jusqu'au milieu du siècle dernier, faute de réglementation précise, l'usage faisait que souvent, les employés de mairie qui tenaient les registres de l'état civil, n'inséraient pas de virgule entre les prénoms simples. Mais ce que vous omettez de signaler, Madame, probablement à dessein, c'est qu'ils n'inséraient pas non plus de tiret entre les prénoms constituant un prénom composé.

Néanmoins, vous vous appuyez sur ce constat pour écrire : « c'est pourquoi votre prénom ne comporte aucune virgule ». Alors que vous auriez pu écrire : « c'est pourquoi votre prénom ne comporte pas de tiret », car cette deuxième assertion est tout aussi légitime que la précédente. Il s'agit là d'une analyse partiale de votre part, qui traduit un manque de sérieux dans votre argumentation – ou une malhonnêteté intellectuelle délibérée. Ceci vous permet de justifier l'ajout, par la préfecture, d'une virgule entre Jean et Claude, ce que je considère personnellement comme une bourde ou un abus de pouvoir.

Cette nouvelle manipulation de la réalité s'ajoute à la liste de vos errements.

« [...] mais en l'absence de virgule, il convient de considérer qu'il s'agit de prénoms simples. »

Voilà que vous m'assénez cette règle comme s'il s'agissait d'un postulat, d'une vérité universelle. Cependant vous ne citez pas un seul texte d'origine législative ou réglementaire, ou la moindre jurisprudence pour la valider !

Il semble que cette règle n'ait jamais existé et soit une pure invention de votre part. Si toutefois je suis dans l'erreur et qu'une telle règle existe réellement, je vous remercie de m'en donner la référence. En attendant, je persiste à penser qu'elle n'a jamais existé, faute d'en avoir trouvé la moindre trace. Cependant, cette règle, très probablement sortie de votre imagination, va s'avérer fort pratique pour la suite de votre raisonnement.

« En effet, la circulaire NOR/INT/00/00001/C du 10/01/2000 [...] précise à la rubrique 48 : "les prénoms simples sont séparés par une virgule, les prénoms composés comportent un trait d'union" »

Cette fois, par contre, vous citez vos sources. J'en tremble à l'avance. En gardienne des lois de la République, mission dont vous vous sentez probablement investie, à juste titre, vous vous appuyez sur une circulaire ministérielle. Là c'est du sérieux, j'allais dire : « c'est du lourd ! »

On devine où vous voulez en venir : au refus de ma demande, c'est cousu de fil blanc ! Pour cela vous avez bâti une argumentation en trois temps, pour en tirer la conclusion qui vous convient :

1- Il n'y a pas de virgule entre mes prénoms sur l'acte de naissance. Donc en vertu du postulat énoncé plus haut, il convient de considérer que ce sont des prénoms simples ;

2- Entre deux prénoms simples, par application de la circulaire ministérielle que vous venez de citer, il faut insérer une virgule ;

3- En conséquence, à la rubrique prénom, il convient d'écrire « Jean, Claude ». CQFD.

Et voilà comment vous justifiez ainsi la manipulation réalisée par la préfecture lors du renouvellement de ma carte d'identité. Cette démonstration ressemble à un syllogisme aristotélicien, mais cette ressemblance est trompeuse. Quand on l'observe avec attention, on voit que la première proposition n'a aucune réalité réglementaire et que la deuxième s'appuie sur une circulaire non applicable dans ce contexte. Il vous faudra encore acquérir quelques unités de valeur, avant de manipuler intelligemment les concepts de la logique déductive.

Par ailleurs vous interprétez les textes réglementaires de manière erronée. Je n'ai aucune compétence en droit, mais je crois avoir un peu de bon sens. C'est pourquoi je voudrais vous dire qu'à mon humble avis, les lois et les règlements ne s'appliquent que dans le contexte pour lequel ils ont été édictés.

Pour préciser ma pensée, la circulaire que vous citez a probablement pour but, depuis sa publication le 10 janvier 2000, de donner aux employés de l'état civil, des règles pour l'écriture des prénoms simples et composés. Elle n'a pas pour but d'analyser des documents anciens élaborés il y a plus d'un demi-siècle, alors que ces normes n'existaient pas encore. Sinon, il faudrait corriger tous les documents officiels qui leur sont antérieurs, lorsqu'ils ne les respectent pas. Vous faites probablement partie de ces gens qui raseraient bien le château de Versailles au motif qu'ils ne satisfait pas à la norme RT 2012.

Plus grave, il semble que vous ayez falsifié la réalité en réécrivant la circulaire à votre convenance. Sur la circulaire que vous citez à l'appui de votre démonstration et que l'on trouve sur le site de Légifrance (service public de diffusion du droit par internet), je ne lis pas la même chose que vous, c'est bizarre. A l'article 48, vous avez lu : « Les prénoms simples sont séparés par une virgule, les prénoms composés comportent un trait d'union », alors que moi je lis le texte suivant :

> (48) 3) Les prénoms
>
> Les prénoms sont mentionnés en lettres majuscules, séparés par des virgules.

Pourquoi avez-vous réécrit le premier alinéa de l'article 48, tout en mettant ce texte entre guillemets, pour signifier que votre citation est rigoureusement identique au texte de la circulaire ? Où est la rigueur que l'on est en droit d'attendre d'un fonctionnaire préfectoral ? Pourquoi cette manipulation ? Avez-vous l'habitude d'adapter les textes législatifs à votre convenance ou existe-t-il plusieurs versions de cette circulaire ministérielle ? Si vous disposez d'une version différente, merci de m'indiquer où je peux me la procurer.

> **« Pour un prénom composé, le tiret est utilisé pour assurer le lien entres les deux éléments du prénom sauf pour certains prénoms d'origine étrangère où l'espace remplace le tiret. »**

Votre discours devient maintenant pédagogique : vous m'expliquez quel est l'usage du tiret. Je vous suis très reconnaissant de vouloir élever mon niveau de connaissance. En passant, vous me signalez que des prénoms simples d'origine française ne peuvent être juxtaposés sans séparateur, mais que ceci est possible pour « certains prénoms d'origine étrangère ». Ne devrais-je pas porter plainte pour discrimination par rapport aux Français qui ont choisi un prénom d'origine étrangère !

> **« L'absence de séparateur entre les prénoms figurant dans l'acte de naissance ne suffit pas à justifier que le demandeur de carte d'identité puisse se prévaloir d'un prénom composé. »**

Mais – ça va de soi –, cela suffit à justifier que l'on puisse se prévaloir de deux prénoms simples ! Je cherche vainement une logique dans l'interprétation que vous faites des textes ?

> « En conséquence la rectification de cet acte s'impose avant la délivrance de ce titre. »

Avant la délivrance de ce titre ? En lisant cette phrase, j'ai la sensation bizarre que vous n'avez pas compris que ma carte d'identité a été renouvelée en février 2010 par vos services et que vous considérez que ce renouvellement reste à faire ! Vous avez vraiment lu mon courrier par dessus la jambe.

Cependant, si la réglementation exige de faire rectifier l'acte de naissance avant la délivrance de la carte d'identité, pourquoi avez-vous renouvelé ma carte en m'imposant autoritairement l'ajout d'une virgule au lieu de m'inviter à solliciter cette rectification préalable ? N'auriez-vous pas commis une faute professionnelle, en ne le faisant pas ? Pourquoi me citez-vous cette règle que vous n'avez pas appliquée ? Néanmoins, cette rectification, je l'ai demandée de ma propre initiative après le renouvellement de ma CNI. Cette demande n'a pas abouti. Elle n'aurait pas abouti non plus si elle avait été demandée avant, ce qui aurait bloqué la procédure de renouvellement. Comment serait-on sorti de cette impasse législative ?

> « C'est pourquoi Mme la procureur de la République vous a invité à saisir le juge aux affaires familiales. »

Si Mme la procureur m'a invité à saisir le JAF, ce n'est pas pour faire rectifier mon acte de naissance, mais pour demander un changement de prénom, après m'avoir refusé la rectification que je sollicitais. Vous semblez ignorer que le JAF n'a pas compétence pour procéder à des rectifications administratives.

Mais savez-vous pourquoi Mme la procureur m'a refusé une rectification administrative ? Au motif « qu'au vu de l'acte de naissance, aucune erreur matérielle ou omission ne pouvait être démontrée », alors que vous, au vu du même document, vous avez perçu une omission que vous avez corrigée par l'ajout d'une virgule. Comprenne qui pourra !

> « S'agissant d'une procédure qui peut être longue et surtout qui doit être motivée, je comprends que vous ne souhaitiez pas la mettre en œuvre. »

Votre insistance sur le terme « motivée » trahit votre doute sur le fait que je dispose des preuves nécessaires. Oui, Madame, j'ai de quoi convaincre toutes les têtes bien faites – mais uniquement celles là ! – de la pertinence de cette demande. Si je ne souhaite pas la mettre en œuvre, cette procédure, c'est parce que je la sais longue, coûteuse et aléatoire, mais surtout parce que demander un changement de prénom serait extravagant dans mon cas. Quelle idée abracadabrante que de demander à 64 ans un changement de prénom, pour avoir le droit de continuer à porter le prénom que je porte depuis ma naissance !

> « Toutefois en application des textes précités [...] »

De quels textes parlez-vous précisément ? Suite à la question fort simple que je vous ai posée, vous m'avez infligé une succession de digressions sur l'usage du tiret et de la virgule, émaillées d'affirmations non étayées et de citations inappropriées. Je suppose que c'est ce magma de prose, truffé d'erreurs et d'incohérences, que vous qualifiez de « textes précités ».

Cette formule très pratique vous permet de rester dans le flou le plus complet, en vous dispensant de désigner le texte précis qui pourrait justifier votre refus de juxtaposer mes deux prénoms sans séparateur. En d'autres termes, elle vous permet de « noyer le poisson ».

> « [...] je ne peux accéder à votre demande et vous établir une carte d'identité avec un simple espace entre Jean et Claude. »

Nous y voilà ! Pourquoi vous être donnée tant de mal pour arriver à cette conclusion ? Pour tenter de faire croire qu'elle est le résultat logique de la pseudo démonstration qui précède, et démontrer ainsi qu'il n'y a rien d'arbitraire ou d'illégitime dans cette décision ? L'objectif est raté, car, pour moi, le galimatias que vous m'avez servi ne la justifie absolument pas. Au bout du compte, vous n'avez cité aucun motif sérieux pour me refuser cette solution. Par contre, je ne comprends pas que cette décision ne permette pas de mettre en conformité mon acte de naissance et mes papiers d'identité, compte tenu de l'importance que vous sembliez attacher à cette mise en cohérence.

A l'occasion, je vous signale que le mot « espace » est, dans le contexte présent, féminin et que vous auriez dû écrire : « une simple espace ». Cette information constituera ma contribution personnelle à votre formation continue.

> « Aussi, une carte d'identité vous sera établie avec pour prénoms : Jean, Claude »

Pourquoi vous exprimez-vous au futur ? C'est, hélas, déjà fait ! Ma carte a déjà été établie avec « Jean, Claude » en février 2010. Je suis à nouveau très troublé par cette déclaration. Êtes-vous vraiment certaine de ne pas avoir été à côté de la plaque tout au long de votre courrier ?

Néanmoins, je ne considère pas cette situation comme définitive, car je suis déterminé à poursuivre le combat pour tenter de recouvrer le prénom composé qui m'est cher. Il n'est pas impossible, Madame, que vous ayez encore à entendre parler de mon prénom.

> « Je vous invite à vérifier votre identité auprès des différents organismes dont vous dépendez et entreprendre les démarches de rectification si nécessaire. »

Là, vous m'assénez le coup de grâce ! Vous abondez dans le sens de la mairie qui m'a déjà fait cette recommandation. Mais puisque vous êtes à l'origine du problème, ne pourriez-vous pas vous coltiner à ma place toutes les tracasseries administratives que je pressens ?

Il va sans dire que cette formule manuscrite censée apporter une once d'empathie me va droit au cœur ! Pour en terminer avec ces commentaires, puis-je me permettre de vous faire une suggestion ? Pourriez-vous organiser une réunion de coordination avec le procureur de la République pour rechercher avec lui une solution intelligente, que vous pourriez me proposer, en prenant en considération les contraintes de vos deux institutions... sans négliger pour autant les préoccupations légitimes de l'usager que je suis ?

Conclusion

Lorsqu'une démonstration, telle que celle que l'on vient d'analyser, s'appuie sur des textes (plus ou moins) réglementaires pour aboutir à la situation kafkaïenne qui est la mienne, c'est qu'il y a nécessairement quelque chose, quelque part, qui ne tourne pas rond !

Sur-le-champ, je rédige un nouveau courrier pour répondre à son auteure.

16-02-2012 : je réponds à la préfecture et j'attends

Je ne reproduis pas ici le courrier que j'ai adressé à la préfecture le 16 février 2012, en réponse à son courrier du 2 février, car cela doublonnerait avec les commentaires que je viens de rédiger. En effet, dans ce courrier, je reprends plusieurs des remarques formulées ci-dessus, et je demande à mon interlocutrice de clarifier et d'étayer ses affirmations, notamment en précisant ses sources.

J'avais patienté 4,5 mois pour obtenir une réponse à mon courrier du 15 septembre 2011. Celui-ci ne recevra jamais de réponse, bien que j'aie adopté la même séquence de relance que pour mon courrier précédent :

- **deux mois plus tard** (le 16-04-2012), j'ai renvoyé mon courrier du 16 février 2012, complété avec l'encadré ci-dessous :

> Le 16/04/2012
> **RAPPEL DE**
> **MON COURRIER**
> du 16/02/2012

- **quatre mois plus tard** (le 23-06-2012), j'ai sollicité le représentant départemental du Défenseur des droits pour lui demander d'appuyer ma demande. Il ne m'a pas répondu et j'ignore s'il a entrepris une démarche en ma faveur auprès des services de la préfecture.

Mais il ne s'est rien passé : c'est une nouvelle manifestation du manque de considération de certains services administratifs à l'égard de leurs usagers. La préfecture peut ainsi, sans scrupules, faire attendre sa réponse à un premier courrier pendant quatre mois et demi, puis décider délibérément de ne pas répondre à un second courrier. Comment peut-on qualifier ce comportement ? Est-ce ainsi que l'on traite les citoyens ?

Et la récente loi qui stipule que « le silence gardé pendant deux mois par l'autorité administrative sur une demande vaut décision d'acceptation », n'apportera rien dans ce type de situation.

En réalité, si mon interlocutrice n'a pas souhaité répondre, c'est très certainement parce que mes observations l'ont mise en très grande difficulté. On peut comprendre que défendre les arguments contestables développés dans sa lettre du 2 février, face à la pertinence de mes remarques, ne soit pas chose aisée. Je considère que ce refus de répondre est l'aveu implicite que la préfecture a commis plusieurs erreurs, mais qu'elle ne souhaite pas le reconnaître. Il doit être insupportable d'admettre que l'usager – ignorant par nature – a raison contre l'administration – experte par essence. Faire amende honorable est sans doute une démarche inconnue de ce service. Et pourtant, j'aurais su faire preuve d'indulgence vis à vis d'un fonctionnaire qui reconnaît ses erreurs. Tandis qu'en l'occurrence, je conserverai longtemps de cette institution une opinion très négative.

Faute de réponse, j'ai décidé d'abandonner la partie ; cette fois, l'inertie de l'administration a eu raison de ma combativité : la préfecture a réussi à se débarrasser de moi...

Mais non, je plaisante ! C'est peut-être ce qu'elle a espéré. De fait, elle ne va plus entendre parler de moi durant plusieurs mois, mais si je renonce à obtenir une réponse à mon courrier du 16 février 2012, je ne renonce pas, pour autant, à refuser de me prénommer Jean.

21-05-2012 : j'interroge le Défenseur des droits (2ème sollicitation)

Je l'ai déjà interrogé le 30 mai 2011, suite au refus du procureur d'ajouter un trait d'union entre Jean et Claude sur mon acte de naissance. Un an plus tard, je vais l'interroger sur le refus de la préfecture de supprimer la virgule qu'elle a introduite sur ma carte d'identité.

Jean-Claude   , le 21 mai 2012

à   Monsieur le Défenseur des droits
    7, rue Saint-Florentin
    75409 Paris Cedex 08

Pièces jointes :
- courrier adressé à la Préfecture le 15/09/2011
- réponse de la Préfecture, datée du 02/02/2012
- mon extrait de naissance

                          Monsieur le Défenseur des droits,

Par courrier du 15/09/2011, j'ai interrogé la Préfecture sur la possibilité d'obtenir, de la part de ses services, une Carte Nationale d'Identité, sur laquelle mon prénom serait orthographié « Jean Claude », sans séparateur entre « Jean » et « Claude », tel qu'il apparaît sur mon acte de naissance.

Je précisais par ailleurs dans ce courrier, le contexte dans lequel se situait cette demande.

Suite à ma relance du 16/11/2011, la Préfecture m'a répondu par un courrier daté du 02/02/2012. Sa réponse est négative.

Toutefois, je ne vois dans cette réponse aucune argumentation juridique, aucun texte de loi qui permette d'étayer ce refus. C'est pourquoi, Monsieur le Défenseur des droits, je fais appel à vos services pour m'éclairer sur la suite qu'il convient de donner à ma demande.

Veuillez agréer, Monsieur le Défenseur des droits, l'expression de mes sentiments distingués.

                                              Jean-Claude   .

29-06-2012 : réponse du Défenseur des droits

Un délai d'un mois pour une réponse, c'est bien. Un délai d'un mois pour une non-réponse, c'est décevant ! Car il s'agit bien d'une non-réponse.

RÉPUBLIQUE FRANÇAISE
LE DÉFENSEUR DES DROITS

Monsieur Jean, Claude ▓▓▓

Paris, le 29 JUIN 2012

N/Réf. : MSP 11-004448 / JUSTICE/HR/MM
(à rappeler dans toute correspondance)
PJ : 1
Interlocuteur : ▓▓▓
Téléphone : 01. ▓▓▓

Monsieur,

Vous avez à nouveau appelé l'attention du Défenseur des droits sur votre situation au regard de votre état civil.

Vous maintenez votre souhait de continuer à utiliser le prénom de Jean-Claude, bien que ce dernier ne soit pas conforme à votre acte de naissance.

La préfecture ayant maintenu sa position, vous avez à nouveau sollicité l'intervention de l'Institution.

Toutefois, aucun élément nouveau ne permet de revenir sur les observations qui vous ont été transmises par courrier du 27 juillet 2011, dont je vous joins la copie.

Ne pouvant poursuivre plus avant l'instruction de votre réclamation, il est procédé à la clôture de votre dossier.

Je vous prie d'agréer, Monsieur, l'expression de ma considération distinguée.

Pour le Défenseur des droits,
Le Délégué général à la Médiation avec les services publics,

Bernard DREYFUS

Ils n'a rien compris !

Ai-je bien lu ? Non, ce n'est pas possible. Eh bien si ! c'est possible. Le Défenseur des droits n'a rien compris non plus . Précisément, il a compris le contraire de ce que j'ai écrit.

Où ces gens-là ont-ils appris à lire ? Comment faut-il s'exprimer pour se faire comprendre ? On dit que 20% d'une génération sort du système éducatif sans savoir lire : ce doit être vrai ! Plutôt que de longs discours, je mets en regard ci-dessous ma demande et la réponse du Défenseur des droits, afin de mettre en exergue cette invraisemblable bévue !

Ma demande	La réponse
J'ai interrogé la préfecture sur la possibilité d'obtenir une CNI sur laquelle mon prénom serait orthographié « Jean Claude », comme sur mon acte de naissance . »	« Vous maintenez votre souhait de continuer à utiliser votre prénom Jean-Claude, bien que ce dernier ne soit pas conforme à votre acte de naissance. »

Vite fait... mal fait

J'attendais de la part du médiateur de la République une lecture attentive, une analyse sérieuse de la réponse de la préfecture, un jugement avisé sur les arguments développés, un conseil pertinent... Mais il s'est contenté d'une lecture superficielle et d'un examen bâclé qui l'ont conduit vers un impardonnable fourvoiement, débouchant sur une fin de non-recevoir. Oh ! la belle prestation que voilà !

Et pourtant, afin de ne rien laisser au hasard, le médiateur a recherché dans ses archives notre échange de 2011, que je n'avais volontairement pas évoqué dans mon courrier du 21 mai 2012 pour ne pas embrouiller la situation. Car si ces échanges concernaient tous deux mon prénom, le premier s'intéressait au tiret et le second à la virgule.

Hélas, au lieu d'aider à la compréhension de la situation, il semble que le rapprochement de ces deux courriers ait plutôt contribué à l'embrouiller.

Trois hypothèses pour expliquer une aussi lamentable méprise

Je suppose – c'est une première hypothèse – que la personne qui a rédigé cette réponse a pensé qu'a priori l'usager était un enquiquineur qui, n'ayant pas obtenu la réponse souhaitée en juillet 2011, revenait à la charge avec la même sollicitation. La lecture en diagonale de mon courrier l'a conforté dans cette hypothèse. S'il avait considéré a priori l'usager comme un citoyen sérieux et responsable – ce qu'il aurait dû faire –, il aurait mis en doute sa première interprétation, relu attentivement ma lettre et compris ma demande.

Voilà ce qui arrive quand on ne respecte pas les usagers.

Une deuxième hypothèse est que le rédacteur avait d'autres préoccupations en tête, comme par exemple la préparation de son week-end ou de ses congés et qu'il était pressé de rentrer chez lui. Avez-vous remarqué que son courrier est daté du vendredi 29 juin ?

Voilà ce qui arrive quand on ne se concentre pas sur son travail.

Une troisième hypothèse est que cette méprise serait un dégât collatéral de la réponse confuse, et pour l'essentiel hors sujet, de la préfecture... mais je suis probablement trop bon de lui chercher des circonstances atténuantes , car le résultat est vraiment minable.

Voilà ce qui arrive quand on se laisse embobiner par la prose d'un service administratif, au lieu de s'en tenir aux propos de l'usager.

Les services administratifs sont-ils fiables ?

Est-il possible d'écrire, sur ma carte d'identité mon prénom « Jean Claude » – donc sans séparateur –, tel qu'il figure sur mon acte de naissance ?

A cette question on ne peut plus simple, la mairie répond : « Votre carte d'identité a été établie au prénom de « Jean, Claude » puisque c'est ainsi que figurent vos deux premiers prénoms sur votre acte de naissance. » A cette même question, le Défenseur des droits répond : « Vous maintenez votre souhait de maintenir le prénom de Jean-Claude [...] ».

Deux institutions publiques viennent, l'une après l'autre, de mécomprendre la question on ne peut plus simple que je leur ai posée. Le taux d'erreur est de 100% ! Ces erreurs sont-elles habituelles ou ai-je joué de malchance ? N'est-il pas légitime de s'en inquiéter et de s'interroger sur la compétence et la fiabilité de nos services administratifs ?

Bilan d'étape

Le résultat est le suivant : près de deux ans et demi après que la préfecture a démembré mon prénom, je n'ai obtenu ni l'ajout d'un tiret sur mon acte de naissance ni la possibilité d'écrire mon prénom « Jean Claude », comme orthographié sur celui-ci. Mais le plus frustrant, c'est que toutes mes démarches n'ont abouti à rien de concret :

1. Le procureur a refusé la rectification car « aucune erreur ne peut être rapportée » (voir ses réponses des 28 octobre 2010, 5 mai, 19 mai et 26 mai 2011) ;

2. Le Défenseur des droits a abondé dans le sens du procureur, car sa mission ne lui « permet pas de remettre en cause le bien fondé d'une décision de l'autorité judiciaire » (réponse du 27 juillet 2011) ;

3. Sur la base d'une argumentation simpliste (réponse du 2 février 2012 attendue pendant 4,5 mois), la préfecture a refusé d'écrire mon prénom sans séparateur ;

4. En juin 2012, le Défenseur des droits a cru que je reposais la même question qu'en mai 2011 et il vient de m'éconduire (réponse du 29 juin 2012).

Quel misérable bilan ! L'appréciation que je porte à ce stade sur tous ces services administratifs n'est guère reluisante. Je suis confronté à un feu d'artifice de superficialité et de dilettantisme. Où sont passés le professionnalisme, l'attention, la considération ?

Cependant, tout n'est pas perdu, il reste encore quelques possibilités d'action. Ne pas se décourager et ne pas s'inquiéter du temps qui passe : c'est ma devise. La pugnacité que je mets à pousser ces services administratifs dans leurs derniers retranchements me paraît à la fois nécessaire et salutaire. D'abord pour l'aboutissement de ma démarche, mais également pour eux, sinon comment pourraient-ils progresser dans leur fonctionnement quotidien, s'ils n'y étaient poussés par les usagers ? Renoncer, c'est favoriser la pérennisation de la médiocrité.

La suite...

Après tous ces contretemps, il me faut trouver un moyen de rebondir. Ce sera via l'appel à mon député. C'est peut-être mon dernier recours. Dans le courrier que je lui adresse, je rappelle toutes les démarches que j'ai entreprises jusqu'à ce jour et les résultats obtenus.

10-07-2012 : je sollicite mon député

Jean-Claude   , le 10 juillet 2012

à   Monsieur le Député

                              Monsieur le Député,

Je me permets de vous solliciter, car je ne parviens pas à me sortir d'une situation que je trouve kafkaïenne.

Depuis ma naissance en 1946 et jusqu'au dernier renouvellement de ma carte d'identité, on m'a toujours appelé « Jean-Claude » (c'était le choix de mes parents) et sur tous mes papiers (CNI, livret de famille, permis de conduire,...), mon prénom a été orthographié « Jean-Claude », sans que jamais aucune administration n'y trouve à redire, et ceci pendant plus de 60 ans.
Or sur mon acte de naissance, mon prénom est orthographié « Jean Claude », sans tiret ni virgule entre Jean et Claude. Je ne le savais pas, ou je l'avais oublié, puisque cela n'avait jamais posé le moindre problème.
Mais lors du dernier renouvellement de ma carte d'identité en février 2010, la Préfecture a inséré une virgule entre Jean et Claude, remplaçant ainsi, sans autre forme de procès, mon prénom composé par deux prénoms simples.

Très contrarié par cette nouvelle situation, j'ai entrepris deux démarches successives :

1. Première démarche : auprès du procureur de la République

J'ai demandé au procureur de la République de mon lieu de naissance, de procéder à une rectification administrative de mon acte de naissance, en lui demandant d'ajouter un tiret entre Jean et Claude. La mairie m'avait conseillé cette procédure en me précisant qu'elle était gratuite.
Mais en réalité, le procureur a considéré qu'il ne s'agissait pas d'une rectification administrative. Il m'a indiqué dans sa réponse :
- « juridiquement, il s'agit d'un changement de prénom, car aucune preuve matérielle d'une erreur ou d'une omission ne peut être ici rapportée » ;
- « la rectification d'erreur matérielle ou omission ne saurait se fonder sur une interprétation ou une lecture de l'acte mais des preuves de cette erreur. En l'espèce rien ne prouve l'erreur commise » ;
- et que pour récupérer mon prénom composé, « je dois demander un changement de prénom, en présentant ma demande au Juge des Affaires Familiales, par voie d'avocat. ».

Renseignements pris, solliciter le juge des Affaires Familiales par voie d'avocat peut coûter jusqu'à 1500 € et nécessiter un délai allant jusqu'à 18 mois, et ceci sans garantie de succès, la décision finale appartenant au Juge des Affaires Familiales.

Lettre au député : page 2/3

2. Deuxième démarche : auprès de la Préfecture

Puisque demander un changement de prénom est aussi long et aussi coûteux et le résultat aussi incertain, j'ai interrogé la Préfecture pour savoir si elle accepterait d'orthographier mon prénom « Jean Claude », sans séparateur entre Jean et Claude, solution qui respecte la graphie utilisée sur l'acte de naissance.
La réponse de la Préfecture, jointe en annexe, est négative.

En conclusion, pour récupérer le prénom qui a été le mien depuis ma naissance en 1946, (et dont il me serait bien difficile de changer tant son usage est devenu un réflexe), je dois demander un changement de prénom, et pour ce faire, payer un avocat, et ceci sans garantie de succès. Et on me refuse également la possibilité de conserver la graphie de mon prénom, telle qu'elle figure sur mon acte de naissance, ce qui serait un moindre mal.
De plus, la Préfecture m' « invite à vérifier mon identité auprès des différents organismes dont je relève et à entreprendre les démarches de rectification si nécessaire », comme s'il fallait effacer de tous mes documents administratifs, toute trace d'une situation jugée anormale depuis plus de 60 ans.
Je me sens injustement traité par nos administrations et je voudrais développer ci-dessous quelques réflexions, qui m'ont fait qualifier la situation de kafkaïenne.

Pour justifier l'insertion d'une virgule entre Jean et Claude :
- la Préfecture considère a priori que mon prénom n'est pas un prénom composé, car indique-t-elle, « en l'absence de virgule originale, il convient de considérer qu'il s'agit de prénoms simples », sans, par ailleurs, citer le moindre texte à l'appui de cette affirmation.
- puis elle s'appuie sur la circulaire du Ministère de l'Intérieur NOR/INT/D/00/00001/C du 10/01/2000 (rubrique 48) qui stipule que « les prénoms simples sont séparés par une virgule, les prénoms composés comportent un trait d'union ».

Elle applique donc une circulaire datant de 2000, à un acte d'état civil datant de 1946, alors que chacun sait que les usages ont évolué au cours du temps. Voici par exemple ce que dit Wikipédia, à la rubrique « prénom composé » :
« Un prénom composé est l'ensemble de deux ou plusieurs prénoms utilisés conjointement dans l'usage quotidien pour désigner les personnes. L'usage actuel dans les pays francophones (et la recommandation des officiers d'état-civil) veut qu'ils soient unis par un trait d'union. Mais par le passé, il n'en a pas été ainsi et de nombreux prénoms composés ont été écrits séparés par une simple espace, les rendant ainsi indiscernables des prénoms secondaires. L'usage du trait d'union et de la virgule étant très rare jusqu'à la moitié du XXe siècle. »
Dans sa réponse, la Préfecture reconnaît elle-même cette réalité, lorsqu'elle écrit : « Vous êtes né en 1946, c'est pourquoi votre acte de naissance ne comporte aucune virgule... »

La Préfecture cite également la règle suivante extraite de la circulaire déjà citée : « Pour un prénom composé, le tiret est utilisé pour assurer le lien entre les deux éléments du prénom, sauf pour certains prénoms d'origine étrangère où l'espace remplace le tiret ». Ainsi, pour un Français ayant des prénoms d'origine étrangère, la circulaire permet de juxtaposer deux prénoms sans séparateur (virgule ou tiret) mais cette possibilité est refusée à un Français ayant des prénoms d'origine française comme Jean et Claude !

Lettre au député : page 3/3

Par ailleurs, il me semble qu'il y a une contradiction entre la position du procureur qui prétend « qu'aucune preuve matérielle d'une erreur ou d'une omission ne peut être ici rapportée » et la position de la Préfecture qui considère implicitement qu'il y a bien erreur ou omission, puisque selon elle la graphie « Jean Claude » n'est pas admise.

Pour ajouter au caractère ubuesque de cette situation, je dois dire que j'ai joué de malchance. Ma nouvelle carte d'identité m'a été délivrée le 25/02/2010. Or, si j'avais attendu quelques jours de plus pour demander le renouvellement de mon ancienne carte, j'aurais bénéficié de la circulaire NOR IOCK 10 02582 C du 01/03/2010 qui dispense « les personnes demandant le renouvellement d'une carte d'identité plastifiée de fournir un acte d'état civil ».

Pour terminer, je m'interroge sur la portée de l'article 1er de la loi du 6 fructidor an II :
« Aucun citoyen ne pourra porter de nom ni de prénom autres que ceux exprimés dans son acte de naissance »
Cette loi est-elle obsolète ou si elle ne l'est pas, permet-elle vraiment à une administration de modifier la graphie d'un acte d'état civil, en ajoutant un séparateur ne figurant pas sur l'acte original ?

*

Monsieur le Député, je vous remercie de me faire part de votre avis sur les faits que je viens de vous rapporter. Y-a-t-il un moyen de sortir de cette situation ubuesque, ou pas ?
Est-il envisageable de modifier (à la marge) la réglementation existante, pour prendre en considération des cas qui ont semble-t-il échappé au législateur ?
Dans l'attente de votre réponse, je vous prie d'agréer, Monsieur le Député, l'expression de mes sentiments distingués.

Jean-Claude

Cet état des lieux synthétique permet de souligner le caractère surréaliste de ma situation. Espérons que mon député y sera sensible.

24-07-2012 : accusé de réception de mon député

Cher Monsieur,

Vous avez bien voulu appeler mon attention sur votre situation.

Je suis intervenu dans le sens que vous souhaitiez auprès du Ministre de l'Intérieur, et je ne manquerai pas de vous tenir informé des résultats de ma démarche.

Je vous prie de croire, Cher Monsieur, à l'assurance de mes sentiments les meilleurs.

13-11-2012 : arbitrage du ministre de l'Intérieur

Le 15 novembre 2012 est un jour à marquer d'une pierre blanche : mon député me communique la réponse qu'il vient de recevoir du Ministère de l'Intérieur...

Merci, Monsieur le Ministre... Je n'en attendais pas moins, de vous !

Quatre mois se sont écoulés entre l'envoi de ma lettre au député et la réponse du ministre de l'Intérieur, mais la divine surprise est enfin arrivée. Voici la décision que j'espérais, sans trop oser en rêver. Je me délecte de ces mots, que je ne me lasse pas de relire : « des instructions ont été données aux services préfectoraux afin que l'intéressé obtienne, selon sa demande, une carte nationale d'identité portant l'indication du prénom Jean-Claude. »

La morale de l'histoire, c'est que la persévérance finit parfois par payer.

Manifestement, le ministre ne partage pas le point de vue de ses services, puisque, contrairement à ceux-ci, il apporte une réponse positive à ma requête. Rien n'est dit, par contre, sur les motifs qui l'ont poussé à prendre cette décision ni sur les arguments échangés avec la préfecture pour la justifier. Peut-être n'a-t-il pas jugé nécessaire de s'en expliquer. Je regrette cependant que rien ne soit dit sur le fond de l'affaire. Le ministre m'a-t-il accordé une faveur en dérogeant à la loi ou cette décision est-elle tout simplement cohérente avec les textes en vigueur et la jurisprudence ? Ou bien le ministre a-t-il simplement considéré qu'il serait ridicule de fâcher définitivement un honnête citoyen en lui refusant les deux ou trois gouttelettes d'encre nécessaires à l'impression d'un tiret entre ses prénoms Jean et Claude !

Je rêve de connaître la réponse à ces questions, mais je comprends bien que dans une situation où le subordonné est désavoué par son supérieur hiérarchique, la discrétion soit de mise : il faut éviter d'humilier l'exécutant après l'avoir recadré. Néanmoins, ces interrogations restées sans réponse me laisseront pour longtemps un léger sentiment de frustration.

Mais qu'il s'agisse ou pas d'une faveur, je remercie très sincèrement le ministre d'avoir fait preuve de pragmatisme et de bon sens pour clore cette affaire. Il est vrai que l'enjeu était faible et que, à mon humble avis, la République n'était pas en danger !

Mais l'essentiel pour moi, c'est qu'avec ces instructions, le dénouement semble proche.

12-12-2012 : je me rends au service de l'état-civil

Suite à la décision du ministre, j'ai espéré quelque temps que la préfecture prendrait l'initiative de renouveler mes papiers puis de me les adresser afin de m'éviter de refaire la démarche de A à Z. J'ai rapidement oublié cet espoir extravagant... et repris le chemin de la mairie.

9h30

Je me rends au service de l'état civil afin que ma carte d'identité et mon passeport soient refaits, avec cette fois le prénom composé qui a toujours été le mien et qui n'aurait jamais dû être écarté. J'emmène avec moi les documents à renouveler, un justificatif de domicile, quatre photos, sans oublier le précieux sésame paraphé par le ministre de l'Intérieur. Sur le chemin, je me surprends à siffloter. Jamais je ne me suis senti aussi serein avant d'aborder une démarche administrative. Je suis en général un peu stressé à l'idée d'avoir oublié l'un des nombreux justificatifs exigés par nos administrations paperassières. Mais cette fois, avec la lettre du ministre en poche, ma zénitude est totale.

Arrivé sur place, je remplis le formulaire adéquat et je saisis mes empreintes digitales. Pour justifier une demande de renouvellement portant sur des documents non périmés, car établis il y a un peu moins de trois ans, je me sens obligé d'en expliquer la raison à la personne qui m'accueille. Celle-ci est fort impressionnée par la combativité dont j'ai fait preuve pendant près de trois ans pour parvenir à ce résultat : à vrai dire, elle en reste quelque peu baba !

Voilà, c'est terminé, les dossiers sont prêts : je peux rentrer sereinement chez moi. Selon la procédure habituelle, le dossier « passeport » va être immédiatement télé-transmis à la préfecture. La carte d'identité suivra dans un deuxième temps un circuit un peu moins rapide. Il ne me reste plus qu'à attendre le SMS qui doit m'annoncer la disponibilité des documents.

13h30

Le téléphone sonne à mon domicile. Un employé de l'état civil – Monsieur A... – m'appelle. Le dossier « passeport » a été refusé par la préfecture, mais le motif de ce rejet n'est, pour l'instant, pas connu. J'imagine que la personne qui m'a reçu ce matin a raconté mon histoire à tous ses collègues et que ce nouveau refus a mis le service en effervescence. Monsieur A... souhaite me rencontrer, car, me dit-il, : « En 15 ans de métier, je n'ai jamais vu un procureur refuser la rectification d'un acte de naissance, dans un cas similaire au vôtre. »

15h30

De retour à la mairie, je suis reçu par Monsieur A... Je lui montre les réponses reçues du procureur : il n'en croit pas ses yeux. Pour m'aider dans ma démarche, il me communique la photocopie d'un document pédagogique qui présente un élément décisif pour justifier une rectification de l'acte de naissance – l'usage prolongé du prénom – et il m'encourage à faire valoir cet argument auprès du procureur.

Je le remercie pour ses conseils et je lui promets de faire une nouvelle demande de rectification de mon acte de naissance, en mettant l'accent sur cet usage prolongé. Ce ne sera guère que la troisième demande en trois ans. Ce sera peut-être la bonne, mais pour cela, il faudra que le procureur reconnaisse son erreur – est-ce possible ? – et qu'il m'explique pourquoi il n'a jamais évoqué cette piste avec moi.

Quant à expliquer le rejet du dossier « passeport » par la préfecture, comme il semble inconcevable que celle-ci puisse désobéir aux directives du ministre, je formule l'hypothèse que, pour l'instant, elles n'ont pas été prises en compte. Il est vraisemblable que la lettre du ministre constitue un événement exceptionnel – une intrusion atypique dans un processus standardisé – et que la situation ne pourra être débloquée que par l'intervention d'un responsable hiérarchique ayant tout pouvoir pour déroger au cas standard. Nous convenons d'attendre un peu, pour confirmer ou infirmer cette hypothèse.

24-12-2012 : je demande la rectification de mon acte de naissance (4ème tentative)

En attendant de connaître le motif du rejet de ma demande de passeport et le retour de ma carte d'identité, je rédige une nouvelle demande au procureur dans laquelle je cite le texte que m'a communiqué Monsieur A... Je joins, bien entendu, le document Cerfa n° 11531 dûment rempli et de nombreuses photocopies de documents illustrant l'usage prolongé (en réalité ininterrompu dans mon cas), du prénom composé Jean-Claude.

Naturellement, je n'attends pas cette rectification pour obtenir de nouveaux papiers d'identité conformes à mon souhait : je compte, bien entendu, sur la lettre du ministre pour conclure cette affaire. Néanmoins, je suis impatient de connaître la réaction du procureur face à cette nouvelle demande.

Le Cerfa 11531

Précisez la ou les rectifications à apporter à l'acte :

Sur mon acte de naissance, insérer un tiret entre Jean et Claude.

Indiquez les motifs justifiant cette demande :

Il s'agit de mettre en cohérence mon acte de naissance avec :
- la volonté exprimée par mes parents lors de ma naissance ;
- l'usage prolongé (en fait ininterrompu) de ce prénom de ma naissance à ce jour ;
- les documents administratifs et d'identité qui m'ont été délivrés avec l'orthographe « Jean-Claude » sans discontinuer de ma naissance jusqu'à février 2010, où, lors du renouvellement de ma carte d'identité, la Préfecture a inséré une virgule entre Jean et Claude.

J'ai déjà formulé cette demande le 27/04/2011. Elle m'a été refusée au motif « qu'aucune preuve d'une erreur matérielle ou d'une omission ne peut être apportée ».

Je la reformule aujourd'hui, après échanges avec le service de l'état civil en vous demandant de bien vouloir considérer le texte suivant que j'extrais de la Pédagofiche « État-Civil Instruction Générale annotée et actualisée Édition 2012 » en page 231 :

« Pendant longtemps, l'usage était, en matière d'inscription sur l'acte de naissance, de séparer les différents prénoms par une simple espace, le prénom composé se différenciant en principe par l'apposition d'un tiret entre les deux prénoms, sans toutefois qu'une règle n'impose cette différenciation.

Cette pratique, source de difficultés d'interprétation sur la nature réelle des prénoms choisis par les parents, a été abandonnée. Désormais, chaque prénom est séparé par une virgule, qui se substitue, pour les actes anciens, à l'espace figurant entre ceux-ci. Ainsi, chaque prénom même constitués de plusieurs vocables non séparés par un tiret doit impérativement être enserré par des virgules. Il en résulte que certaines personnes, qui avaient pu, au vu de l'imprécision des règles anciennes, obtenir que leurs prénoms soient assimilés, sur les titres d'identité et de voyage, à un prénom composé, se heurtent désormais au refus de l'administration et souhaitent régulariser leur situation (N.B. : c'est mon cas).

Deux solutions s'offrent à elles, selon le cas dans lequel elles se trouvent. Si le choix des parents lors de la naissance était de leur conférer un prénom composé (N.B. : c'est mon cas) et que celui-ci a été indiqué à l'état-civil sans tiret entre les deux vocables ou n'a pas été enserré par des virgules (N.B. : c'est mon cas), il s'agit alors d'une erreur matérielle ouvrant droit à la rectification administrative, sur instruction du procureur de la République. Toutefois, le demandeur doit, conformément aux règles de l'état civil, rapporter la preuve de cette erreur de l'officier de l'état civil, par tous moyens : production de documents de la maternité (registre de naissance, bracelet de l'enfant...) ainsi que tous autres documents établissant dans la petite enfance le choix des parents en faveur d'un prénom composé (carnet de santé, faire part de naissance, certificat de baptême, cahiers d'écolier, lettres adressées à l'enfant par ses proches...). De même, l'usage prolongé du prénom composé et la délivrance de documents administratifs à ce prénom (carte vitale, diplômes...) constituent des justificatifs valablement pris en compte par les procureurs de la République pour faire droit à la demande de rectification ».

Je joins à cet envoi tous les documents que j'avais adressés en avril 2011, et j'y ajoute quelques documents relatifs à ma scolarité datés de 1959 et de 1965, des courriers reçus à mon nom, etc.

09-01-2013 : réponse du procureur

MINISTÈRE DE LA JUSTICE

TRIBUNAL DE GRANDE INSTANCE de

Greffe du Juge aux Affaires Familiales

, le 9 JANVIER 2013

Monsieur Jean Claude

Monsieur,

Je vous informe que Madame le Procureur de la République de nous a transmis votre demande de rectification d'une erreur ou d'une omission matérielle contenue dans un acte de l'état civil que vous avez présentée le 24 Décembre 2012, précisant qu'aucune erreur n'est à rectifier d'après l'acte de naissance.

En conséquence, si vous souhaitez présenter une requête en changement de prénom vous devez saisir le Juge aux Affaires Familiales de votre domicile; l'avocat est obligatoire.

Je vous prie d'agréer, Monsieur, mes salutations distinguées.

Le Greffier,

Madame le procureur

Ce n'est plus Monsieur le procureur qui occupe le poste, mais Madame le procureur ! Le procureur est maintenant une dame et la préfecture avait raison ! Peut-être était-ce déjà le cas lors de nos précédents échanges, mais les informations véhiculées par les courriers reçus ne fournissaient aucun indice sur le sexe de ce magistrat.

Bis repetita

Selon une procédure immuable et, semble-t-il, quasi automatique, le procureur a expédié, pour la troisième fois, mon dossier au greffe du juge aux affaires familiales. L'évocation de l'usage prolongé de mon prénom composé, dont j'espérais beaucoup, et l'envoi de nouveaux documents illustrant cet usage prolongé n'ont guère eu d'impact sur le procureur. A-t-il vraiment examiné ces nouveaux éléments qu'il n'évoque même pas dans sa réponse ?

Rien ne semble pouvoir infléchir sa position initiale. Les usages décrits dans la fiche pédagogique « État civil : Instruction générale annotée et actualisée 2012 » que je lui ai communiquée, il semble s'en moquer comme de sa première chemise. Cette fiche pédagogique cite pourtant les « justificatifs valablement pris en compte par les procureurs [...] ». Par certains procureurs peut-être, tandis que d'autres font manifestement exception à cette règle en n'appliquant pas ces usages. Pas de chance, je suis tombé sur un de ceux-là !

Justification de la décision

Il faut chercher la justification de cette décision dans la phrase « aucune erreur n'est à rectifier d'après l'acte de naissance », que le procureur utilise une nouvelle fois pour expliquer au greffier la raison pour laquelle il transfère le dossier au juge aux affaires familiales.

La loi 2000-321 du 12 avril 2000 relative aux droits des citoyens dans leurs relations avec les administrations, stipule dans son article 2 que « les autorités administratives sont tenues d'organiser un accès simple aux règles de droit qu'elles édictent. La mise à disposition et la diffusion des textes juridiques constituent une mission de service public au bon accomplissement de laquelle il appartient aux autorités administratives de veiller. » Manifestement, cette loi ne doit pas s'appliquer en la circonstance.

Le procureur au travail (fiction)

Arrêtons-nous un instant sur la formule « d'après l'acte de naissance », qui continue de me turlupiner. Comment, en pratique, le procureur procède-t-il, pour parvenir à la décision qui est la sienne, « d'après l'acte de naissance » ? Faute d'explications sur ce point, j'ai tenté d'imaginer sa méthode de travail. Celle-ci pourrait comporter trois étapes :

1- Le procureur chausse ses lunettes (s'il en porte), se concentre et observe attentivement l'acte de naissance pendant quelques instants. Il observe les lettres qui composent les prénoms Jean et Claude. Il observe l'espace qui sépare ces prénoms. Il constate qu'il n'y a ni tiret ni virgule dans cette espace, mais tout cela lui paraît normal ;

2- Par acquit de conscience, car c'est un « pro » le procureur, il reprend le document et l'observe une seconde fois, mais cette fois avec la loupe qu'il conserve en permanence dans le tiroir gauche. Mais il a beau l'observer avec le soin le plus méticuleux dont il est capable, il ne détecte aucune erreur ou omission. Les prénoms Jean et Claude sont correctement orthographiés et l'espace est tout à fait conforme à l'idée qu'il s'en fait, même si, à son goût, il l'aurait préférée un peu plus large. Mais il en est maintenant certain, il n'y a pas d'erreur ;

3- Il conclut fort logiquement que puisque « à la lecture de l'acte de naissance », il n'apparaît aucune erreur ou omission, il n'y a rien qui puisse être rectifié. Élémentaire !

Sa mission est terminée et il peut transmettre le dossier au juge aux affaires familiales, avec le sentiment du devoir accompli. C'est pas compliqué, le métier de procureur ! Pourquoi chercher midi à quatorze heures ?

Quid des justificatifs ?

Il est plus que probable qu'il n'a examiné aucun des documents joints à ma demande. Et d'ailleurs, pourquoi les aurait-il examinés puisqu'il prétend que la seule observation de l'acte de naissance lui permet de statuer sur le sort de mon dossier ! A quoi a-t-il servi que je lui transmette tous ces justificatifs ? Plus grave, a-t-il seulement lu le texte extrait de la fiche pédagogique relatif à l'usage prolongé du prénom, que j'ai reproduit dans mon courrier. En fait, il doit être suffisamment sûr de lui pour ne pas s'abaisser à lire une fiche pédagogique ! Pouah ! Une fiche pédagogique, c'est juste bon pour les assistants, pas pour un procureur !

Jean Claude : un ou deux prénoms ?

Comme dans sa réponse du 28 octobre 2010, le procureur écrit mon prénom « Jean Claude » sans séparateur, tel qu'il apparaît sur l'acte de naissance. En l'occurrence, il est logique avec lui-même dans la mesure où il n'y voit aucune erreur. Pourquoi ne respecterait-il pas l'orthographe d'un prénom, dès lors qu'elle ne présente ni erreur ni omission ?

Mais considère-t-il que « Jean Claude » est un prénom unique ou qu'il s'agit de deux prénoms distincts ? S'il considère qu'il s'agit d'un prénom unique (un prénom composé sans trait d'union en quelque sorte), pourquoi m'invite-t-il à demander un changement de prénom au juge aux affaires familiales ? Juste pour changer « Jean Claude » en Jean-Claude ? Ce serait donc que, pour le procureur, ces deux orthographes sont associées à des prénoms différents, bien que phonétiquement identiques ? Et s'il considère qu'il s'agit de deux prénoms distincts, pourquoi ne me prénomme-t-il pas tout simplement Jean ou ne sépare-t-il pas les deux prénoms par une virgule ? Ce ne sont pas les questions qui manquent...

Conclusion

Face aux questions posées tout au long de ce parcours du combattant, les services administratifs interrogés ont soit tenté de répondre – parfois en se faisant tirer l'oreille -- soit éludé purement et simplement les questions. Répondre expose à bien des dangers : mauvaise compréhension de la question, interprétation erronée des lois et règlements, réponses incohérentes, etc. Éluder les questions est finalement plus confortable : cela évite de dire des bêtises. Mais au bout du compte, on est en droit de se demander si ces administratifs maîtrisent réellement la matière sur laquelle ils exercent leurs activités et leurs compétences.

En définitive, je me demande si je n'ai pas tort de chercher un peu de logique dans cette histoire de fous ! Je vais néanmoins tenter une dernière fois d'obtenir du procureur une clarification. Je ne veux rien négliger pour essayer d'y voir un peu plus clair dans cet imbroglio. Mais puis-je réellement espérer déstabiliser un procureur aussi inflexible ?

14-01-2013 : je questionne à nouveau le procureur

Dans ce courrier, je reviens sur les contradictions qui apparaissent entre sa position et celle de la préfecture . Ce point a déjà été abordé en 2011, mais il est resté sans réponse.

Jean-Claude , le 14/01/2013

à
Madame le Procureur de la République
auprès du Tribunal de Grande Instance de

OBJET : Ma demande de rectification d'une erreur ou d'une omission matérielle contenue dans un acte de l'état civil, présentée le 24/12/2012.

Madame le Procureur,

Le greffier du Tribunal de Grande Instance , m'informe que vous avez refusé ma demande de rectification d'une erreur ou d'une omission matérielle sur mon acte de naissance, en précisant simplement « qu'aucune erreur n'est à rectifier d'après l'acte de naissance ».

D'un certain point de vue, vous avez raison. On ne peut imputer à l'employé de mairie qui en 1946 a rédigé mon acte de naissance, une erreur ou une omission matérielle, puisqu'à l'époque, la réglementation et/ou les usages en vigueur permettaient de ne pas lier les prénoms simples composant les prénoms composés par un trait d'union, et permettaient également de ne pas séparer les prénoms simples par des virgules.

Mais parallèlement, la Préfecture , considère que vis à vis de la réglementation actuelle, mon acte de naissance n'est pas conforme et, de ce fait, elle insère une virgule entre Jean et Claude sur ma carte d'identité.

Et en réponse à une question écrite que je lui ai posée, elle m'indique qu'il n'est pas envisageable d'écrire mon prénom sans séparateur, comme sur l'acte de naissance.

Ainsi, selon l'administration à laquelle je m'adresse, j'obtiens deux analyses contradictoires :
– l'une considère que la rédaction de mon acte de naissance est parfaite et qu'il n'y a rien à rectifier ;
– l'autre considère que la rédaction de mon acte de naissance est entachée d'erreur et que pour corriger cette erreur, il convient d'ajouter un séparateur entre Jean et Claude.

> **Lettre au procureur : page 2/2**
>
> Comme j'ignore comment je pourrais faire dialoguer entre elles deux administrations, afin qu'elles puissent s'accorder sur une vision commune, je n'ai d'autre ressource que d'écrire à l'une et à l'autre.
>
> Si je vous ai relancé à propos de cette affaire, c'est parce que j'ai découvert récemment que l'usage prolongé d'un prénom pouvait, si j'en crois le texte que j'ai cité dans ma demande du 24/12/2012, permettre aux procureurs de donner une suite favorable à ce type de sollicitation.
>
> Vous en avez jugé autrement, sans m'en expliquer la raison. Ne reconnaissez-vous pas l'usage prolongé de mon prénom composé comme un motif de nature à légitimer ma demande, ou bien les documents que je vous ai transmis sont-ils insuffisants pour démontrer cet usage prolongé ?
>
> Je vous saurais gré, Madame le Procureur, de m'apporter votre éclairage sur ce point.
>
> Par ailleurs, le TGI me suggère de présenter une requête pour changement de prénom, au Juge aux Affaires Familiales.
>
> Or j'ai appris qu'avec cette démarche, la seule chose qui soit certaine, c'est qu'il faut rémunérer un avocat, alors même que le résultat n'est nullement garanti, puisque laissé à l'appréciation souveraine du juge. J'ai donc choisi de ne pas donner suite.
>
> D'ailleurs quelle situation ubuesque ce serait que de demander un changement de prénom pour continuer de porter le prénom que j'ai toujours porté !
>
> Veuillez agréer, Madame le Procureur, l'expression de mes sentiments distingués.
>
> Jean-Claude

18-01-2013 : mon prénom composé m'est restitué

En attendant la réponse du procureur (mais daignera-t-il me répondre ?), je décide d'aller faire le point à la mairie le 18 janvier. Cela fait un mois et 6 jours que j'ai déposé ma demande de réfection de ma carte d'identité et de mon passeport, mais contrairement à ce qui m'avait été indiqué, je n'ai pas reçu le SMS qui devait m'inviter à venir chercher mes nouveaux papiers. Cela signifie-t-il que les deux dossiers sont encore en cours de traitement ou s'agit-il, tout simplement, d'un nouveau dysfonctionnement ? En fait, lorsque je me présente, les documents sont prêts. Une employée me les remet. Le prénom a été rectifié. L'intervention du ministre a permis ce dénouement heureux, dont voici, illustrée ci-dessous, la concrétisation. Après trois ans de combat, les choses sont enfin rentrées dans l'ordre.

22-01-2013 : réponse du procureur

Quelques jours plus tard, je reçois la nouvelle réponse du procureur.

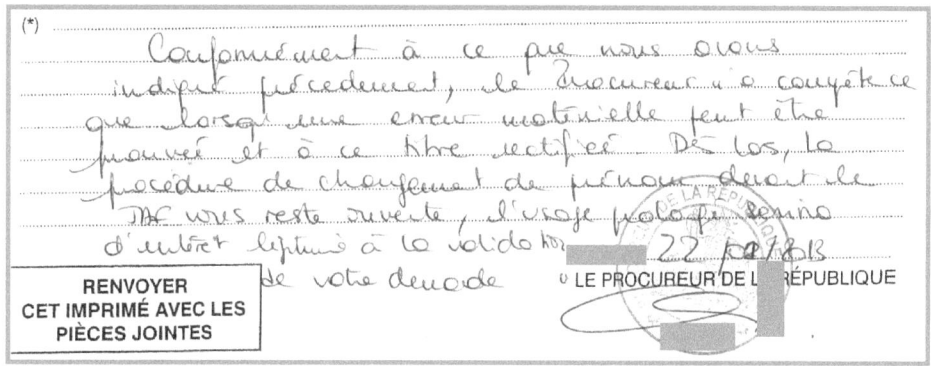

Comme précédemment, ce courrier ne répond pas aux question posées : le procureur n'y répond jamais. Pour ressasser les mêmes informations, un répondeur automatique serait plus efficace et coûterait moins cher au contribuable ! De plus, c'est encore une réponse manuscrite (à l'ère des ordinateurs et des traitements de textes !), si bien qu'il y a un mot que je ne parviens pas à décoder (entre « usage prolongé » et « d'intérêt légitime »). Il semble que le procureur indique que l'usage prolongé du prénom faciliterait l'acceptation par le juge aux affaires familiales d'un changement de prénom. Il n'a donc toujours pas compris que cette option ne m'intéresse pas. Par ailleurs, l'usage prolongé du prénom est présenté dans la fiche pédagogique citée plus haut, comme un argument à faire valoir pour obtenir une rectification administrative et non pour obtenir un changement de prénom, comme il l'affirme. J'avais déjà noté qu'il avait des soucis en écriture, je note maintenant qu'il a aussi des problèmes de compréhension en lecture.

Mon acte de naissance ne sera jamais rectifié, mais cela m'importe peu maintenant.

Je continue de penser que ce refus est stupide et contraire à la loi ou du moins à son esprit. Ou alors que la loi est mal faite. Pour le vérifier, il faudrait solliciter le ministère de la Justice ou le tribunal administratif, mais ce ping-pong a déjà trop duré pour jouer les prolongations.

Ce n'est pas tout à fait fini...

En récupérant ma nouvelle carte d'identité et mon nouveau passeport, j'ai retrouvé le prénom composé qui a toujours été le mien. Je devrais donc maintenant clore définitivement ce dossier. Cependant, avant de le fermer définitivement, il me reste quelques formalités à accomplir, pour être en paix avec ma conscience. Celle-ci exige que j'informe tous les intervenants sur le dénouement de l'affaire. Mon député connaît la fin de l'histoire, puisqu'il a été informé directement par le ministre. Je le remercie chaleureusement, car sans lui ce happy end n'aurait pas été possible. La préfecture connaît également ce dénouement puisque, par ordre de sa hiérarchie et à son corps défendant, elle a dû appliquer une solution à laquelle elle s'était opposée. Mais deux intervenants restent à informer : le procureur de la République et le Défenseur des droits. Je leur dois bien cette information, en récompense du temps et des compétences qu'il m'ont consacrés. Qu'y-a-t-il de plus déprimant que d'intervenir sur un dossier et ne pas en connaître l'issue ? Quoi de plus démotivant que d'être le maillon d'un processus dont on ne connaît pas l'aboutissement ?

C'est donc à la fois par philanthropie et par souci du devoir à accomplir, que j'ai rédigé les deux courriers suivants.

15-02-2013 : ma dernière lettre au procureur

Jean-Claude ████████   ████████, le 15/02/2013

████████

à   Mme le Procureur de la République
     auprès du TGI ████████

OBJET : Rectification de mon prénom sur mon acte de naissance
            Dénouement de l'affaire

                        Madame le Procureur,

Je souhaite vous informer, par ce courrier, du dénouement de l'affaire citée en objet et pour laquelle je vous ai sollicitée à trois reprises.

Je ne vous importunerai plus à l'avenir avec ma demande de rectification : il n'y aura pas de quatrième demande.

En effet, malgré les trois refus que vous m'avez opposés (28/10/2010, 5/05/2011 et 09/01/2013), et sans qu'il ait été besoin que je demande un changement de prénom, comme vous m'y avez invité par trois fois, je viens d'obtenir de la Préfecture qu'elle me restitue, sur mes papiers d'identité, le trait d'union qu'elle m'avait refusé, en février 2010, en choisissant d'insérer une virgule ente Jean et Claude.

Peu m'importe dorénavant que mon acte de naissance soit rectifié ou non, puisque j'ai retrouvé mon identité originelle, sans que la République ait, pour autant, été mise en danger.

Il reste cependant une question qui me taraude et à laquelle vous pourrez peut-être apporter une réponse. Que vont devenir tous les documents que je vous ai transmis à l'appui de ma dernière demande et que vous ne m'avez pas restitués ? Vont-ils être conservés dans les archives du Tribunal ? Et si oui, jusqu'à quand et pour quel usage ?

Veuillez agréer, Madame le Procureur, l'expression de mes sentiments distingués.

                                            Jean-Claude ……………

15-02-2013 : j'écris au Défenseur des droits

Jean-Claude , le 15/02/2013
18, rue de Burgo

à   Monsieur le Défenseur des droits
     7, rue Saint-Florentin
     75409 Paris cedex 08

                        Monsieur le Défenseur des droits,

  Au cours des mois écoulés, je vous ai sollicité, à deux reprises, pour recueillir votre avis sur un problème concernant mon prénom. Ce problème ayant à ce jour trouvé une solution, j'ai souhaité vous apporter ce « feed-back ».
  Dans mon courrier du 30/05/2011, je sollicitais votre avis suite au refus du procureur de la République de   , d'opérer, sur mon acte de naissance, une rectification administrative pour erreur ou omission matérielle, au motif « qu'aucune erreur ou omission matérielle ne pouvait être démontrée ». Dans votre réponse du 27 juillet 2011, vous avez validé, la position du procureur, en m'indiquant, comme lui, que la seule voie possible, dans mon cas, était de demander un changement de prénom.
  Or, il y avait bien une autre voie, puisque, à force de persévérance, j'ai finalement obtenu, en janvier 2013, que la préfecture me restitue mon prénom composé, sans que, pour autant, mon acte de naissance ait été rectifié ou que j'aie demandé un changement de prénom.
  Mais antérieurement à cet heureux dénouement, j'avais demandé à la préfecture s'il était possible d'orthographier mon prénom « Jean Claude », sans séparateur entre Jean et Claude, comme cela figure sur mon acte de naissance. A cette demande, la préfecture avait répondu par la négative.
  Et c'est en raison de cette réponse négative que je vous ai à nouveau sollicité le 21/05/2012. Mais alors que je vous interrogeais sur la légitimité du refus de la préfecture de respecter l'orthographe utilisé sur mon acte de naissance, vous m'avez répondu le 29/06/2012 : « Vous maintenez votre souhait de continuer à utiliser le prénom Jean-Claude, bien que ce dernier ne soit pas conforme à votre acte de naissance. La préfecture ayant maintenu sa position, vous avez à nouveau sollicité l'intervention de l'Institution. Toutefois, aucun élément nouveau ne permet de revenir sur les observations qui vous ont été transmises par courrier du 27/07/2011, dont je vous joins la copie. »

  Vous avez probablement lu de manière bien peu attentive mon courrier du 21 mai 2012 !

  Veuillez agréer, Monsieur le Défenseur des s, l'expression de mes sentiments distingués.

                                                                  Jean-Claude

  Le Défenseur des droits n'a jamais répondu à cette lettre, mais je n'attendais rien en retour, sauf, peut-être, un courrier d'excuse, suite à sa méprise du 29-juin 2012.

15-04-2013 : dernier courrier du procureur

Je n'attendais pas non plus de retour suite à ma lettre du 15 février 2013, sauf éventuellement une réponse à la question que je posais en fin de courrier sur le devenir des justificatifs que je lui ai transmis. Mais j'ai la surprise de recevoir le 16 avril le courrier suivant :

Il est vraiment irrécupérable, le procureur :
1- Il n'a pas lu mon courrier, ou il l'a lu si distraitement qu'il n'a pas compris que, pour moi, l'affaire était close ;
2-Il a apparemment conservé mon courrier pendant deux mois avant de le transmettre au greffe du juge aux affaires familiales ;
3- Il n'a pas répondu à la question relative au devenir de tous les documents papier que je lui ai transmis. Mais que peut-il bien faire de tout ce papier ? Mystère...

Bilan

Calendrier

Date de la demande initiale :   10 février 2010
Date du dénouement :   18 janvier 2013
Durée totale :   2 ans 11 mois

Courriers échangés

23 courriers émis, dont :   1 à mon député
1 au ministère de la Justice
4 à la préfecture (dont 2 relances)
2 au représentant départemental du Défenseur des droits
3 au Défenseur des droits national
1 à la mairie
4 au procureur de la République de mon lieu de résidence
7 au procureur de la République de mon lieu de naissance

15 courriers reçus, dont :   1 de mon député
1 de la mairie
2 du Défenseur des droits national
7 du procureur du tribunal de mon lieu de naissance
2 du procureur du tribunal de mon lieu de résidence
1 de la préfecture (délai de réponse : 4,5 mois)
1 du ministre de l'Intérieur (via mon député)

Résultats obtenus

Positifs : Mon prénom composé a été arraché, de haute lutte, à la pieuvre administrative !
Négatifs : Démarche interminable, perte de temps et d'argent pour tous, carence d'explications, incohérence entre services, aucune prise en compte du contexte, application mécanique (sans âme) des textes... En bref, l'administratif dans toute sa dimension ubuesque.

Je l'ai échappé belle !

Je dois, malgré tout, m'estimer bigrement heureux de ce dénouement, car :
– si j'avais entériné la décision de la préfecture, aujourd'hui je me prénommerais Jean et je serais en train de faire rectifier mon prénom auprès de tous les organismes dont je relève (caisse maladie, retraite, comptes bancaires...) ou, à défaut d'avoir entrepris ces démarches, en train d'affronter les difficultés administratives annoncées par la mairie ;
– si j'avais suivi la préconisation du procureur, j'aurais pris un avocat pour demander un changement de prénom. Bien entendu, comme me l'avait conseillé le Défenseur des droits, j'aurais pris le soin, au préalable, de demander à l'avocat une expertise pour évaluer les chances de succès de la démarche, sans que le résultat final en soit garanti pour autant, même dans l'hypothèse d'une expertise favorable.

Addenda

Comme disait l'humoriste Jean Yanne dans son fameux sketch sur le permis de conduire : « Qu'est-ce qu'on peut perdre comme temps en formalités ! » Près de trois ans de démarches pour bouter une virgule illégitime hors de ma carte d'identité et lui rendre le tiret qui lui est si familier, après tant d'années de sereine cohabitation ! Comment en est-on arrivé là ? Il est probable qu'un génie malfaisant se soit ingénié à emmêler les fils d'une histoire fort simple... et qui aurait dû le rester.

En 1946, l'employé de l'état civil écrit mon prénom « Jean Claude », tout en sachant qu'il s'agit d'un prénom composé, mais il l'écrit ainsi, car c'est la coutume et qu'aucune circulaire ne précise, à cette époque, qu'il convient de relier les deux prénoms par un trait d'union. Depuis, la réglementation a beaucoup crû (et embelli ?), mais on ne va tout de même pas lui reprocher, à titre posthume, de n'avoir pas respecté la circulaire NOR/INT/D/00/0001/C qui ne sera publiée que 54 ans plus tard !

Pendant plus d'un demi-siècle, le caractère « composé » de mon prénom ne sera jamais remis en cause par les préfectures qui ne perdront jamais leur temps à « chercher la petite bête ».

Mais en 2010, la préfecture se permet d'« interpréter » l'écriture utilisée en 1946 sur mon acte de naissance et de conclure à l'impérieuse nécessité d'insérer une virgule entre Jean et Claude. Mon prénom composé est alors sauvagement écartelé, découpé, morcelé, éparpillé. Probablement convaincue par la pertinence de son initiative et le caractère rigoureux et vertueux de son action au service de la République, elle tentera par la suite de se justifier contre vents et marées, en développant un raisonnement extravagant s'appuyant sur un texte paru en 2010 et sur des règles probablement inventées de toute pièce.

C'est à partir de cette péripétie que démarre l'histoire kafkaïenne que je viens de raconter : l'histoire d'un petit tiret. Une histoire qui a bénéficié d'un casting exceptionnel avec l'apparition, au fil des mois, des personnages suivants :
- un procureur *border line*, qui ignore la loi et antidate ses courriers ;
- un second procureur au comportement monarchique, qui campe année après année sur sa position et manie les déclarations péremptoires en guise de justification ;
- le Défenseur des droits qui n'a pas le pouvoir de contredire le procureur et qui lit les courriers reçus par dessus la jambe ;
- le ministre de l'Intérieur qui, par son intervention finale, a permis de dénouer la situation. Mais Dieu merci, il n'a pas été nécessaire de recourir à l'arbitrage du Président de la République !

Espérons qu'à l'avenir, la préfecture tournera sept fois la langue dans sa bouche avant de déclencher une telle superproduction.

Quant à la question de savoir si ce dénouement heureux est le résultat d'une faveur qui m'aurait été accordée par le ministre ou si elle est légitime en droit, elle reste posée. Sans vouloir mener un combat d'arrière-garde, maintenant que l'affaire est terminée, au moins jusqu'au prochain renouvellement de ma carte d'identité – mais, je l'espère, définitivement –, j'ai néanmoins tenté d'approfondir la question.

Bien que n'ayant aucune compétence juridique particulière, je voudrais simplement évoquer ici le principe d'immutabilité du nom et du prénom et la loi du 6 fructidor an II (déjà évoquée avec mon député), que j'ai découverts en voguant de-ci de-là sur internet.

Le principe d'immutabilité du nom et du prénom

Le site internet du Sénat (www.senat.fr), permet de consulter les questions posées par les sénateurs au gouvernement et les réponses apportées par les ministres concernés.

C'est ainsi qu'à la question n°19567 publiée au JO Sénat du 29 septembre 2005, le garde des sceaux, ministre de la Justice a évoqué, dans sa réponse « le principe d'immutabilité des noms et prénoms énoncée à l'article 1er de la loi du 6 fructidor an II », loi fort instructive et que je cite ci-dessous.

De même, en réponse à la question n°07733 publiée dans le JO Sénat du 23 avril 1998, le ministre de l'Intérieur cite cette phrase : « S'agissant de l'état civil, les mentions portées sur le titre d'identité doivent être conformes à celles figurant sur l'acte d'état civil produit. »

La loi du 6 fructidor an II

Cette loi qui date de la Révolution de 1789, est toujours en vigueur aujourd'hui.
Son article 1er est cité dans la réponse ministérielle évoquée ci-dessus. En voici le texte :
Art. 1 : « Aucun citoyen ne pourra porter de nom ni de prénom autres que ceux exprimés dans son acte de naissance : ceux qui les auraient quittés seront tenus de les reprendre. »

Son article 4 est également intéressant :
Art.4 : « Il est expressément défendu à tous fonctionnaires publics de désigner les citoyens dans les actes autrement que par le nom de famille, les prénoms portés en l'acte de naissance. »

Questions sans réponses

D'où les questions qui se posent au vu des textes évoqués ci-dessus :

1- La préfecture n'a-t-elle pas bafoué la loi en modifiant l'écriture de mon prénom, sans l'aligner sur mon acte de naissance ?
2- La préfecture pouvait-elle refuser d'écrire mon prénom « Jean Claude » ?

Ces questions qui me tourmentent resteront sans réponse. Il est désormais trop tard pour les soumettre à l'appréciation de la préfecture et de ses spécialistes pointus dans l'exégèse des lois.

*

Ai-je bien fait de débusquer ces articles, alors que l'absence de réponse aux questions qu'ils suscitent risque de perturber mon sommeil ? Pour continuer à dormir sur mes deux oreilles, n'aurait-il pas été préférable que je continue à les ignorer ?

52 jours en mode « Zero Play »

Mon fils Benjamin a souscrit une offre *triple play* chez Free, en 2007. Jusqu'au 3 avril 2012, sa Freebox lui rend tous les services attendus, mais le 4 avril, un gros souci apparaît. Il raconte...

04-04-2012 : ma Freebox ne répond plus

Lorsque j'essaie de me connecter à internet, le 4 avril 2012, la Freebox ne délivre plus aucun service : ni accès à internet, ni téléphone, ni TV. Elle affiche ce que Free appelle un chenillard lent. Ce motif apparaît lorsque la box ne parvient pas à se connecter au réseau de l'opérateur, comme celui-ci l'indique sur son site web, dans les pages « assistance ».

Pour bien comprendre la suite, voici, schématiquement, comment la Freebox se raccorde aux équipements de Free, et au-delà, au réseau internet.

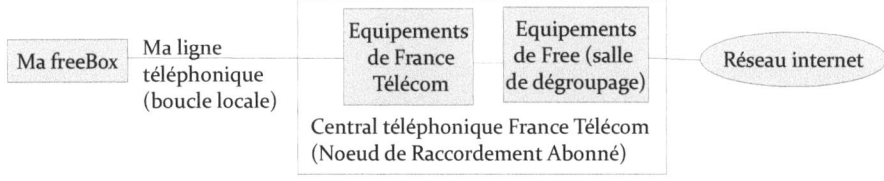

Tous les composants de cette chaîne sont susceptibles d'avoir, un jour, une défaillance. Il y a donc plusieurs causes possibles à cette panne :
– une panne de ma Freebox ;
– une coupure de ma ligne téléphonique (dite boucle locale) ;
– un incident sur les équipements de France Télécom ;
– un incident sur les équipements de Free ;
– un problème de connexion entre les équipements de Free et ceux de FT.

J'appelle immédiatement l'assistance pour signaler le dysfonctionnement. Celle-ci m'indique qu'elle prend en charge le problème sans plus attendre. Pour la gestion du dépannage, Free a mis en place un suivi des incidents sur son site internet. L'abonné peut ainsi connaître, en temps réel, les actions engagées et les résultats obtenus, sous réserve de disposer d'un accès au réseau. Mais lorsque votre ligne est hors service, la seule solution à votre disposition est de solliciter un parent, un ami ou un voisin compréhensif pour vous permettre d'accéder à ces informations.

Le jour même, dès le signalement de la panne à l'assistance, et avec une réactivité exemplaire, le problème apparaît sur le « suivi incident » :

> « 04-04-2012 : un ticket a été ouvert auprès de l'assistance technique. Ce ticket est en cours de traitement par nos équipes. »

Ce message laisse à penser que les équipes techniques se sont mises immédiatement au travail. Puis Free va me laisser sans nouvelles une semaine entière, jusqu'à l'apparition, le 11 avril, d'une deuxième information... qui ne dit rien sur ce qui a été fait entre le 4 et le 11.

> « 11-04-2012 : une demande de vérification de nos équipements a été lancée. »

Simultanément, le 11 avril, Free m'adresse un courriel. Ce courriel (voir page suivante), explique ce qui va être fait pour réparer ma ligne. Il m'inspire les remarques suivantes :

1. En réalité, lorsque Free indique le 4 avril que le ticket est en cours de traitement, aucune action de dépannage n'a encore été engagée. Le 4 avril, l'assistance se contente d'enregistrer le problème dans son logiciel de suivi, ou, pour utiliser son vocabulaire, « d'ouvrir un ticket ». Cela lui suffit pour affirmer que le traitement est en cours, alors que ce n'est que 7 jours plus tard qu'une première action – un « test de position » – sera engagée !

2. Et alors que j'ai déjà attendu 7 jours, pendant lesquels personne ne s'est préoccupé du dépannage de ma ligne, Free, dans le courriel du 11 avril, en appelle – par deux fois ! – à la patience. Il semble que, chez Free, la patience soit une vertu essentielle, pour affronter un processus de dépannage. Ce n'est pas de bon augure pour la suite. Dans un premier temps, on me demande de patienter trois jours, puis ensuite de patienter encore au delà des trois jours, au motif que « d'autres investigations complémentaires sont en cours ». En réalité, aucune investigation complémentaire n'est en cours. Ce gros mensonge sert uniquement à rassurer l'abonné, en lui donnant le sentiment qu'une armée de techniciens est en train de se décarcasser pour mener à bien ces autres investigations. Free, d'ailleurs, se garde bien de préciser en quoi elles consistent, et pour cause : le flou permet d'entretenir le doute. Mais cette affirmation ne trompe personne très longtemps.

3. Free espère que la Freebox m'apporte entière satisfaction ! Est-ce bien le bon moment pour formuler un tel vœu, alors que je suis privé d'internet, de téléphone et de télévision depuis déjà sept jours !

BENJAMIN
Réf. Mail : ██████ 7498595#0
Votre identifiant abonné ██████

Paris, le 11/04/2012

Madame, Monsieur,

Vous nous avez informé des difficultés techniques que vous rencontrez. Nous avons donc transmis un ticket d'incident à nos services, dans le cadre de votre abonnement Free Haut Débit.

Nous vous signalons qu'une demande de test de position* a été effectuée. Un test de position consiste à connecter un modem ADSL directement sur la position qui vous est réservée sur nos installations afin d'en vérifier le bon fonctionnement. Nous sommes actuellement en attente de ces résultats.
Cette intervention est prévue dans les 3 jours ouvrés. Si toutefois passé ce délai vous ne constatez aucune amélioration, nous vous invitons à patienter car d'autres investigations complémentaires sont en cours.

Nous vous remercions donc de bien vouloir patienter. En espérant que la Freebox vous apporte entière satisfaction, nous vous remercions de la confiance que vous nous témoignez.

Au nom de toute l'équipe Free, nous vous prions de recevoir, Madame, Monsieur, nos sincères salutations.

* Test de Position : vérification effectuée par un technicien Free au niveau de la salle de dégroupage du NRA (Noeud de Raccordement Abonné) dont dépend l'abonné(e) Free en branchant un modem ADSL sur la position dédiée à l'abonné (e) sur les équipements Free faisant liaison avec la partie de la ligne de l'abonné(e) dépendant de l'opérateur historique ; il s'agit d'une vérification de la bonne synchronisation et du débit disponible à l'entrée des équipements Free, permettant de valider le bon fonctionnement des équipements Free.

NRA (Noeud de Raccordement Abonné): comprend les installations France Téléecom, accessibles uniquement par l'opérateur historique, et une salle de dégroupage, où sont installés les équipements des différents Fournisseurs Accès Internet, dont Free, et accessible aux techniciens Free.

Votre Service Abonnés.

Ce courriel précise que le « test de position » sera réalisé sous 3 jours. En pratique, il sera fait le jour même, ce qui est une excellente nouvelle. Tant mieux si les vérifications se déroulent à un rythme plus soutenu que celui qui a été annoncé.

Dès le lendemain, en effet, le « suivi incident » affiche le résultat de ce test :

« 12-04-2012 : aucune anomalie n'a été repérée lors de la vérification de nos équipements. Notre support technique s'engage à poursuivre d'autres investigations jusqu'à résolution. »

Ce compte-rendu suscite les interrogations suivantes :
– dois-je me réjouir qu'une cause possible de panne vienne ainsi d'être écartée ou m'inquiéter des investigations encore nécessaires pour localiser le composant défaillant ?
– dois-je remercier Free de s'engager à poursuivre les investigations jusqu'à la résolution du problème, alors qu'il s'agit d'une prestation contractuellement garantie ?

Le 11 avril, un technicien Free est donc allé vérifier les équipements de l'opérateur et n'a détecté aucune anomalie. Apparemment, il n'a pas jeté un œil sur l'interconnexion entre les équipements de Free et ceux de France Télécom. C'est regrettable, car s'il avait fait ce contrôle, il aurait vu que c'est à ce niveau que la continuité de la ligne posait problème. Cette vérification n'était probablement pas prévue sur son ordre de mission. Peut-être fait-elle partie du domaine réservé de France Télécom, l'opérateur historique, comme ils disent ! Chacun chez soi. Le technicien Free n'a pas été missionné pour dépanner le client, mais seulement pour vérifier le bon fonctionnement de la partie de l'installation appartenant à Free. Pas question de réfléchir au problème globalement et de sortir du cadre fixé !

Dès le lendemain, une deuxième vérification est lancée, qui, cette fois, met à contribution France Télécom :

> « 12-04-2012 : une demande de vérification des équipements de l'opérateur historique a été lancée. »

En parallèle, Free m'adresse, par courriel, le message suivant :

BENJAMIN
Réf. Mail :
Votre identifiant abonné :

Paris le 12/04/2012

Madame, Monsieur,

Vous nous avez signalé un incident technique, nous avons donc transmis un ticket d'incident à nos services, dans le cadre de votre abonnement Free Haut Débit.

Nous avons également effectué une demande de test de position afin de tester nos installations. Après vérification, il s'avère que nos installations fonctionnent correctement à ce jour.

Toutefois, si l'incident est toujours d'actualité, nous vous invitons à patienter car d'autres investigations complémentaires sont en cours.
Dans le cas ou un rendez-vous avec un technicien FREE est prévu et organisé à votre domicile, celui-ci reste de mise.

Nous vous rappelons que vous pouvez consulter gratuitement et à tout moment l'évolution de votre ticket d'incident technique en vous rendant sur votre compte assistance Free à l'adresse suivante https://subscribe.free.fr/login/login.pl?link=assistance.

Si l'incident n'est plus d'actualité, nous espérons que votre Freebox vous apporte entière satisfaction et nous vous remercions de la confiance que vous nous témoignez.
Si un rendez-vous avec un technicien Free est programmé, pensez à l'annuler à partir de votre Interface de Gestion (https://subscribe.free.fr/login/) ou sur notre serveur vocal interactif au 08.11.925.100 (tarification locale}.
Attention, si vous êtes absent et n'annulez pas le rendez-vous, celui-ci sera facturé à hauteur de 49 euros.

Au nom de toute l'équipe Free, nous vous prions de recevoir, Madame, Monsieur, nos sincères salutations.

Votre Service Abonnés.

Ce courriel, daté du 12 avril, me paraît complètement surréaliste : il semble avoir été rédigé pour un autre que moi. Il répète des informations contenues dans le courriel précédent. Il m'invite de nouveau à patienter. Il ne fait pas état de la demande de vérification faite à France Télécom mentionnée le jour même sur le « suivi incidents ». Bizarrement, il évoque l'hypothèse selon laquelle l'incident ne serait plus d'actualité, comme si la panne pouvait s'autoréparer ! Il évoque l'annulation d'un rendez-vous avec un technicien Free, alors qu'aucun rendez-vous n'est à l'ordre du jour et il précise la sanction financière encourue en cas d'absence. Il dit tout ce que l'on peut faire en consultant l'interface internet de Free... quand la ligne fonctionne, mais rien sur la manière de procéder quand elle est en panne. Il ajoute que cet accès est gratuit ! Gratuit, je crois rêver ! Free envisagerait-il de rendre sa consultation payante, en plus de l'abonnement ? Faut-il remercier Free pour cette générosité ? Et il évoque à nouveau ces « autres investigations », aussi improbables que l'Arlésienne.

Mais essayons d'être positif. Si le démarrage du processus a été plutôt long, le rythme semble maintenant s'accélérer. D'ailleurs, dès le lendemain, le « suivi incident » évolue :

> « **13-04-2012 :** suite à la demande du 12-04-2012, l'opérateur historique nous informe n'avoir détecté aucune anomalie (Code retour GAMOT : STT). »

Cette information est confirmée par le courriel suivant, reçu le même jour. Trois courriels en trois jours : c'est impressionnant de voir l'assistance se manier ainsi le popotin !

BENJAMIN
Réf. Mail : 7498595#0
Votre identifiant abonné :

Paris le 13/04/2012

Madame, Monsieur,

Vous nous avez signalé un incident technique, nous avons donc transmis un ticket d'incident à nos services, dans le cadre de votre abonnement Free Haut Debit.

Nous avons également effectué une demande d'intervention via un ticket Gamot auprès de l'opérateur historique concernant votre ligne ADSL. Ce dernier nous a transmis l'information suivante concernant votre ticket S204279285 : STT (Signalement Transmis à Tort).
Cela signifie pour l'opérateur historique l'absence de défaut constaté sur votre ligne ADSL.

Dans le cas où votre connexion ne serait pas opérationnelle, une nouvelle intervention sera demandée par nos équipes techniques.

Nous vous informerons prochainement des actions menées sur votre dossier.

Nous vous rappelons que vous pouvez consulter gratuitement et à tout moment l'évolution de votre ticket d'incident technique en vous rendant sur votre compte assistance Free à l'adresse suivante ht'tp5://subscribe.free.fr/login/login;pl?link=assistance.

Au nom de toute l'équipe Free. nous vous prions de recevoir, Madame, Monsieur, nos sincères salutations.

Votre Service Abonnés.

Remarques. GAMOT signifie « Guichet d'Accueil Maintenance Opérateur Tiers ». En clair, il s'agit du service de France Télécom chargé de répondre aux sollicitations des autres opérateurs. STT signifie « Signalement Transmis à Tort ».

Donc, résumons la situation à la date du 13 avril. Free a vérifié ses équipements et n'a détecté aucune anomalie. L'opérateur historique a aussi vérifié ses installations sans détecter la moindre anomalie. Donc si tous ces équipements sont en parfait état de marche, comment expliquer que la box ne fonctionne toujours pas ! Où se situe donc le problème ?

J'ai soupçonné plus haut le technicien de Free de n'avoir pas contrôlé l'état de la connexion entre les équipements de Free et ceux de France Télécom. Mais qu'a fait le technicien de France Télécom le 13 avril, à part contrôler le bon fonctionnement de ses propres matériels ? A-t-il lui aussi omis de contrôler l'interconnexion ? Son contrôle s'est-il arrêté juste à la « frontière » entre France Télécom et Free ? Aucune information n'est fournie sur sur cette question. Contentons nous d'apprendre que l'opérateur historique n'a rien détecté d'anormal, puisque suite à la demande qui lui a été faite, il a répondu : « STT » (Signalement Transmis à Tort), ce qui, en d'autres termes, signifie qu'il estime avoir été dérangé pour rien.

Sauf que... après son passage, le message d'erreur affiché par la Freebox a changé. Ce n'est plus le chenillard lent qui s'affiche, mais « Erreur 80 ».

 Et voici ce qu'indique Free, sur son site d'assistance, à propos de l'erreur 80 :

J'en conclus que, suite au passage du technicien de France Télécom, ma box est maintenant connectée aux équipements de Free... mais pas sur la bonne position. Ce qui me permet de penser que l'opérateur historique a dû constater qu'un connecteur était débranché et, lors de son intervention, il l'a raccordé aux équipements de Free... mais pas sur le bon plot.

Cette information me paraît importante pour l'analyse du problème. C'est pourquoi je la communique dès le 14 avril à l'assistance, car elle élimine deux causes possibles de panne :
– la panne de ma box
– une coupure de ligne entre ma box et les équipements de Free.

Mais l'assistance ne tiendra aucun compte de cette information, probablement jugée sans intérêt, puisque venant d'un client a priori incompétent. Elle continue de dérouler imperturbablement son processus standard. L'étape suivante consiste à missionner un « technicien de proximité », pour contrôler ma Freebox et ma boucle locale. A cette fin, celui-ci doit me contacter prochainement pour fixer un rendez-vous.

Le 18 avril, le message suivant apparaît sur le suivi incidents :

> « **18-04-2012** : nos services d'assistance vont reprendre contact avec vous. Merci de veiller à ce que vos éléments de contact soient à jour. »

Le technicien de proximité, missionné par Free, m'appelle le 19 avril et me propose un rendez-vous le lundi 23 ou le jeudi 26 avril. Compte tenu de mes contraintes professionnelles, je suis navré de devoir décliner ces deux propositions. Le technicien me propose alors le lundi 30 avril. Je retiens cette date. Entre le 13 avril, date de la dernière intervention des équipes de maintenance et le 30 avril, il va donc s'écouler 17 jours pendant lesquels aucune action de dépannage ne sera effectuée sur ma ligne. Je reconnais que mes contraintes professionnelles ont contribué à allonger ce délai de 7 jours, le faisant passer de 10 à 17 jours.

Si les investigations complémentaires plusieurs fois évoquées par Free étaient réelles, on pourrait espérer un dénouement plus proche, mais il n'y a jamais eu et il n'y aura jamais d'investigations complémentaires ailleurs que dans la communication de Free, qui tente par cette fiction de nous faire croire à son engagement total au service du client !

Cette situation m'exaspère, d'autant plus que je suis convaincu que la visite de ce technicien ne va servir à rien. Il va se déplacer pour vérifier le bon fonctionnement de ma box et de ma boucle locale. Or il est clair que l'apparition du message « erreur 80 » sur la box, signifie que ces composants fonctionnent normalement. Le descriptif qu'en fait Free sur son site web est parfaitement explicite sur ce point.

Le 26 avril, à mon retour du travail, je constate que le message « erreur 80 » n'apparaît plus et que le chenillard lent est de retour. J'en déduis qu'au niveau des équipements centraux, un technicien a dû s'apercevoir que le branchement de ma ligne posait problème. Et il l'aura modifié, probablement pour connecter correctement un autre abonné, mais sans se soucier de reconnecter correctement ma ligne.

REMARQUE. On est en droit de se demander comment je peux tenir ces propos. En réalité, je n'ai aucune certitude que les choses se soient passées ainsi, car je n'étais pas présent. Au moment où ces événements se sont déroulés, ce n'étaient, dans ma tête que des suppositions, s'appuyant, certes, sur mes observations et sur les informations publiées par Free sur son site. Cependant, la fin de l'histoire et notamment le dépannage final – car ils vont finir par me dépanner ! –, va apporter un énorme crédit à ces hypothèses.

Toujours le 26 avril 2012, je reçois un courriel de Free qui confirme le rendez-vous du 30 avril. Puis l'information apparaît sur le « suivi incident » :

> «**26-04-2012** : un rendez-vous est planifié avec l'un de nos techniciens itinérants le 30-04-2012 entre 16h00 et 18h00. Votre présence est indispensable durant tout le créneau horaire. »

Sur ce courriel du 26 avril, je réagis à la phrase suivante : « le service de proximité est en phase de test, le déplacement et l'intervention de notre technicien vous sont donc offerts. » Décidément, ils ne savent parler que de fric chez Free(c). C'est d'autant plus déplacé que Free ne fait qu'assurer un service de maintenance dont le prix est inclus dans le forfait mensuel. Et que le 30 avril, cela fera exactement 26 jours que je leur aurais signalé la panne.

BENJAMIN
Réf. Mail : 7498595#0
Votre identifiant abonné :

Paris, le 26/04/2012

Madame, Monsieur,

Suite à un précédent contact avec nos services, il a été jugé nécessaire de faire intervenir un technicien Free à votre domicile.

Voici le récapitulatif de votre rendez vous avec notre technicien :
Sujet : Plus de synchronisation
Date : 30/04/2012
Heure : 16 h -18 h

Nous vous rappelons que la présence d'une personne majeure à votre domicile est indispensable durant toute la durée de cette intervention. Veillez également, afin de faciliter le travail de notre technicien, à bien dégager les prises téléphoniques murales concernées.

Pour bien préparer l'intervention de notre technicien à votre domicile et obtenir plus d'informations sur celle-ci, rendez-vous sur: httpp://www.free.fr/assistance/2319.html.

Si toutefois vous ne pouviez pas être présent pendant la plage horaire définie ou que ce rendez-vous n'était plus nécessaire, nous vous remercions de bien vouloir procéder à son annulation par un des différents moyens mis à votre disposition et présentés ci-dessous, et ce, au minimum 8 heures avant la date prévue.

Veuillez noter qu'en cas d'absence à ce rendez-vous, et sans annulation de votre part, une contribution forfaitaire de 49 euros correspondant aux frais de déplacement de notre technicien vous sera facturée.

Pour annuler la visite du technicien :

- Utilisez votre interface de gestion, rubrique assistance :
https://assistance.free.fr/contact/rdviticancel.php?id=5072944&k=b83b9d5c2a55d12b4d6c530c6797f54bf717fbe7

- Utilisez le serveur vocal d'annulation en composant le 0811 925 100
Communication facturée au tarif local applicable par votre opérateur, disponible 24h sur24, 7j sur 7
Votre identifiant hotline et son mot de passe vous seront demandés.

Attention : les demandes d'annulation de rendez-vous envoyées en réponse à ce mail ne pourront être enregistrées.

Nous vous rappelons que ce service d'assistance technique de proximité est en phase de test, le déplacement et l'intervention de notre technicien vous sont donc offerts.

Au nom de toute l'équipe Free, nous vous prions de recevoir, Madame, Monsieur, nos sincères salutations.

Votre Service Abonnés.

Le 30 avril, je reçois le technicien Free à mon domicile. J'ai demandé pour cela une demi-journée de congés à mon employeur. Après avoir fait quelques vérifications, celui-ci livre son diagnostic : la box n'est pas en cause. Avec son capacimètre, il a mesuré la longueur de la ligne, ce qui lui a permis de confirmer que la boucle locale fonctionne correctement et que la coupure de ligne se situe au niveau des équipements centraux. Cette visite était, comme je le pressentais inutile, mais chez Free, on déroule, sans réfléchir, la procédure générale, sans tenir compte des éléments apparus entre temps (je pense à l'affichage de l'erreur 80). Cette visite n'en a pas moins occasionné une nouvelle et importante perte de temps. Quant au technicien de France Télécom qui a contrôlé ses équipements le 13 avril et indiqué qu'il n'y avait aucun problème, on voit bien qu'il n'a pas fait correctement son travail. Le diagnostic de la panne est donc maintenant établi. Pour autant, croyez-vous que je serai dépanné rapidement ? Que nenni ! Le technicien Free doit maintenant missionner France Télécom pour rétablir l'intégrité de la connexion. Je l'interroge sur le délai prévisible. Très optimiste, il prévoit de rédiger son rapport le soir même, ce qui permettra au technicien FT d'intervenir sous 4 jours ouvrés – donc au plus tard le 4 mai. Mais les paroles sont une chose, les actes en sont une autre et il semble difficile chez Free de mettre les deux en cohérence.

Du 30 avril au 11 mai, Free ne donne plus aucun signe de vie. Enfin le 11 mai, alors que la panne est maintenant signalée depuis 37 jours, le suivi incident affiche :

> « **11-05-2012** : une demande de vérification des équipements de l'opérateur historique a été lancée. »

La vérification, initialement annoncée pour le 4 mai au plus tard, n'aura donc lieu qu'à partir du 11 mai, soit 7 jours plus tard. Le même jour, je reçois le courriel suivant :

BENJAMIN
Réf. Mail : 7498595#0
Votre identifiant abonné :

Paris, le 11/05/2012

Madame, Monsieur,

Nous vous informons qu'une demande d'intervention a été effectuée le 11/05/2012 auprès de l'Opérateur Historique concernant votre ligne ADSL. Nous avons donc ouvert un ticket d'intervention auprès du Gamot* (Guichet d'Accueil et de Maintenance des Opérateurs Tiers) afin que l'opérateur historique vérifie la continuité du signal ADSL sur ses équipements. La référence de ce ticket d'intervention est S205418966.

Nous sommes désormais dans l'attente d'informations relatives au traitement de ce ticket de la part de l'Opérateur Historique.

IMPORTANT: une intervention pourra être effectuée sur votre ligne ADSL dans les prochains jours. Afin de vérifier le rétablissement du service ADSL sur votre ligne, nous vous invitons à garder votre Freebox branchée.
Cette intervention est prévue dans les 5 jours ouvrés. Si toutefois passé ce délai vous ne constatez aucune amélioration, nous vous invitons à patienter car d'autres investigations complémentaires sont en cours.

Au nom de toute l'équipe Free, nous vous prions de recevoir, Madame, Monsieur, nos sincères salutations.

Votre Service Abonnés.

Je me mets en attente de cette vérification, promise dans les 5 jours ouvrés, et je laisse ma Freebox branchée, comme demandé dans ce courriel. Il serait fâcheux que je me rende responsable d'un retard supplémentaire en n'appliquant pas les consignes de l'opérateur !

Le 21 mai 2012, dernier des 5 jours ouvrés annoncés, alors que l'intervention de France Télécom aurait dû être réalisée, le suivi incidents affiche le message suivant :

> « 21-05-2012 : suite à la demande du 11-05-2012, l'opérateur historique n'a pas pu vous joindre lors de la vérification de ses équipements (code retour GAMOT : ABS) »

A cette lecture, je tombe des nues : on ne m'a jamais demandé d'être joignable à tout moment à partir du 11 mai ! La seule contrainte fixée par Free était de laisser la box branchée, ce qui laissait sous-entendre que le technicien prévoyait de réaliser des tests à distance, sans se déplacer à mon domicile. Et voilà que j'apprends, via le suivi incident, que comme le technicien n'a pas pu me joindre, l'opération a fait chou blanc. Nous sommes le 21 mai et je me retrouve – 38 jours plus tard – dans la même situation que le 13 avril, ! C'est en effet le 13 avril, que France Télécom a réalisé une première vérification sur ses équipements. Le technicien avait alors répondu « STT » (Signalement Transmis à Tort) alors que la ligne était réellement défaillante. Cette fois, pour sa deuxième intervention, France Télécom répond : « ABS » (à traduire par « abonné absent »). Sur mon téléphone portable, je trouve, en effet, la notification d'un appel manqué, daté du vendredi 18 à 10h26. A cette heure là, j'étais en réunion de travail et mon téléphone était sur répondeur. Croyez-vous que le technicien aurait laissé un message ? Non seulement, il n'a pas laissé de message, mais son appel était masqué. Que voulait-il ? J'apprendrai plus tard qu'il souhaitait simplement prendre rendez-vous, pour venir faire ses tests à mon domicile. Bilan de l'opération : le 18 mai, le technicien de France Télécom n'a rien fait, hormis une tentative pour me joindre sur mon portable.

Donc si je résume, le 11 mai, Free a missionné un technicien France Télécom, juste pour qu'il me contacte par téléphone dans les 5 jours ouvrés, afin de prendre rendez-vous avec moi ! Free n'aurait-il pas pu fixer directement ce rendez-vous ou au moins m'indiquer qu'il y aurait un rendez-vous à planifier, plutôt que de me demander seulement de laisser ma box branchée ! Quels crétins ! Je me demande qui est le plus à blâmer pour ces ratés, l'assistance Free qui gère l'opération de dépannage de manière purement administrative ou le technicien qui travaille de manière très peu professionnelle et sans aucune coordination avec l'assistance. Je n'ai vraiment pas de chance avec France Télécom : deux interventions... deux interventions foireuses. Et comme le technicien n'a pas pu me joindre, n'a pas laissé de message et a masqué son numéro, je suis dans l'incapacité de le recontacter. Il m'appartient maintenant de me débrouiller pour faire planifier une nouvelle date d'intervention, soit en repassant par l'assistance, soit en attendant que le technicien me rappelle.

Cette deuxième éventualité me paraît trop aléatoire : je décide de contacter l'assistance. Après un appel infructueux, un rendez-vous est fixé, à mon domicile, le 25 mai entre 8h et 10h. J'enrage ! Suite à ces ratages insupportables, il y aura donc une troisième demande de mission adressée au technicien France Télécom, confirmée le 22 mai par le suivi incident :

> « 22-05-2012 : une demande de vérification des équipements de l'opérateur historique a été lancée. »

Encore un bouquet de jours perdus. Ce message est rigoureusement identique à celui apparu sur le suivi incident le 12 avril. On est revenu un mois et 10 jours en arrière !

25-05-2012 : le 52ème jour...

Le 25 mai, je suis contraint de prendre à nouveau une demi-journée de congés (c'est la deuxième) pour accueillir le technicien de France Télécom. Bien que le rendez-vous ait été planifié entre 8h et 10h, celui-ci n'arrivera qu'à 10h40. Par politesse, il aurait pu prévenir de son arrivée tardive, à défaut de tenir ses engagements. Et bien entendu, pas un mot d'excuse en arrivant. En réalité, le technicien n'est pas un employé de France Télécom, mais un sous-traitant à qui France Télécom délègue ces opérations de dépannage.

Le technicien se livre rapidement à quelques tests et diagnostique une déconnexion de la ligne au niveau des équipements centraux. C'est (encore heureux !) le même diagnostic que celui formulé par le technicien de proximité Free, le 30 avril (25 jours plus tôt).

Avec son téléphone mobile, il appelle un collègue en train de travailler sur les équipements centraux et lui demande de poser une jarretière sur ma ligne, dont il lui communique la référence. Cinq minutes plus tard, la jarretière est posée, la box est rallumée, la synchronisation avec les équipements de Free est opérationnelle : le problème est résolu. L'intervention aura duré 15 minutes.

Dans l'après-midi, le suivi incident affiche :

> « **25-05-2012** : suite à la demande du 22-05-2012, l'opérateur historique a corrigé une anomalie (Code Retour GAMOT : RET) »

Le 31 mai, je reçois ce nouveau courriel de Free m'annonçant le rétablissement de ma connexion. Cela fait 6 jours que je suis au courant... mais au royaume de l'administratif...

BENJAMIN
Réf. Mail :   7498595#0
Votre identifiant abonné :

Paris. le 31/05/2012

Madame, Monsieur,

Vous avez pris contact avec notre service d'assistance afin de nous signaler un incident technique lié à votre accès ADSL. Nous avons donc procédé à l'ouverture d'un ticket d'incident afin d'effectuer les tests nécessaires à l'identification et au traitement, le cas échéant, du dysfonctionnement indiqué.

Suite aux vérifications effectuées sur votre ligne ADSL, nous vous informons que la ligne est totalement opérationnelle. Nous vous invitons donc à connecter votre modem Freebox conformément aux indications fournies dans le manuel d'utilisation mis à votre disposition.

Nous vous confirmons par conséquent la fermeture du ticket d'incident.

En espérant que votre Freebox vous apporte entière satisfaction, nous vous remercions de la confiance que vous nous témoignez.

Au nom de toute l'équipe Free, nous vous prions de recevoir, Madame, Monsieur, nos sincères salutations.

Votre Service Abonnés.

25-05-2012 : petit debriefing

Je ne sais si je dois me réjouir du rétablissement de ma connexion, ou enrager de constater que ce que je pressentais depuis longtemps vient d'être confirmé : le problème se situait bien au niveau de l'interconnexion entre les équipements centraux de Free et ceux de France Télécom. Il a suffi de relier ces deux mondes en posant une jarretière (qui, en l'occurrence, n'est pas une pièce vestimentaire pour dames !), pour résoudre, en quelques minutes, le problème. Il est particulièrement insupportable de constater qu'on a été privé d'accès à internet pendant 52 jours, alors qu'il suffisait de quinze minutes pour diagnostiquer le problème et rétablir la connexion ! Mais je suis probablement le seul à m'émouvoir de cette situation. Pour Free, comme pour France Télécom, le souci de l'efficacité et de la qualité du service rendu au client semblent peser peu dans le processus technico-administratif ubuesque mis en œuvre.

La liste des griefs imputables à Free est longue, mais j'insisterai plus particulièrement sur les trois points suivants :

1. Free bafoue ostensiblement ses engagements contractuels :

Les articles 12.3 et 23.3, issus des CGV (Conditions Générales de Vente) applicables à compter du 1er août 2011, précisent les engagements contractuels de Free vis à vis de ses clients :

> **12.3. Fourniture des Services**
>
> Free s'engage à fournir un accès aux Services conformes aux normes en vigueur et spécifications contractuelles, 24 heures sur 24, 7 jours sur 7.

> **23.3 Délai de rétablissement des services**
>
> En dehors des cas visés à l'article précédent, et lorsqu'un ou plusieurs services sont en dérangement, le délai de rétablissement commence lorsque l'incident est valablement signalé par l'Abonné jusqu'au rétablissement du ou des services concernés. Dès lors que l'accès est fonctionnel, les délais de rétablissement sont les suivants à compter de la signalisation :
>
> - Service téléphonique : 72 heures
> - Service TV & radio : 24 heures
> - Service Internet : 24 heures
> - Service de courrier électronique : 24 heures

Quand on constate que le délai réel de rétablissement a été de 52 jours, on voit le décalage qui existe entre les engagements contractuels et la tenue de ces engagements. Cet écart ne semble d'ailleurs pas troubler la quiétude de Free qui n'a fait aucun effort pour les respecter. L'opérateur a mis 7 jours pour lancer un premier diagnostic, alors que contractuellement, il s'engage à rétablir le service internet sous 24 heures ! Compte tenu de la nature de la panne, ce délai aurait pu être aisément tenu.

2. Le processus de dépannage est calamiteux : 52 jours pour poser une jarretière !

Avec le recul, il est évident que le problème aurait pu être corrigé lors d'une visite unique d'un technicien (France Télécom ou Free ?) à mon domicile, car ce qui a été réalisé le 52ème jour, était réalisable dès le premier jour. Au cours de cet unique déplacement, il aurait pu vérifier le bon fonctionnement de la box, vérifier la présence ou l'absence de coupure sur la boucle locale, localiser la coupure de ligne et demander la pose de la « jarretière ».

Au lieu de cela, Free a organisé quatre interventions : un contrôle de ses équipements centraux le 11 ou le 12 avril, un contrôle des équipements centraux de France Télécom le 12 ou le 13 avril, un premier contrôle à mon domicile le 30 avril et enfin, un deuxième contrôle à mon domicile le 25 mai. Le summum de l'inefficacité ! Quel gâchis ! Quelle perte de temps et d'argent et quelle frustration pour l'usager ! Pas étonnant que les délais d'intervention soient longs quand les techniciens sont mobilisés par des contrôles inappropriés. Il est affligeant de constater que les trois premières missions n'ont servi à rien et que j'ai été contraint, à mon corps défendant, de consommer deux demi-journées de congés pour permettre la réalisation de ces missions en partie inutiles. La stratégie de dépannage chez Free consiste à contrôler la ligne composant par composant, en empilant les délais pris à chaque étape, alors qu'un diagnostic global serait à la fois plus rapide, plus efficace et moins onéreux.

Ajoutez à cela deux grossiers dysfonctionnements de France Télécom et l'on explique aisément l'étendue des dégâts en termes de délais. Le premier dysfonctionnement a lieu le 13 avril lorsque le technicien France Télécom annonce que tout va bien alors que la jarretière censée assurer la continuité de la ligne est déjà absente ou déconnectée. La deuxième a lieu le 18 avril lorsque, contre toute attente, le technicien France Télécom m'appelle avec son téléphone pour prendre rendez-vous avec moi (1re anomalie), masque son numéro (2e anomalie), ne laisse pas de message (3e anomalie) et clôt sa mission en déclarant l'abonné absent (4e anomalie), au lieu de chercher à reprendre contact avec moi. Quatre anomalies de comportement dans une même mission, c'est hallucinant. Pour le client, c'est inadmissible et insupportable. Mais apparemment, ces pratiques sont tolérées – ou ignorées – par les employeurs. Espérons que ce comportement exécrable, ne s'explique pas par la guerre commerciale que se livrent les deux opérateurs concernés.

3. Free se moque de ses clients

3.1 Non content de violer ses obligations contractuelles et de dérouler un processus de dépannage chronophage et inefficace, Free n'a fourni aucune explication sur l'origine de la panne. Ce qui est clair, c'est qu'entre le 3 avril au soir et le 4 avril au matin, ma ligne a été déconnectée au niveau des équipements centraux.

Comme j'imagine que l'accès à ces équipements est très réglementé, on peut penser que cette déconnexion a résulté d'une manipulation malheureuse, effectuée soit par un technicien Free soit par un technicien France Télécom... à moins que la ligne ne se soit déconnectée toute seule ! Cette réalité est particulièrement inquiétante pour la communauté des abonnés. Il ne faut pas s'étonner si certains d'entre eux crient leur exaspération sur les forums spécialisés, lorsqu'ils se retrouvent déconnectés du jour au lendemain, sans comprendre pourquoi.

3.2 Free s'est-il excusé auprès du client pour cette « maladresse » présumée et pour l'interruption de service de 52 jours, qui en a résulté ? Pas du tout !

3.3 Le client regarde, impuissant, le temps qui passe, sans aucun moyen pour faire accélérer les choses. Tout au long du processus de dépannage, il subit le manque de diligence et d'initiative du service assistance, le manque d'implication et les délais d'intervention exorbitants des techniciens. De plus, il est dans l'obligation de demander des demi-journées de congés à son employeur. Deux fois dans mon cas ! Une fois, j'aurais compris. Deux fois, c'est une de trop !

Il ne me reste plus à présent qu'à demander à Free une indemnisation pour non respect de ses engagements contractuels. Peut-être l'opérateur aura-t-il à cœur de se faire pardonner sa désastreuse prestation en considérant ma demande avec bienveillance ? Il n'est pas interdit de rêver !

28-05-2012 : je demande à Free une indemnisation

Il serait assurément anormal qu'un tel manquement aux règles commerciales les plus élémentaires ne soit pas sanctionné. Dans une relation client-fournisseur, les droits et les devoirs de chacun doivent être équilibrés. Examinons le processus de réclamation prévu par les Conditions Générales de Vente, à l'article 21 – « Réclamations et Différends ».

Extrait des Conditions Générales de Vente concernant les différends

21.1. Premier niveau de réclamation : Service Fidélisation

En cas de contestation ou demande de remboursement au titre de l'article 12.3, l'Abonné doit adresser sa réclamation à Free – Service Fidélisation - 75371 Paris Cedex 08, France. Des formulaires prévus à cet effet sont à sa disposition à l'adresse http://www.assistancefree.fr/index.php?id=360 afin de faciliter le traitement de sa requête. Toute contestation ou demande de remboursement pour être valable et prise en compte doit mentionner les coordonnées de l'Abonné et comporter des justificatifs.

Free s'engage à apporter une réponse à toute contestation ou demande de remboursement dans un délai de 30 jours ouvrés à partir de la date de réception de celles-ci.

21.2. Second niveau de réclamation : Service National Consommateur

Si toutefois l'Abonné n'était pas satisfait de la réponse apportée par le service Fidélisation, il dispose alors de la possibilité de solliciter le Service National Consommateur.

Un Conseiller Relation Consommateur prendra alors contact avec l'Abonné par téléphone ou par courrier afin de réétudier sa demande, et fournir une réponse sous 30 (trente) jours ouvrés.

21.3. Troisième niveau de réclamation : Le Médiateur de l'Association Médiation Communications Electroniques

En cas de litige persistant si l'Abonné a respecté le parcours de réclamation précité et qu'il demeure insatisfait de la réponse apportée par le Service National Consommateur, il peut saisir directement et gratuitement le Médiateur des Communications électroniques selon les modalités détaillées sur le site Internet http://www.mediateur-telecom.fr

Comme on peut le lire ci-dessus, les Conditions Générales de Vente (CGV) prévoient trois niveaux de réclamations :
– au premier niveau, l'abonné s'adresse au service Fidélisation (service Abonnés) ;
– au deuxième niveau, il contacte le Service National Consommateur ;
– et au troisième niveau de réclamation, il sollicite le médiateur des Communications Électroniques.

Les deux premiers niveaux sont administrés par Free. Le troisième niveau relève de la compétence d'un médiateur indépendant.

Le médiateur peut être saisi par tout abonné, quel que soit son opérateur téléphonique ou son fournisseur d'accès à internet. Mais l'accès au médiateur est réglementé. Pour soumettre un litige à son arbitrage, il est indispensable d'avoir, au préalable, sollicité les niveaux 1 et 2 et n'avoir pas obtenu satisfaction. C'est alors seulement que l'on peut adresser une requête au médiateur. Et si au bout de ce chemin (de croix ?), on n'est pas satisfait de la réponse qu'il vous a apportée, il ne reste plus qu'une solution : le recours au juge de proximité. J'espère ne pas être obligé d'en arriver à cette extrémité.

Pour respecter le protocole, il faut donc dérouler les trois étapes, méthodiquement, l'une après l'autre. Pour commencer, j'adresse ma réclamation au Service Abonnés (niveau 1). Free a prévu un document spécialement conçu à cet effet : le « formulaire de contact ». Le 28 mai 2012, je renseigne ce formulaire. Ma requête porte sur trois points :

1. Le remboursement de l'abonnement, au prorata du nombre de jours de panne : c'est le minimum que je puisse exiger ;

2. Le remboursement des communications téléphoniques que j'aurais pu passer gratuitement via la freebox – si elle n'avait pas été en panne –, dans le cadre du forfait *triple play* et que j'ai dû passer, moyennant finances, avec mon téléphone mobile à carte prépayée. Comme mes coûts de communication sont très variables d'un mois à l'autre, je calcule l'indemnité demandée sur la base de la consommation moyenne des trois derniers mois et je joins la copie des trois derniers relevés téléphoniques émis par Free ;

3. Une indemnité compensatoire, pour non fourniture du service pendant 52 jours.

Le formulaire de contact précise que l'envoi doit se faire par lettre recommandée avec accusé de réception. Cette recommandation figure sur ce document, dans le petit encadré au-dessus de l'adresse de Free (voir page suivante). Pendant toute la durée de la panne, Free a utilisé la messagerie (gratuite) pour communiquer avec moi, alors même que je ne pouvais pas y accéder via ma Freebox, ma ligne étant hors service. Mais il semble que l'opérateur n'accepte pas que l'on utilise ce moyen de communication pour lui adresser une demande d'indemnisation, puisqu'il prescrit un envoi postal. Mais pas un envoi simple : un envoi recommandé. Il me faudrait donc débourser plus de 4 euros, pour une démarche dont l'issue est incertaine. En somme : « Faites ce que je dis mais ne faites pas ce que je fais. »

Cette consigne me déplaît. En conséquence, je me refuse à obtempérer à ce diktat et j'envoie le formulaire par courrier simple. La suite confirme que l'objectif de cette demande était probablement de créer un effet dissuasif, car ce courrier sera traité normalement par Free : le recommandé était donc inutile.

28-05-2012 : je remplis le formulaire de contact

free — FORMULAIRE DE CONTACT

Formulaire à envoyer en Lettre Recommandée avec Avis de Réception à l'adresse suivante

> Free - Service Abonnés
> 75371 Paris Cedex 08

Mes Références (Ce formulaire est nominatif. Il ne doit en aucun cas être utilisé par un autre abonné)

- **Offre :** Freebox dégroupé total
- **N° de la ligne :** ▓▓▓▓▓
- **Nom :** ▓▓▓▓▓
- **Prénom :** BENJAMIN
- **E-mail de contact :** benjamin.▓▓▓▓▓
- **Identifiant :** ▓▓▓▓▓

Ma demande

Objet de ma demande : Remboursement et dédommagement suite à coupure de ligne du 4/04 au 25/05/2012 (52 jours)
Mois, date ou période de référence :
Description de ma demande :

Indemnisation mensuelle demandée pour 1 mois : **189,58 €** dont
- ✓ abonnement perçu à tort par Free .... 31,98 €
- ✓ communications transférées sur mobile
  160 minutes (cf 1) x 0,36 (cf 2) .... 57,60 €
- ✓ dédommagement pour privation de service .... 100,00 €.

Indemnisation pour 52 jours : 328,60 x 52/30 = ... **328,60 €**

1- Pour la consommation téléphonique, j'ai pris la moyenne des temps de communication, corrrespondant à des appels nationaux donc gratuits quand la freebox fonctionne, de décembre 2011 (1h 37 min 07 s), janvier 2012 (4h 56min 65) s et février 2012 (1h 28 min 37s) soit 160 minutes.
2- Les trois factures téléphoniques mensuelles sont jointes. 0,36 €, c'est le prix de la minute débité sur ma carte prépayée 60 €) de chez Bouygues Télécom.

Informations complémentaires

- Une réponse écrite vous sera apportée par e-mail ou par courrier dans les meilleurs délais. Si votre adresse e-mail de contact n'est pas à jour, nous vous invitons à la modifier directement sur votre interface de Gestion.
- N'oubliez pas de joindre à votre envoi une copie lisible de tout document permettant d'appuyer votre demande.

Fait à ▓▓▓▓▓
Le 28/05 2012

Signature du titulaire de la ligne

04-06-2012 : courriel n°1 de Free Fidélisation

BENJAMIN

Paris, le 04/06/2012

Monsieur,

Nous prenons connaissance de votre oourrier daté du 28/05/2012.

Vous nous faites part d'une demande de remboursement du montant de 328,60 euros, correspondant au remboursement de votre abonnement Free, de la prise en charge de vos factures de mobile, et d'un dédommagement pour le préjudice subi, suite à un dysfonctionnement technique sur la période du 04/04/2012 au 25/04/2012.

Après étude de votre dossier, nous vous informons que nous procédons au remboursement d'un montant total de 59,98 euros relatif à la période d'indisponibilité de vos services du 04/04/2012 au 31/05/2012. Le calcul est basé sur le jour de signalisation de l'incident, le delai de rétablissement de vos services, le tarif de votre abonnement et les options impactées par le dysfonctionnement.

Cette régularisation s'effectuera par virement bancaire, sous un délai de 4 à 6 semaines, sur le compte associé à votre abonnement Free Haut Débit.

Concernant les appels émis depuis votre mobile, nous vous informons que nous prenons en charge, à titre commercial, les appels passés vers notre assistance, ainsi que les appels émis vers les fixes en national et les destinations internationales, gratuits et inclus dans vos CGV, et ce, uniquement sur ia période d'indisponibilité de ta téléphonie Freebox. Aussi, nous vous invitons à nous faire parvenir une copie lisible de la facture concernée, accompagnée du détail des appels (sur lesquels apparaissent : numéro appel, heure et jour d'appel).
Une facture non détaillée ne pourra faire l'objet d'un remboursement.
Veuillez noter, également, que celle-ci doit être au nom du titulaire de l'abonnement concerné.

A réception, nos services procéderont a une nouvelle analyse de votre dossier dans les meilleurs délais. Nous vous rappelons, enfin, que notre assistance n'est pas exclusivement joignable par téléphone, et reste accessible entre autres par e-mail ou par tchat via notre service d'assistance (http:Hvwwv.iree.frlassistancel).
Enfln, nous sommes au regret de ne pouvoir accéder à votre autre demande.
D'autre part, nous vous informons que le service Freewifl est accessible aux Freenaute situés en zone dégroupée et permet un accès WiFi gratuit (en se connectant au parc de Freebox disponibles).

J'ai tronqué la fin de ce courriel qui consistait en un tutorat sur la connexion au service Freewifi. Cette information ne m'apprend rien car je connais ce service pour l'avoir déjà utilisé à diverses occasions. En développant cette information – non sollicitée –, Free souhaite probablement suggérer que la privation de mon accès internet ne constitue pas vraiment un préjudice puisque, pendant l'indisponibilité de ma ligne, j'avais la possibilité de me connecter gratuitement via un *hotspot* wifi (en clair, la freebox d'un voisin peu éloigné). Pour en bénéficier, il aurait fallu qu'il y ait un abonné Free proche de mon domicile, ce qui n'était pas le cas. Quant au refus de Free de m'indemniser pour les points 2 et 3 de ma revendication, il m'encourage à développer mon argumentation, dans un nouveau courrier.

05-06-2012 : je relance Free Fidélisation

Benjamin   le 05/06/2012

Freebox dégroupé total
Ligne :
Identifiant :
Courriel : benjamin.   @gmail.com

à Free
  Service Fidélisation
  75371 PARIS Cedex 08

OBJET : Remboursement et dédommagement
         Votre courrier F11717239/8625934#93390 du 04/06/2012

Madame, Monsieur,

J'accuse réception de votre courrier du 04/06/2012.

Vous me demandez « une copie lisible de la facture téléphonique concernée, accompagnée du détail des appels » passés sur mon mobile, du fait de l'indisponibilité de ma ligne fixe Free du 4 avril au 25 mai 2012.

Il ne m'est pas possible de vous fournir une telle liste, car pour mes communications mobiles, j'utilise une carte prépayée de chez Bouygues Télécom et, sauf erreur de ma part, cet opérateur ne fournit pas le détail des communications passées avec une carte prépayée. C'est pourquoi, le montant du remboursement que je vous demande a été établi sur la moyenne des communications passées sur les 3 derniers mois, ce qui me paraît une évaluation raisonnable du préjudice subi.

Vous m'informez par ailleurs de la possibilité d'utiliser le service Freewifi pour accéder à internet lorsque sa propre connexion est en panne.

Je connais bien ce service et j'ai essayé de l'utiliser, pour me dépanner. Un réseau Freewifi apparaissait dans la liste des réseaux accessibles depuis mon appartement. Malheureusement, et malgré de nombreuses tentatives, je n'ai jamais réussi à m'y connecter. Toutes les tentatives de connexion se sont terminées par les messages suivants : « La tentative de connexion à ce réseau est anormalement longue », suivi de « Échec de la connexion ».

Les dédommagements que je vous demande (100 € par mois d'indisponibilité du service) sont relatifs au préjudice subi du fait de la privation, durant 52 jours, des services prévus par les CGV de Free, à savoir : privation d'accès à internet, privation de messagerie électronique et privation de télévision.

> **Lettre à Free Fidélisation : page 2/2**
>
> Ce défaut de service rendu, constitue un manquement de Free à ses obligations contractuelles. Je cite ci-après deux articles extraits des CGV du 9 septembre 2011, dont les engagements n'ont pas été tenus et qui ont entraîné le préjudice dont je demande réparation :
>
>   Article 12.3 : Fourniture des Services
> Free s'engage à fournir un accès aux services conformes aux normes en vigueur et spécifications contractuelles, 24 heures sur 24, 7 jours sur 7.
>
>   Article 22.3 : Délai de rétablissement des services
> A compter de la signalisation, les délais de rétablissement sont les suivants :
> - service téléphonique : 72 heures
> - service TV & radio : 24 heures
> - service internet : 24 heures
> - service de courrier électronique : 24 heures
>
> J'ajoute que je n'ai pas constaté que l'assistance Free avait fait preuve d'une grande diligence dans la recherche et la résolution de la panne dont j'ai été la victime.
>
> Le calendrier des actions entreprises par Free, qui apparaît sur le « suivi des tickets incidents » dont je vous ai communiqué la copie avec mon courrier du 28/05/2012 en témoigne : 4 initiatives prises par Free en 52 jours, soit une initiative tous les 13 jours, (dont une première initiative plusieurs jours après le signalement de la panne), quand le délai de rétablissement annoncé est de 24 heures.
>
> Ma demande se fonde par ailleurs sur l'article 1147 du Code Civil et sur l'article D98-4 du décret 2005-862 du 26 juillet 2005.
>
> Veuillez agréer, Madame, Monsieur, l'expression de mes sentiments distingués.
>
>   Benjamin

J'ai cité, à toutes fins utiles, le Code civil, mais Free se moque bien du Code civil. Pendant la phase de dépannage, il ne s'est guère soucié de ses engagements contractuels. Maintenant, il ne se soucie pas davantage des lois et règlements existants. Il applique ses propres règles, celles qu'il a souverainement définies. Free sait bien que, faute de temps, les clients, dans leur grande majorité, n'auront ni la volonté ni la patience de soumettre leurs différends au médiateur des communications électroniques et encore moins la détermination nécessaire pour saisir le juge de proximité. Il peut donc rejeter toutes les demandes, même les plus légitimes, avec un risque statistique très faible d'être sanctionné.

Comme une réponse positive de la part des deux premiers niveaux de réclamations (ceux dont Free a la responsabilité) est peu probable, je vais m'efforcer d'exécuter ces deux figures imposées le plus rapidement possible. Le refus écrit de Free Fidélisation permettra de passer à l'étape suivant : la sollicitation de Free SNC.

08-06-2012 : courriel n°2 de Free Fidélisation

BENJAMIN

Paris, le 08/06/2012

Monsieur,

Nous prenons connaissance de votre courrier daté du 05/06/2012.

Vous évoquez l'utilisation de votre forfait mobile afin de joindre notre service assistance et souhaitez bénéficier d'un remboursement de 100,00 euros.

Nous tenons à vous informer que nous ne pouvons prendre en charge ces frais, que sur présentation de la facture détaillée des communications émises vers notre service, au nom du titulaire de l'abonnement Free Haut Débit. Ne sont pas pris en compte les communications incluses dans un forfait et non soumis à une facturation supplémentaire. En ce sens, nous ne pouvons nous baser sur une "estimation" de vos consommations. Nous vous remercions pour votre compréhension.

Concernant votre demande de geste commercial pour "le préjudice "que vous évoquez, nous ne pouvons également répondre favorablement à votre demande de dédommagement. En effet, tout remboursement n'est possible que sur la base de factures prélevées, sur un dysfonctionnement des services constatés par nos services et ce conformément aux Conditions Générales de Vente qui nous lient. Aussi, nous vous rappelons que nos services ont déjà procédé au remboursement de votre forfait, pour la période du 04/04/2012 (date de signalisation de l'incident) au 31/05/2012 (date de rétablissement de vos services), et d'un montant de 59,98 euros.

Par ailleurs, vous nous interrogez au sujet de la configuration du réseau WiFi via votre Freebox.

J'ai à nouveau tronqué le dernier paragraphe du courriel de Free, paragraphe dans lequel l'opérateur fait une longue digression sur la configuration du réseau wifi, prétextant une interrogation de ma part, alors que je n'ai rien demandé. C'est fou cette habitude qu'ils ont de répondre à des questions qu'on ne leur a pas posées !

Résumons la réponse de Free :

– le remboursement de l'abonnement au prorata des jours de panne : c'est OK. C'est bien le minimum que Free puisse faire !

– le remboursement des frais téléphoniques : c'est uniquement sur présentation d'une facture détaillée. J'ai indiqué que mon opérateur téléphonique ne fournissait pas ce document, mais Free ne veut pas l'entendre.

-- une indemnité pour préjudice subi : il n'en est pas question !

Cependant, le premier obstacle sur la route qui mène au médiateur est franchi. Le premier niveau de réclamation a refusé l'essentiel de ma demande. La voie est libre pour solliciter le service National Consommateur (niveau 2).

26-06-2012 : je sollicite Free Service National Consommateur

Benjamin   le 26/06/2012

à Free Service National Consommateur
   75371 PARIS Cedex 08

OBJET : Réclamation

Pièces jointes:
1. Formulaire de contact du 28/05/2012
2. La réponse du service Fidélisation du 04/06/2012
3. Mon courrier au service Fidélisation du 05/06/2012
4. La réponse du service Fidélisation du 08/06/2012

                        Madame, Monsieur,

Conformément à l'article 21.2 des CGV du 9 septembre 2011, je viens vous solliciter car la réponse apportée à ma demande par le Service Fidélisation les 04/06 et 08/06/2012 ne me satisfait pas. Je vous rappelle succinctement les faits. Une panne m'a privé de tous les services inclus dans le forfait Freebox (accès internet, ligne téléphonique, messagerie, télévision) et ce pendant 52 jours, du 4 avril 2012, date du signalement de l'incident au 25 mai 2012, date du rétablissement du service.

J'estime qu'en mettant 52 jours pour résoudre le problème (une simple rupture fortuite de ligne ou un débranchement intempestif de la ligne par un intervenant non identifié), Free a failli à ses obligations contractuelles décrites dans les CGV, à savoir un rétablissement des services sous 24 heures (TV, internet, messagerie) et sous 72 heures (téléphonie).

En contrepartie de cette privation de services, je demande les dédommagements suivants :

1. Le remboursement des abonnements au prorata temporis des jours de panne. Cette demande a été acceptée par le service Fidélisation.

2. Le remboursement des appels téléphoniques passés vers des lignes fixes en France. N'ayant pu passer ces appels via la ligne « Free », gratuitement dans le cadre du forfait Freebox, j'ai dû utiliser ma carte prépayée de Bouygues Télécom, qui a normalement été débitée pour ces appels.

La compensation que j'ai demandée correspond à la moyenne des appels passés les 3 derniers mois vers les postes fixes, calculée à partir des factures Free. Elle me paraît tout à fait équitable.

> **Lettre à Free SNC : page 2/2**
>
> Le service Fidélisation me demande une facture détaillée. J'ai indiqué que Bouygues Télécom ne me fournit pas de facture détaillée pour ma carte prépayée.
>
> Il m'indique par ailleurs que « ne sont pas prises en compte les communications incluses dans un forfait et non soumises à une facturation supplémentaire ». Je m'interroge sur l'opportunité pour Free de me signaler cette exclusion qui ne concerne pas ma carte prépayée.
>
> 3. Une indemnité forfaitaire de 100 € par mois, calculée prorata temporis, en contrepartie du préjudice subi par la privation des services d'accès à internet, à ma messagerie et à la télévision, services que Free s'est engagé à fournir par contrat.
>
> §§§
>
> Le Service Fidélisation m'indique ensuite que « nos services ont déjà procédé au remboursement de votre forfait, d'un montant de 59,98 € ». Je fais remarquer que ce remboursement est peut-être « dans les tuyaux », mais toujours pas crédité à la date du 26 juin 2012.
>
> Enfin, le service Fidélisation m'indique que « par ailleurs, vous nous interrogez au sujet de la configuration du réseau WIFI via votre Freebox » et développe ce point sur une demi-page. Je fais remarquer que je n'ai jamais demandé d'information sur ce sujet.
>
> ..
>
> Je vous rappelle que selon l'arrêt n° 08-21645 de la Cour de Cassation 1ère chambre civile du 19/11/09 :
>
> - « le fournisseur d'accès est tenu d'une obligation de résultat quant aux services offerts, qu'il ne peut s'exonérer de sa responsabilité à l'égard de son client en raison d'une défaillance technique sauf le cas de force majeure » ;
>
> - et que l'article 1147 du Code Civil prévoit « le paiement de dommages et intérêts soit à raison de l'inexécution de l'obligation, soit à raison du retard dans l'exécution, toutes les fois qu'il ne justifie pas que l'inexécution provient d'une cause étrangère qui ne peut lui être imputée ».
>
> Veuillez agréer, Madame, Monsieur, l'expression de mes sentiments distingués.
>
> Benjamin

En rédigeant ce courrier, je ne me fais guère d'illusions sur la réponse qui va m'être faite, tant je suis convaincu que le second niveau confirmera le refus du premier niveau. Alors, n'est-ce pas une démarche inutile ? Absurde assurément, mais nécessaire pour respecter le protocole : ce deuxième refus, en effaçant le dernier obstacle, permettra de déverrouiller l'accès au médiateur des communications électroniques.

05-07-2012 : courriel de Free SNC

> **free**
>
> SERVICE NATIONAL CONSOMMATEUR
> 75371 PARIS CEDEX 08
>
> N°Vert 0 805 92 50 50
> APPEL GRATUIT DEPUIS UN POSTE FIXE
>
> du lundi au vendredi, de 08h15 à 22h00.
>
> BENJAMIN
>
> Paris, le jeudi 05 juillet 2012
>
> Référence dossier : 8828-   -05072012
> Dossier suivi par :
>
> Monsieur   ,
>
> Par votre courrier du 26 juin 2012, vous faites part de votre insatisfaction quant au remboursement effectué en votre faveur à la suite du dysfonctionnement de votre accès du 4 avril au 25 mai 2012. Vous indiquez être toujours en attente de ce remboursement, qui ne correspond pas à vos attentes, au vu du délai de rétablissement du service. Vous demandez un dédommagement global de 328.60 euros.
>
> Je comprends la situation que vous décrivez.
>
> Une suite favorable ne peut être accordée à cette demande de remboursement supplémentaire.
>
> En effet, nos services ont procédé le 4 juin 2012 à un remboursement de 59.98 euros, correspondant à votre abonnement Free Haut Débit (y compris l'option TV) du 4 avril 2012, date de signalisation de l'incident, au 31 mai 2012, date de clôture du ticket d'incident. Il est à noter que ce remboursement validé par nos services paraît approprié.
>
> Par ailleurs, comme indiqué par nos services, la prise en charge de trais d'appels téléphoniques est soumise à une présentation de facture détaillée des appels concernés sur la période d'incident.
>
> En cas de contestation de cette décision, vous pouvez, si vous le souhaitez, saisir le Médiateur des communications électroniques conformément à la charte de médiation. Le médiateur peut être saisi par voie électronique http://www.mediateur-telecom.fr/, ou par voie postale à l'adresse suivante :
> Le Médiateur BP 999, 75829 Paris Cedex 17.
>
> Vous souhaitant bonne réception de la présente, je vous prie d'agréer, Monsieur   , l'expression de mes sincères salutations.

   Insatisfaction, c'est bien le mot qui convient. Néanmoins, cela me fait chaud au cœur que Free « comprenne la situation ». Moi, par contre, j'ai plus de difficultés à comprendre la situation du Service National Consommateurs qui se considère à la fois juge et partie. En tant que partie, il confirme son refus de m'accorder une indemnisation complémentaire, puis, en tant que juge, il estime le remboursement effectué « approprié » !

   Ce courrier clôt l'échange avec Free. La voie est maintenant dégagée : je peux soumettre mon dossier à l'arbitrage du médiateur des communications électroniques (niveau 3).

14-07-2012 : je saisis le médiateur

La première étape de la saisine requiert une inscription sur le site internet du médiateur. C'est ce que je m'attache à faire le 14 juillet, pendant que l'Armée défile sur les Champs-Élysées, en décrivant le litige qui m'oppose à Free.

Le médiateur répond immédiatement par envoi postal.

16-07-2012 : accusé de réception du médiateur

Le Médiateur
des communications électroniques }

B.P 999 - 75829 PARIS CEDEX 17 - www.mediateur-telecom.fr

Membre de la famille
Jean-Claude

Paris, le 16 Juillet 2012

N° dossier : 168060
N° ligne :
Objet : votre litige avec Free

,

Le 14 Juillet 2012, vous m'avez soumis un litige qui oppose Monsieur Benjamin   à FREE. Votre demande a retenu toute mon attention.

Vous disposez de 15 jours calendaires pour compléter votre dossier et fournir les pièces justificatives.

Pour compléter votre formulaire, vous devez vous connecter au site web du médiateur des communications électroniques et cliquer sur "je complète mon dossier".

A cet effet, je vous rappelle les références qui vous seront nécessaires pour toute connexion ultérieure :

- Identifiant :
- Mot de passe :

Vous pouvez compléter votre dossier en cliquant directement sur le lien suivant : http://www.mediateur-telecom.fr

Je vous prie d'agréer, , mes salutations distinguées.

En retour, j'expédie au médiateur, par la poste, tous les justificatifs en ma possession :
– les lettres de réclamation envoyées à Free Service Abonnés et Free Service National Consommateurs et leurs réponses ;
– les factures de téléphone – émises par Free – des trois derniers mois avant la panne.
C'est au vu de tous ces éléments que le médiateur décidera d'instruire ma demande (ou pas).

24-07-2012 : le médiateur décide d'instruire ma demande

Le Médiateur des communications électroniques }

B.P 999 - 75829 PARIS CEDEX 17 - www.mediateur-telecom.fr

Membre de la famille
Jean-Claude

Paris, le 24 Juillet 2012

N° dossier : 168060
N° contrat :
N° ligne :
Objet : votre litige avec Free

Bonjour ,

Le 14 Juillet 2012, vous m'avez soumis un litige qui oppose Monsieur Benjamin à FREE.

Je vous informe que j'instruis votre demande et vous précise que, selon la Charte de Médiation, mon avis doit être rendu dans un délai maximum de 3 mois.

Je vous prie d'agréer, , mes salutations distinguées.

Le service de médiation.

Le dossier est maintenant pris en charge par le médiateur : il n'y a plus qu'à attendre son arbitrage. Attendre est un exercice incontournable dans la vie quotidienne de l'usager. Il est capital d'apprendre à attendre, si l'on ne veut pas déprimer, surtout, et c'est le plus éprouvant, quand on n'a aucune idée du temps de réponse.

Dans le cas présent, la charte de la médiation fixe un délai maximum de trois mois. Mais très récemment, dans le souci d'améliorer sa prestation, le médiateur a réduit ce délai à deux mois, comme indiqué à l'article 9 de la charte, consultable sur internet.

> **Article 9 Avis rendu par le médiateur**
>
> 9.1 Lorsque l'instruction du dossier est terminée dans un délai maximum de deux mois à compter de la date de recevabilité de la saisine, le médiateur rend un avis en droit qu'il peut compléter par des considérations tirées de l'équité. Ce délai de deux mois peut être prolongé pour des cas complexes demandant plus d'analyse ou une étude complémentaire.

26-11-2012 : je relance le médiateur après 4 mois d'attente

« Passe, passe le temps, il n'y en a plus pour très longtemps », chantait Georges Moustaki. Plus pour très longtemps, peut-être, mais à condition de pousser à la roue.

Voilà maintenant quatre mois que j'attends un retour : le délai de deux mois fixé par le médiateur est désormais largement dépassé. Je vais donc le relancer. Dans les relations avec le monde des services administratifs, la relance est le complément indispensable de l'attente. Il ne faut pas hésiter à l'utiliser chaque fois qu'un dossier semble s'être évanoui dans le « triangle des Bermudes » des piles de papier. La relance permet de le faire remonter à la surface et de le ramener ainsi dans le champ de vision des personnels chargés de les traiter.

Jean-Claude   le 26/11/2012

Tél :
Courriel :   @aol.com

à   Monsieur le Médiateur des communications électroniques
     BP 999
     75829 Paris Cedex 17

N° dossier : 168060

OBJET : Mon litige avec Free

                      Monsieur le Médiateur,

Suite à votre courrier du 24 juillet 2012, par lequel vous m'informiez que vous instruisiez ma demande, je souhaiterais savoir quelle est la situation actuelle de ce dossier.

Je vous en remercie par avance et vous prie d'agréer, Monsieur le Médiateur, l'expression de mes sentiments distingués.

                                                Jean-Claude

28-11-2012 : le médiateur rend son arbitrage

C'est bien ce que je pensais : mon dossier dormait sous un amas de chemises. Un petit courrier de relance et hop, ça repart...

Le Médiateur
des communications électroniques }

B.P 999 - 75829 PARIS CEDEX 17 - www.mediateur-telecom.fr

Monsieur Jean-Claude

Paris, le 28 Novembre 2012

N° dossier :
N°contrat :
N°ligne :
Objet : Avis du Médiateur

Monsieur,

Par une requête déclarée recevable le 24 juillet 2012, vous avez sollicité mon intervention à l'occasion d'un litige qui oppose M. Benjamin   à Free.

Je vous prie tout d'abord de bien vouloir excuser le retard avec lequel je rends le présent avis.

Vous faites grief à Free de ne pas avoir suffisamment indemnisé votre fils pour le préjudice subi suite à l'absence totale de ses services du 4 avril au 25 mai 2012 (52 jours).

Vous indiquez que Free lui a remboursé la somme de 59,98 € correspondant au montant de l'abonnement pendant la période d'indisponibilité des services.

Vous demandez que l'intéressé soit aussi dédommagé :
- du coût des appels nationaux émis depuis sa carte téléphonique prépayée que vous estimez à un montant de 57,60 €.
- de la gêne occasionnée par la privation d'accès Internet, de messagerie et de télévision à hauteur d'un montant de 173 €.

> **Décision du médiateur : page 2/2**
>
> L'opérateur reconnaît l'absence totale de service pendant 52 jours, mais il fait valoir que plusieurs interventions ont été effectuées pour résoudre le dysfonctionnement afin que Free et France Télécom vérifient leurs équipements respectifs, ce qui a conduit à la correction d'un défaut de sa ligne.
>
> Free estime que le remboursement de 59,98 € est approprié et il propose seulement d'indemniser votre fils des appels émis depuis son mobile pendant la période de dysfonctionnement à condition qu'il lui fasse parvenir la facture détaillée lui permettant de procéder au remboursement des appels qui auraient dû être inclus dans son forfait Freebox.
> Je donne acte à l'opérateur de cette proposition qui m'apparaît néanmoins insuffisante.
>
> En effet, puisqu'il est acquis que les fournisseurs d'accès à internet sont tenus à une obligation de résultat à l'égard de leurs utilisateurs, en droit d'exiger un service permanent et continu et donc d'obtenir des services dépourvus de tout dysfonctionnement, Free aurait dû accorder à l'intéressé une indemnisation adaptée et proportionnée au préjudice qu'il a subi.
>
> Dans ces conditions et afin de tenir compte, d'une part, de la durée de l'absence totale de prestations et des désagréments occasionnés par ses manquements, je lui recommande d'accorder à votre fils une indemnisation complémentaire qu'il me paraît équitable de fixer à 130 €.
>
> En souhaitant que le présent avis puisse permettre de régler le litige, je vous prie d'agréer, Monsieur, mes salutations distinguées.
>
> Le Médiateur
>
> PS : Conformément à la Charte de Médiation, chaque partie est libre de suivre ou non cet avis et doit, dans un délai d'un mois, faire connaître sa position à l'autre partie ainsi qu'au Médiateur. En outre, l'avis est confidentiel et ne peut être divulgué, publié ou produit en justice qu'avec l'accord des deux parties.

Pour sa défense, l'opérateur a fait valoir que « plusieurs interventions ont été effectuées pour résoudre le dysfonctionnement », comme si la multiplicité des interventions garantissait leur pertinence et leur qualité et pouvait l'excuser d'avoir mis 52 jours pour circonscrire la panne et la corriger. Une intervention intelligente ne vaut-elle pas mieux que plusieurs interventions mal ciblées ? Personnellement, je vois plutôt dans cette pléthore d'interventions l'application de la logique des *Shadoks*, dont je rappelle l'une des maximes favorites : « Plus ça rate et plus on a chances que ça finisse par marcher. »

04-12-2012 : je donne mon accord au médiateur

Faisons un bilan rapide : 130 € de dédommagement pour 52 jours de privation d'accès à internet, cela fait, pour Free, une pénalité de 2,50 € par jour de panne. Il n'est pas sûr qu'une sanction aussi faible l'incite à réorganiser son processus de dépannage et à le professionnaliser. Néanmoins, je m'estime satisfait de cette recommandation qui va l'obliger à payer une indemnité, même si celle-ci reste symbolique. En un sens, la morale est sauvegardée.

Sans l'intervention du médiateur, la désinvolture avec laquelle Free bafoue ses engagements contractuels, se moque de fournir le « service permanent et continu » auquel le client a droit – comme le rappelle le médiateur dans sa lettre–, et la médiocrité de sa prestation de dépannage seraient restées impunies.

Reste le dédommagement des appels téléphoniques passés avec ma carte prépayée. Free conditionne toujours son remboursement à la présentation d'une facture détaillée, mais le médiateur ne semble pas avoir mémorisé que Bouygues Télécom ne fournit pas de facture détaillée, du moins à ma connaissance, pour les cartes prépayées. Pour m'en assurer, je vais poser la question par lettre à Bouygues Télécom, puis j'aviserai.

Dans ma réponse au médiateur, je donne mon accord à cet arbitrage et, comme l'exige la charte de la Médiation, j'adresse une copie de ce courrier à Free SNC.

Jean-Claude   , le 04/12/2012

à   Monsieur le Médiateur des Télécom
    BP 999
    75829 Paris Cedex 17

N° dossier:
N° ligne:

Copie à: Free
          Service National Consommateur
          75371 PARIS Cedex 08

Monsieur le Médiateur,

J'accuse réception de votre courrier du 28 Novembre 2012, et vous informe que j'accepte la recommandation que vous faites à Free, à savoir accorder à mon fils une indemnisation complémentaire de 130 €.

Je me mets donc en attente du versement par Free de cette indemnité.

Dans cette attente, je vous prie d'agréer, Monsieur le Médiateur, l'expression de mes sentiments distingués.

                                                                    Jean-Claude

04-12-2012 : j'interroge Bouygues Télécom

Depuis que j'utilise une carte prépayée, jamais Bouygues Télécom ne m'a fourni le détail des communications passées avec cette carte. Mais peut-être faut-il en faire la demande ? J'ai recherché sur le site internet de l'opérateur l'existence d'une telle possibilité, mais je n'ai rien trouvé. J'en ai donc conclu logiquement, mais peut-être un peu trop rapidement (ai-je bien cherché?), que cet opérateur ne délivrait pas de facture dans ce cas.

Avant de relancer Free, je préfère vérifier ce point, en allant chercher l'information à la source – auprès de Bouygues Télécom.

Jean-Claude   le 04/12/2012

à   Bouygues Télécom
    Service Clients
    60436 Noailles cedex

OBJET : Cartes prépayées / Demande d'information

Madame, Monsieur,

Je souhaiterais savoir si, dans le cas d'une carte prépayée, vous fournissez un décompte détaillé des communications passées avec la carte, et si oui sous quelle forme.
Je n'ai pas trouvé cette information sur votre site internet, ou plus vraisemblablement, je n'ai pas su la trouver.
Je vous en remercie par avance et vous prie d'agréer, Madame, Monsieur, l'expression de mes sentiments distingués.

                                                        Jean-Claude

---

J'ai attendu en vain une réponse à ce courrier : c'est ainsi que Bouygues Télécom a perdu un client. Pourquoi l'opérateur n'a-t-il pas répondu : gêne à devoir reconnaître une carence dans son fonctionnement, manque de personnel, mauvaise organisation, recherche d'économies... allez savoir ? En tout cas, il n'y a rien de tel que de ne pas respecter le client pour ternir une image commerciale.

Faute d'avoir obtenu une facture détaillée ou au minimum la preuve formelle que Bouygues ne peut pas, ou ne veut pas, fournir de facture détaillée je renonce, par lassitude, à réclamer cette indemnisation. C'est ainsi que Free a échappé à un dédommagement pourtant légitime. Est-ce bien normal ?

31-12-2012 : Free suit l'avis du médiateur

Le 31 décembre 2012, Free réagit à mon courrier du 4 décembre.

> **free**
> SERVICE NATIONAL CONSOMMATEUR
> 75371 PARIS CEDEX 08
> N°Vert 0 805 92 50 50
> du lundi au vendredi, de 08h15 à 22h00.
>
> BENJAMIN
>
> Paris, le lundi 31 décembre 2012
>
> Référence dossier : 9483- ⊢31122012
> Dossier suivi par :
>
> Monsieur
>
> Vous avez sollicité le Médiateur des Communications Electroniques pour faire part de votre contestation relative au dysfonctionnement de votre accès. Vous signaliez avoir été privé des services pendant 52 jours. Par ailleurs. Vous indiquiez avoir utilisé votre téléphone mobile pour émettre des appels pendant la période sans services. Vous demandiez le remboursement de 57.80 euros. correspondant aux appels émis depuis votre mobile et 173 euros pour la période d'absence de services.
>
> Conformément à l'avis rendu par le Médiateur le 28 novembre 2012, je valide le virement de la somme de 130 euros qui vous parviendra sous 4 à B semaines.
>
> Par ailleurs, je vous invite à me faire parvenir la facture détaillée des appels émis depuis votre téléphone mobile pendant le dysfonctionnement de votre accès, afin qu'on puisse vous rembourser ceux qui seraient inclus dans votre forfait Freebox.
>
> Je vous souhaite bonne réception de ces éléments, et je vous prie de recevoir. Monsieur mes plus cordiales salutations.

« 4 à B semaines » ! Il semble que Free n'ait pas su résoudre l'équation qui lui aurait permis de calculer l'inconnue B, qui représente le délai maximal pour effectuer le virement ! Ainsi Free pourra attendre la Saint-Glinglin pour payer, sans trahir les termes de son courrier.

Je demande pardon pour cette vacherie ! J'ai été mauvaise langue, j'en conviens, car les 130 € me seront crédités dès le 15 janvier 2013. Merci Free !

En fait, il s'agit probablement d'une simple faute de frappe : le B a été tapé par erreur à la place du 8. La secrétaire devait quand même être fort distraite, tant le B et le 8 sont éloignés l'un de l'autre sur un clavier d'ordinateur !

Bilan

Dépannage

Calendrier

Signalement de la panne :   4 avril 2012
Résolution de la panne :   25 mai 2012
Durée d'interruption du service : 52 jours

Résultats obtenus

Positifs :   Je cherche en vain quelque chose à inscrire dans cette rubrique !

Négatifs : 52 jours de panne (sans autre commentaire);
Gestion purement administrative du dépannage par l'assistance client;
Grève permanente du zèle : une initiative tous les 13 jours ;
Deux interventions foireuses de France Télécom (sur trois).

Indemnisation

Calendrier

Première demande d'indemnisation :   28 mai 2012
Remboursement du forfait mensuel :   02 juillet 2012
Délai après demande d'indemnisation : 1 mois
Délai après signalement de la panne : 3 mois

Règlement du préjudice :   15 janvier 2013
Délai après demande d'indemnisation : 7,5 mois

Courriers échangés

6 courriers émis, dont 2 vers Free Fidélisation, 1 vers Free SNC, 2 vers le médiateur des communications électroniques et 1 vers Bouygues Télécom.
7 courriers reçus dont 2 de Free Fidélisation, 2 de Free SNC et 3 du médiateur des communications électroniques.

Résultats obtenus

Positifs :   Arbitrage du médiateur et condamnation (légère) de Free.

Négatifs :   Déni, par Free, du préjudice subi ;
Nécessité d'aller jusqu'au médiateur pour obtenir une réparation partielle ;
Non remboursement des communications passées avec ma carte prépayée.

La boulette du 7 février

Courant 2010, mon fils cadet, Olivier, trouve un emploi en région parisienne. Comme il n'a pas de moyen de locomotion, je lui confie ma vieille Ford Fiesta : c'est ma seconde voiture. Je l'utilise uniquement pour mes déplacements en ville et je peux m'en passer. Si je la qualifie de vieille, c'est qu'elle est en circulation depuis 1993. Mais elle a peu roulé (90 000 km) et jouit d'un bon état général. Elle est assurée en responsabilité civile, vol et tentative de vol.

Janvier 2011 : le véhicule est victime d'une tentative de vol. Cet avatar fort désagréable va m'obliger à fréquenter, à mon corps défendant, le monde de l'assurance, de l'expertise, de la réparation automobile et de la médiation.

Comme beaucoup d'assurés, les rapports que j'ai eus, jusqu'ici, avec mon assureur se sont limités à la souscription de contrats et au paiement des cotisations. C'est mon premier sinistre et j'ai, par conséquent, tout à découvrir sur le fonctionnement de la machine administrative qui va se mettre en marche.

Aujourd'hui, les compagnies d'assurances sont équipées de plateaux téléphoniques qui canalisent la majorité des échanges entre assureur et assuré. C'est très pratique, quand, après avoir franchi l'automate d'accueil – « Pour déclarer un sinistre, taper 1, etc. » –, on est enfin mis en relation avec l'un des *homo sapiens* chargés de s'occuper de vous. Mais, revers de la médaille, les dialogues téléphoniques ne laissent aucune trace, ce qui peut parfois poser problème. L'assureur peut enregistrer les conversations, s'il le souhaite, à des fins de suivi qualité et de formation des téléconseillers, mais il est rare qu'un client en fasse de même, ne disposant pas, en général, de moyens techniques adaptés.

Cependant, dès lors que le contexte oblige à s'éloigner quelque peu des sentiers battus, l'échange épistolaire, que l'on pourrait penser obsolète du fait de l'avènement de toutes ces nouvelles technologies, peut s'avérer nécessaire. Comme aurait dit Jean de La Fontaine : « Nous l'allons montrer tout à l'heure. »

07-01-2011 : tentative de vol

Le 7 janvier 2011, au matin, Olivier descend sur le parking de l'immeuble où il réside, pour prendre sa voiture et aller au travail. La Fiesta est bien là... mais la portière avant, côté conducteur, est ouverte et cabossée : elle a probablement été forcée avec une barre de fer. A l'intérieur les deux caches en plastique qui protègent la colonne de direction ont été arrachés sans ménagement – ils sont tous deux fendus. – et les fils du Neiman ont été déconnectés.

Mais la tentative de vol a échoué : le voleur potentiel a probablement été dérangé dans son « travail » et il a laissé le véhicule dans cet état, sans avoir pu le faire démarrer. Comme je suis le souscripteur du contrat d'assurance et que – contrairement à lui – je dispose de beaucoup de temps libre, je lui propose de prendre en charge le suivi du sinistre.

10-01-2011 : déclaration de sinistre

Suite à cette dégradation qui va priver Olivier de voiture pendant quelque temps, la tentative de vol est déclarée dans la journée au bureau de police le plus proche, conformément aux directives énoncées dans les conditions générales du contrat d'assurance : « Il faut déclarer la tentative de vol immédiatement aux autorités locales de police ou de gendarmerie. »

Voici ci-dessous un extrait du procès-verbal dressé par la police :

LIQUE FRANCAISE INTERIEUR, DE LA SECURITE T DES LIBERTES LOCALES LE DE LA POLICE NATIONALE ―――― D.C.S.P. .S.P. 01 rvice : 095/000/000	**PROCES VERBAL**	VICTIME/DECLAR
	[ ] VOL DANS UN VEHICULE [ ] TENTATIVE DE VOL DANS UN VEHICULE [X] VOL D'ACCESSOIRES D'UN VEHICULE [X] TENTATIVE DE VOL D'UN VEHICULE [X] DEGRADATION VOLONTAIRE D'UN VEHICULE [ ] VOL DE CARBURANT DANS UN VEHICULE	
/	L'an deux mille onze, le sept janvier à treize heures cinquante cinq Nous, 　　　GARDIEN DE LA PAIX	

Puis, le lundi 10 janvier, procès-verbal à l'appui, je déclare la tentative de vol à l'assureur, par téléphone, auprès de son centre d'appels.

Celui-ci me propose de faire transporter le véhicule dans un garage proche du domicile de mon fils. Pour l'évaluation des dégâts matériels, il propose, dans un premier temps, une photo-expertise, puis dans un second temps, le garagiste ayant exprimé des réserves sur le choix de cette option, il revient, sans explication, sur sa décision et missionne un expert en vue d'une expertise classique. Le jour même, le véhicule est pris en charge par une dépanneuse et transporté au garage. Cette prestation, garantie par le contrat, est financièrement prise en charge par l'assurance.

Le lendemain, je reçois, par envoi postal, l'accusé de réception de l'assureur :

---

le 10/01/2011

Monsieur,

Nous avons pris bonne note de votre déclaration de vol reçue le 10/01/2011 concernant le véhicule immatriculé
Nous l'avons enregistrée sous le numéro 1172350̄0066U, à rappeler lors de tout appel ou correspondance.
D'après les informations dont je dispose actuellement, je vous informe que vos dommages sont garantis par votre contrat.
La franchise de 152 €, prévue par celui-ci, reste cependant à votre charge.

L'expertise de votre véhicule se déroulera de la façon suivante :

Expert	Lieu	Date
		A votre convenance, photo expertise

Je reste bien sûr à votre disposition pour toute question complémentaire et vous prie d'agréer, Monsieur, mes salutations les meilleures.

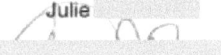
Julie

A la lecture de ce courrier, je me réjouis d'apprendre que mes « dommages sont garantis par mon contrat » et que, exception faite des 152 € de franchise, je n'aurai pas un centime à débourser ! C'est ce que je retiens à cet instant, mais j'apprendrai plus tard que cette information est inexacte, car, en réalité, la participation de l'assureur se limite à la valeur du véhicule à dire d'expert. Si le montant de la réparation est supérieur à cette valeur, la différence reste toujours à la charge de l'assuré. Néanmoins, comme je n'ai pas pris le temps de relire les conditions générales du contrat, je mémorise cette information erronée, qui fixe la limite de ma participation financière pour la remise en état du véhicule à 152 €.

En ajoutant onze mots à son texte, l'assureur aurait pu écrire : « Je vous informe que vos dommages sont garantis par votre contrat, dans la limite de la valeur du véhicule à dire d'expert », et me fournir ainsi une information rigoureusement exacte, sans avoir besoin de s'abriter derrière la formule sibylline : « d'après les informations dont je dispose actuellement ».

Assurément, la communication de l'assureur manque de rigueur. Une affirmation erronée dès le premier contact n'est pas de nature à instaurer une relation de confiance avec l'assuré.

11-01-2011 : expertise du véhicule

Le mardi 11 janvier, l'expert passe au garage – comme chaque mardi – et examine le véhicule, afin d'établir le rapport d'expertise.

19-01-2011 : lettre n°1 de l'expert (le « kit » assureur)

Le 19 janvier, neuf jours après l'ouverture du dossier sinistre par la compagnie, je reçois, de l'expert, le courrier suivant, daté du 17 janvier :

Le 17/01/2011

Madame, Monsieur,

Votre assureur ▬▬▬, nous a chargé d'expertiser votre véhicule, endommagé le 07/01/11.

Nous estimons le coût de la remise en état des dommages apparents imputables au sinistre, à **1388,20 € TTC**

La valeur avant sinistre du véhicule s'élève à : 1000,00 € TTC. Celui-ci est donc <u>économiquement non réparable.</u>

Vous trouverez, ci-joint, le Kit ▬▬▬ (véhicule accidenté) qui vous donnera toutes explications pour assurer la meilleure suite possible à votre dossier.

Pour éviter que des frais de gardiennage supplémentaires ne vous soient facturés, ▬▬▬ se propose de faire acheminer à ses frais votre véhicule chez un professionnel de l'automobile qu'elle a agréé :
SARL ▬▬▬ Tél. : ▬▬▬

Sans nouvelles de votre part sous 48 heures, votre véhicule sera retiré du lieu où il est actuellement déposé et transféré chez celui-ci. Vous conservez votre qualité de propriétaire du véhicule et pouvez donc le récupérer sur simple demande.
Nous vous invitons à retirer, dès que possible, les objets personnels que vous avez éventuellement laissés à l'intérieur.
En revanche, nos vous recommandons de ne prélever aucun élément sur le véhicule lui-même.

Nous vous prions d'agréer, Monsieur, l'expression de nos salutations distinguées.

D. ▬▬▬
Centre d'Expertise Automobile

Les annexes au courrier de l'expert

Ce courrier est accompagné de huit pages d'annexes. Je n'ai vu aucun intérêt à les reproduire intégralement ici, mais je vais cependant les décrire succinctement.

Ces annexes proposent un choix entre trois options : c'est ce que l'expert désigne, dans son courrier, par la formule « kit assureur ».

Chaque option est décrite sur une page et accompagnée de divers formulaires à retourner à l'expert, selon l'option retenue par l'assuré. C'est ainsi que l'on trouve dans le « kit assureur » :

– une fiche descriptive de l'option 1 – cession du véhicule à l'assureur – accompagnée d'un formulaire de déclaration de cession par le propriétaire, d'une déclaration d'achat d'un véhicule d'occasion (cerfa 13754) par la compagnie et d'une autorisation d'enlèvement de véhicule valant acceptation de le céder à l'assureur ;

– une fiche descriptive de l'option 2 – réparation du véhicule – accompagnée d'un avis de réparation du véhicule destiné à l'expert ;

– une fiche descriptive de l'option 3 – conservation du véhicule par l'assuré– accompagnée d'un avis de conservation du véhicule.

REMARQUE. Sur la fiche relative à l'option 3, l'expert a reproduit, en tout petits caractères, les articles L326-10 , L326-11 et L326-12 du code de la route. En consultant ce code, je constate que ces articles ont été transférés par le législateur, en juin 2003, vers les articles L327-1, L327-2 et L327-3 (source : site Légifrance). En 2011, notre expert fait donc référence à des numéros d'articles caducs depuis près de 8 ans !

Voyons maintenant ce que m'apprend ce courrier.

Un véhicule économiquement irréparable (VEI)

Cette information doit être importante, car elle est rédigée en caractères gras soulignés.
Cette qualification – VEI – que je découvre à cette occasion, est définie par l'article L327-1 du code de la route : un VEI est un « véhicule dont le coût des réparations est supérieur à la valeur de la chose assurée ».
Dans l'immédiat, la seule question qui m'intéresse, c'est de connaître les conséquences de cette qualification pour le propriétaire du véhicule. La réponse est donnée par ce même article L327 1 : l'assureur doit « dans les quinze jours suivant la remise du rapport d'expertise proposer une indemnisation en perte totale avec cession du véhicule à l'assureur ». C'est, en effet, ce que l'expert propose avec l'option 1 du « kit ».
Autre conséquence : la carte grise du véhicule est gelée en préfecture tant que le véhicule n'a pas été réparé.

Les trois options du « kit assureur »

Comme je l'ai évoqué précédemment, l'assureur me propose trois options parmi lesquelles il va me falloir faire un choix :

– **option 1** : je vends le véhicule à l'assureur qui le met à la casse et me verse la valeur de remplacement du véhicule (1000 €) moins la franchise (152 €) soit 848 € ;

– **option 2** : je fais réparer le véhicule. L'assureur me verse 848 € moins la valeur résiduelle du véhicule après sinistre - valeur qui pour l'instant ne m'a pas été communiquée - et je paie le complément à concurrence du coût de la réparation – évalué à 1388 €.

Voilà qui contredit le courrier de l'assureur qui affirmait que, hors franchise, mes dommages étaient garantis. En réalité, si je choisis l'option 2, je devrais débourser 1388 - 848 + la valeur résiduelle soit plus de 540 €. Je remercie l'assureur pour la qualité de son information !

– **option 3** : je conserve le véhicule accidenté et mon assureur me verse 848 € moins la valeur résiduelle après sinistre. C'est la même indemnité que si je retiens l'option 2.

REMARQUES.

1- A ce stade, la valeur résiduelle du véhicule après sinistre ne m'a pas été communiquée. Je la découvrirai plus tard, à réception du rapport d'expertise. Et pourtant je suis sommé de choisir une option en l'absence de cette information, donc sans connaître le montant exact de l'indemnité qui me sera versée si je choisis l'option 2 ou l'option 3. Est-ce bien normal ? N'y aurait-il pas un défaut dans la procédure ?

2- Par ailleurs, je m'interroge sur l'intérêt de l'option 3. Que pourrais-je bien faire de ce véhicule si je le récupère en l'état ? Par curiosité, j'appelle mon assureur et je lui pose la question. La réponse qui m'est faite ne manque pas de m'étonner : « Certains assurés gardent le véhicule en l'état, pour les pièces détachées. » Bon, me dis-je, je conçois que cela puisse intéresser quelques automobilistes férus de mécanique auto et qui disposent d'un bout de terrain ou d'un garage spacieux pour conserver pendant des mois, voire des années, un véhicule endommagé, et s'adonner ainsi à leur passe-temps favori !

L'ultimatum de l'expert

Dans son courrier, l'expert a écrit : « Sans nouvelles de votre part sous 48 heures, votre véhicule sera retiré du lieu où il est actuellement déposé et transféré chez un professionnel de l'automobile. »

Ceci ressemble fort à un ultimatum, mais un ultimatum dont on connaît la durée - 48 heures -, mais pas l'heure de départ. Je n'apprécie pas beaucoup ce style comminatoire, d'autant que le courrier de l'expert que j'ai reçu le 19 janvier 2011 est daté du 17 et il n'est pas impossible qu'à l'instant où j'en prends connaissance, le délai de 48 heures soit déjà écoulé et le véhicule déjà « transféré ».

Les informations communiquées par l'expert, concernant le professionnel de l'automobile censé garder le véhicule, m'apprennent qu'il s'agit d'un casseur-récupérateur situé à une cinquantaine de kilomètres du garage où le véhicule a été déposé. Mon véhicule pourrait donc être transféré à 50 kilomètres, sans mon accord ! Il est vrai que, si j'opte pour l'option 1, il sera idéalement situé pour sa destruction.

J'appelle l'assureur pour en savoir davantage sur cette initiative et je lui demande, notamment, qui va payer les frais de retour du véhicule si je choisis l'option 2 - la réparation – ou l'option 3 - la conservation. L'assureur me rassure en m'indiquant que, dans cette hypothèse, il prendra en charge les frais de rapatriement.

En conséquence, comme il n'y a aucune affaire personnelle à récupérer dans le véhicule, je décide de faire le mort et de laisser l'expert gérer la situation comme il le souhaite. Bien que cette mesure me paraisse stupide, libre à lui de transporter mon véhicule à 50 kilomètres, quitte à lui faire refaire le même trajet en sens inverse dans quelques jours, aux frais de l'assureur. Qu'il assume ses choix : j'espère seulement qu'il a tenu compte du bilan financier de cette opération !

REMARQUE. En réalité, cet ultimatum ne sera pas suivi d'effet. Je retrouverai le véhicule trois semaines plus tard au garage d'accueil. Malgré ce long hébergement, celui-ci ne facturera pas de frais de gardiennage, ce qui fait apparaître cet ultimatum encore plus absurde. Le casseur-récupérateur a-t-il été réellement missionné par l'expert ?

Manifestement, les procédures de ce cabinet d'expertise dysfonctionnent. Ou bien la secrétaire s'est embrouillée dans ses modèles de lettres et l'expert a signé sans rien vérifier, ou bien l'expert applique, tel un automate, des procédures générales, sans se poser la moindre question sur leur adéquation au cas particulier à traiter.

Cette péripétie instille dans mon esprit un doute important sur le sérieux et le professionnalisme de ce centre d'expertise.

31-01-2011 : quelle option choisir ?

Cela fait maintenant dix jours que j'ai reçu le courrier de l'expert et je n'arrive toujours pas à me déterminer pour l'une des trois option qu'il me propose. Entre temps, je suis allé passer une semaine à la montagne. Ce séjour était prévu depuis longtemps et j'y ai vu l'opportunité de prendre le recul nécessaire pour réfléchir à ce choix cornélien.

Mais le lundi 31 janvier, de retour à mon domicile, après avoir analysé une nouvelle fois les avantages et les inconvénients des différentes options, j'hésite encore. Or la loi prévoit un délai maximum pour effectuer ce choix. L'article L327-1 du code de la route précise que dans le cadre de la procédure VEI, « le propriétaire du véhicule dispose de trente jours pour donner sa réponse. » Mais que se passe-t-il si ce délai n'est pas respecté ?

Ce même jour, mon assureur se charge de me rappeler cette règle, par téléphone, en me signalant que le délai légal expire le 18 février. Mais je reste toujours aussi indécis, car aucune des trois options ne m'enthousiasme. Passons les en revue et examinons les raisons pour lesquelles aucune des trois n'emporte spontanément mon adhésion :

– **option 1** : pourquoi mettre à la casse un véhicule en parfait état de marche, certes âgé, mais qui a peu roulé et a passé jusqu'ici tous ses contrôles techniques haut la main ?

– **option 2** : pourquoi dépenser 1388 € (dont plus de 540 € à ma charge), pour un véhicule dont la valeur marchande – à dire d'expert – a été évaluée à 1000 € ?

– **option 3** : à quoi ça rime de conserver un véhicule s'il n'est pas réparé et n'est donc pas en état de rouler ? Soit je m'en débarrasse et je choisis l'option 1, soit je le fais réparer et je choisis l'option 2. Cette option 3 me paraît purement théorique. Je l'écarte d'emblée : c'est le seul choix dont je suis certain à cet instant.

Réparer avec des pièces d'occasion, est-ce possible ?

Une question m'obsède depuis quelques jours : pourquoi déclarer un véhicule économiquement irréparable, en évaluant le coût des réparations sur la base du prix des pièces neuves et pas sur le prix de pièces d'occasion ?

L'article L327-1 du code de la route, qui définit ce qu'est un VEI, ne précise pas les modalités de chiffrage du coût de la remise en état, mais peut-être existe-t-il par ailleurs d'autres textes formulant cette exigence.

Il est de la responsabilité des experts de s'assurer de la sécurité des véhicules après leur remise en état et on peut comprendre que les réparations portant sur des organes importants pour assurer cette sécurité, comme le freinage, doivent être réalisées avec des pièces neuves ou, au minimum, certifiées conformes. Mais toutes les pièces ne présentent pas le même niveau d'exigence. Alors pourquoi ne pas considérer le prix des pièces d'occasion[2] pour évaluer le coût des travaux, lorsque la sécurité n'est pas en jeu ?

Il n'est pas interdit de s'interroger par ailleurs sur la pertinence de cette pratique et sur l'impact de l'évolution du prix des pièces détachées, largement supérieure à l'inflation – plus de 30% en 5 ans – sur le classement d'un véhicule sinistré. Combien de véhicules qui n'auraient pas été classés VEI il y a 5 ans, se retrouvent classés VEI aujourd'hui, uniquement en raison de cette augmentation galopante du prix des pièces neuves ? Je ne connais pas la réponse, mais je subodore que cet impact ne doit pas être qu'anecdotique.

Bizarrement, la notion de VEI ne dépend donc pas uniquement de l'importance des dégâts matériels subis par le véhicule, comme on serait tenté de le penser de prime abord, mais elle dépend aussi de l'évolution du prix des pièces détachées !

Mais si l'on se base sur le prix des pièces neuves pour déclarer un véhicule VEI, cela interdit-il, pour autant, de le réparer avec des pièces d'occasion ? La question me taraude et l'absence d'information sur ce sujet m'intrigue. Je me dis que si c'était envisageable, l'assureur ou l'expert m'en aurait – bien évidemment ! – informé. Je ne peux pas croire que ces professionnels confirmés n'auraient pas suggéré à leur client une solution aussi intéressante au plan financier. Mais la réalité, c'est que aucun des deux n'a évoqué ce sujet avec moi et que le « kit assureur » ne propose rien d'autre que les trois options, désastreuses pour le porte-monnaie, décrites *supra*.

Eh bien ! pour le savoir, posons leur la question ! J'interroge prioritairement l'assureur : celui-ci me répond le plus naturellement du monde que c'est possible, sous réserve de l'accord de l'expert. Dans la foulée, j'interroge le cabinet d'expertise : ce dernier me répond que c'est possible sous réserve toutefois que le garagiste accepte de monter des pièces d'occasion. Donc, pour les deux, cette option constitue une alternative envisageable, et cependant aucun des deux ne me l'a spontanément suggérée. Pourquoi se compliquer la vie avec des pièces d'occasion, doivent-ils penser, les pièces neuves font si bien l'affaire !

Néanmoins, il me reste encore à obtenir l'aval du garagiste. Mais avant de le contacter, il me faut savoir quelles pièces de réemploi je pourrais lui demander d'utiliser. Or, pour l'instant, je suis dans le brouillard, car si l'expert m'a indiqué le coût total de la remise en état avec des pièces neuves (1388 €), il ne m'a toujours pas communiqué le rapport d'expertise. En conséquence de quoi, j'ignore tout sur le détail des travaux qu'il a prévus et sur leur coût. Quelles pièces faut-il remplacer ? Quel est le coût de ces pièces? Quel est le coût de la main-d'œuvre ? Ces informations sont indispensables pour chiffrer l'économie susceptible d'être réalisée et vérifier que le jeu en vaut la chandelle.

02-02-2011 : pourquoi n'ai-je pas reçu le rapport d'expertise ?

Nous sommes le 2 février. L'expertise a été réalisée le 11 janvier – cela fait maintenant 21 jours – et toujours pas de rapport d'expertise en vue dans ma boîte à lettres, d'où la question posée ci-dessus. Cette situation me paraît tout à fait anormale.

2: Pour paraître bien informé, il faut dire « pièces de réemploi » de préférence à « pièces d'occasion ».

J'interroge le service Sinistres, pour lui en demander la raison. La réponse qui m'est faite me paraît bien fantaisiste, car la règle énoncée par l'assureur est dénuée de toute logique. Selon ses dires, l'expert attend toujours que l'assuré lui ait indiqué l'option qu'il a choisie, pour lui remettre le rapport d'expertise. Je ne m'attendais pas du tout à cette explication. J'imaginais plutôt que le retard était dû à une négligence de l'expert ou à une surcharge de son secrétariat. Eh bien non ! il serait prévu par la procédure !

Qui donc a pu imaginer une telle règle ? Est-il possible qu'il existe, quelque part, une directive en ce sens, ou l'assureur vient-il de l'inventer pour occulter la mauvaise gestion de l'expert ? Cette réponse ne m'ayant pas convaincu, je demande que l'on m'explique les raisons concrètes de ce choix ? Et le gestionnaire sinistres, manifestement embarrassé par cette question inattendue ne trouve d'autre réponse que : « C'est comme ça ! ». Il existerait donc des règles stupides, dont personne ne connaît le fondement et qu'on applique simplement par habitude ! Étonnant ! Mais que dit le code de la route ? Dans son article R326-3, il indique que « l'expert adresse une copie de son rapport et de tout rapport complémentaire au propriétaire du véhicule », mais sans préciser le moment auquel ce rapport doit lui être adressé.

Un autre article de ce même code – le L327-1 – indique que l'assureur « doit dans les quinze jours suivant la remise du rapport d'expertise proposer une indemnisation ». Ce texte ne signifie-t-il pas implicitement que la remise du rapport doit précéder la proposition des options et non venir après ? Cela semble logique dans la mesure où le rapport d'expertise contient des informations susceptibles de guider le propriétaire du véhicule dans son choix.

En tout cas, si le bon sens et le souci de transparence militent pour cette règle-ci, celle que l'on m'indique ne brille ni par l'un ni par l'autre, puisqu'elle conduit à remettre le rapport d'expertise à l'assuré, lorsque ce document n'a plus aucun intérêt pour lui.

Je me promets de reposer ultérieurement la question à l'assureur, mais cette fois par écrit, afin d'obtenir une réponse qui, je l'espère, sera plus mûrement réfléchie.

Réparer avec des pièces d'occasion : est-ce pertinent ?

Je sais depuis peu qu'il est possible de réparer avec des pièces d'occasion. Encore faut-il en vérifier l'intérêt économique.

Quelle(s) pièce(s) d'occasion pourrais-je utiliser pour faire baisser la facture ? Faute de disposer du rapport d'expertise, je pense en premier lieu à la portière. Il n'est pas nécessaire de sortir de Polytechnique pour imaginer que l'expert a prévu de la remplacer, quand on sait qu'aujourd'hui les tôles froissées (ailes, portières,…) ne sont pratiquement jamais réparées.

J'appelle le cabinet d'expertise qui confirme cette hypothèse. Je demande quelle est la part représentée par le remplacement de la portière dans les 1388 €. Une assistante du cabinet me répond que l'expert a évalué cette opération à 800 €. C'est énorme et cela me confirme l'intérêt de rechercher une portière de réemploi.

Toutes affaires cessantes, j'accède sur internet à un site de petites annonces entre particuliers et je pars à la recherche d'une portière de Fiesta. C'est mon jour de chance : j'en trouve une, à une quinzaine de kilomètres de mon domicile, au prix de 50 €. De plus, elle est blanche, comme mon véhicule ; cela permettra de faire l'économie des frais de peinture. C'est donc une économie globale de 750 € sur le prix des pièces détachées que l'utilisation d'une portière d'occasion va me permettre de réaliser, soit plus de 50% du coût de réparation évalué par l'expert. C'est plus que je ne l'espérais. L'intérêt de cette solution est évident.

Ce constat ravive la question de savoir pourquoi l'expert et l'assureur ne me l'ont pas conseillée suite à l'expertise ?

Une portière d'occasion : qu'en pense le garagiste ?

Maintenant que je sais quoi faire, il ne me reste plus qu'à obtenir l'accord du garagiste. Je l'appelle. Sans refuser de monter une portière d'occasion, il exprime néanmoins une certaine réserve. Il m'indique qu'il existe un risque : la portière d'occasion pourrait ne pas s'adapter correctement à la caisse. L'échange qui s'ensuit me permet d'enrichir considérablement mes connaissances en matière de carrosserie automobile. Pour cela, il faut entrer un tout petit peu dans la technique. Le garagiste m'apprend en effet que lorsqu'il commande une portière neuve auprès du constructeur, les charnières sont livrées à part. Ainsi, elles peuvent être soudées en atelier au moment du montage, ce qui permet d'ajuster parfaitement la portière sur la caisse. Tandis qu'avec une portière d'occasion, les charnières sont déjà soudées sur celle-ci et il n'y a aucune possibilité de réglage.

J'anticipe un peu sur la suite, mais c'est pour éviter de soumettre le lecteur à un suspense insoutenable que j'indique d'ores et déjà que tout se passera bien lors du montage. Alors pourquoi cette réserve de la part du garagiste ? Était-elle techniquement fondée, ou seulement motivée par la perspective d'une réduction sensible du montant de la facture et conséquemment de la marge bénéficiaire du garage ?

04-02-2011 : je livre la portière d'occasion au garagiste

Le jeudi 3 février, une petite excursion de 30 km aller-retour me permet de récupérer la portière d'occasion mise en vente par un particulier.

Dès le lendemain – le vendredi 4 février –, je me mue en transporteur pour la livrer au garagiste en région parisienne.

Je demande un devis pour les réparations. Le garagiste m'interroge sur les travaux que je souhaite réaliser. Comme je ne connais toujours pas la prescription de l'expert, je lui demande de faire ce que celui-ci a prévu, mais en montant la portière d'occasion que je viens de lui apporter à la place de la portière neuve prévue et chiffrée par l'expert.

Je lui précise également que s'il y a le moindre risque que la portière ne s'ajuste pas correctement sur la caisse, il doit commencer par vérifier ce point avant de procéder aux autres travaux de remise en état et me tenir informé du résultat.

Le garagiste établit un devis, en prenant des informations sur un document caché à mes yeux par le comptoir. Sont-ce des notes prises lors de l'expertise ou le rapport d'expertise, dont l'expert lui aurait remis une copie alors que moi je l'attends encore ? Le coût total s'élève à 647 €, ce qui est proche du montant que j'avais grossièrement calculé, en déduisant le coût de la portière neuve de l'évaluation de l'expert : 1388 -800 = 588 €.

Ainsi, par la vertu de cette solution non prévue par les options officielles concoctées par l'assureur et l'expert, le coût de la réparation devient inférieur à la valeur à dire d'expert avant sinistre. Je ne peux que me féliciter d'avoir rendu possible cette solution qui va permettre de sauver le véhicule, sans autre débours que le montant de la franchise.

Je signe le devis qui vient d'être établi, après en avoir validé le montant. Mais, dans l'euphorie de l'instant, pleinement satisfait du résultat obtenu, j'oublie d'en demander un double au garagiste. Celui-ci oublie également de me le remettre. Ce détail est sans importance, mais le devis m'aurait permis de disposer du détail des opérations de remise en état prévues, que, de ce fait, je ne découvrirai que plus tard.

L'option secrète !

L'épisode précédent montre qu'en réalité, une quatrième option, privée d'existence officielle, est possible : réparer avec des pièces d'occasion. Cette option permet de réduire considérablement les coûts de remise en état et, dans le cas qui m'intéresse, de réparer pour un coût inférieur à la valeur du véhicule avant sinistre. Toutefois, bien que réparable à moindre coût, le véhicule reste classé en VEI et la carte grise reste gelée en préfecture !

Tout s'est donc passé comme si l'assureur, l'expert et le garagiste s'étaient concertés pour taire cette possibilité : aucune information, aucune publicité, aucune suggestion de leur part.

Les assureurs se proclament volontiers assureurs-conseil, mais le mien vient de manquer une bonne opportunité de prodiguer un conseil pertinent à son client. L'assureur aurait pourtant tout intérêt à limiter le coût de réparation des véhicules car cela aurait un impact bénéfique direct sur les primes payées par la communauté des assurés. Eh bien non ! Fi des économies ! La solution la plus onéreuse lui convient parfaitement ! Quant à l'expert, il sait, dès l'établissement du rapport d'expertise, que remplacer la portière cabossée par une portière de réemploi, plutôt que par une portière neuve, permet de faire une économie substantielle, sans que cela entraîne le moindre risque pour la sécurité des usagers de la route. Il dispose de toutes les informations nécessaires pour chiffrer cette économie et cependant il ne dit mot. Par son silence, il laisse l'assuré s'orienter vers une solution dispendieuse qui consiste à financer une portière qui, à elle seule, coûte aussi cher que le véhicule. De plus, il l'incite à choisir dans la précipitation l'une des trois options proposées, tout en lui cachant le détail de son rapport d'expertise. Et si la rétention du rapport d'expertise par l'expert était voulue, pour éviter que l'assuré ne se pose trop de questions sur les coûts de remise en état ? Impensable, me dis-je, mais à défaut d'autre explication crédible...

Toute personne raisonnable jugera aberrant de monter une portière neuve sur un véhicule de cet âge. Pour l'assureur, l'expert et le garagiste, par contre, cela paraît si naturel qu'on se demande s'ils ne seraient pas capables de proposer l'utilisation d'une portière plaquée or !

Alors pourquoi une telle discrétion sur l'utilisation de pièces de réemploi ? En pratique, il semble que, pour l'expert, l'envoi du véhicule à la casse (option 1) soit l'option à privilégier. Tout le laisse à penser : le chiffrage des réparations avec des pièces neuves, l'annonce de l'envoi du véhicule chez un casseur, le silence sur la possibilité d'utiliser des pièces de réemploi... Or c'est une très mauvaise solution qui oblige le plus souvent le sinistré à puiser dans ses économies ou à s'endetter pour financer l'acquisition d'un nouveau véhicule.

Pour faire réparer avec des pièces d'occasion, il faut donc en faire la demande. Les spécialistes ne vous le refusent pas : comment pourraient-ils d'ailleurs justifier un refus ? Mais une fois l'accord obtenu, il n'y a plus qu'à se retrousser les manches pour donner vie à cette solution, en commençant par rechercher les pièces de réemploi nécessaires.

En conclusion, si j'ai pu bénéficier de cette quatrième option, c'est parce que j'ai tout organisé moi-même, de la demande d'autorisation à la recherche et au transport de de la portière d'occasion. Je peux maintenant déclarer, en parodiant Pierre Dac, que lorsqu'on a tout fait par soi-même, « on n'a de merci à dire à personne ».

Néanmoins, intrigué par ce silence à propos d'une option qui - à mon sens – ne présente que des avantages, je suis allé fureter sur internet pour voir si ce sujet y était abordé. Et j'ai trouvé un article très intéressant, daté du 28 septembre 2011, que je cite : « Côté assureurs et experts, on se penche également sur le phénomène avec intérêt. Depuis 2009, un décret permet déjà aux experts de chiffrer leurs devis pour les véhicules endommagés, avec des pièces de réemploi. Aujourd'hui, certains assureurs prônent son usage et mettent pour cela des actions concrètes en place. Dans la région Rhône-Alpes, par exemple, la M... fait cadeau de la franchise au client qui accepte que son véhicule soit réparé avec ce type de pièces. Globalement, son prix est inférieur de 50% au prix du neuf. Les statistiques montrent que 80% des automobilistes sont prêts à utiliser la pièce de réemploi plutôt que des pièces neuves. Un gain économique certain. La pièce de réemploi semble enfin dans l'air du temps. »

Un décret de 2009 permet donc aux experts de chiffrer un devis avec des pièces de réemploi. Il semble que cette information ne soit pas encore arrivée à l'oreille de tous les assureurs et de tous les experts, ou qu'ils préfèrent l'ignorer, ou qu'ils ont un problème de réactivité. Il est vrai que lorsqu'on n'a pas encore intégré dans ses courriers – en 2011 ! – la nouvelle numérotation des articles du code de la route, qui date de juin 2003, tout est possible ! Quand je pense que si j'avais été assuré à la M..., non seulement on m'aurait spontanément remplacé ma portière endommagée par une portière d'occasion et, en plus, on m'aurait fait cadeau de la franchise !

04-02-2011 : lettre n°2 de l'expert (le rapport d'expertise)

De retour à mon domicile, ce vendredi 4 février en fin de journée, je trouve un courrier de l'expert. C'est le rapport d'expertise qui vient – enfin ! – d'arriver. Ce document comporte un message destiné au service Sinistres : « Nous vous laissons le soin d'appliquer la procédure, le sociétaire ne répond pas à notre demande. Procédure et kit épave adressés le 18 janvier 2011. »

L'expert semble contrarié parce que je ne lui ai pas encore indiqué mon choix d'option, alors que normalement je dispose de 30 jours pour le faire, donc jusqu'au 18 février, selon la règle énoncée par l'article 327-1 du code de la route et confirmée par l'assureur le 31 janvier.

C'est un nouvel exemple de dysfonctionnement chez cet expert qui semble avoir quelques difficultés avec la gestion du temps. Il serait bien inspiré de relire cet article 327-1 et de se coordonner avec l'assureur pour l'application des règles.

Ce que m'apprend le rapport d'expertise (voir copie pages suivantes)

1. Le rapport confirme que l'expert a bien faxé un bon de transfert au casseur-récupérateur le 17 janvier, soit 2 jours avant que je ne reçoive par la poste l'ultimatum évoqué plus haut. Bien que je ne sois pas intervenu auprès de l'expert pour m'y opposer, ce transfert n'a pas eu lieu. Pour quelle raison ? Le casseur aurait-il dysfonctionné, lui aussi, en ne réagissant pas au fax de l'expert ? L'expert lui a-t-il réellement envoyé ce fax ? Quelle que soit l'explication, il y a quelque chose qui ne tourne pas rond. Néanmoins, je ne me plains pas du résultat.

2. Finalement, le rapport d'expertise m'est communiqué avant que j'aie indiqué à l'expert l'option choisie, contrairement à la règle indiquée par l'assureur. Qui a raison ? Qui a tort ? Quel crédit faut-il accorder à ces professionnels de l'embrouille ? Et l'inventaire des anomalies n'est pas terminé...

3. Contrairement à ce qui m'avait été indiqué, le coût de remplacement de la portière n'est pas de 800 € TTC : il est très supérieur à ce prix, car le cabinet d'expertise avait tout simplement oublié de mentionner les coûts de peinture (3h à 47 € HT l'heure), le coût de la moulure de porte (11,31 HT), la feuille de porte (47,63 € HT) et le kit agrafes (30,54 € HT).

Rapport d'expertise : page 1/2

```
                    RAPPORT D'EXPERTISE   DU 01/02/11
                    En Euros  PAR DIFFERENCE DES VALEURS
                    Véhicule                 (VEI)
                    Rapport
                    N° police:    114633049
                    N° sinistre:  11723500066U
                    N° rapport:   1100764

Date sinistre:  07/01/11    Mission: 10/01/11  N°VE: 002007-VE
Vu par:                     Nom société:
Code GTA:   0043  Code Expert:   Nature d'Expertise: Véh. éco. irréparable V.E.I
```

ÉCONOMIQUEMENT NON RÉPARABLE

```
FORD     Fiesta 1.1i Fun            ! MANDANT :
Type : FBJ2C            Energie :ES  !
CI 3, VP, 5 Place(s),4 CV            !
  Kg, BLANC,94103 Km                 ! Code Gest:       tél:        fax:
Immatricul. :                        !--------------------------------------
1ère Mise Circu: 01/02/93(AM:1993)   ! REPARATEUR :  M.R.A. CONVENTIONNE
N° de série: WF0BXXGAFBPJ03971       !
-----------------------------------  !
Lieu expertise: CABINET EXPERT       !
Vu avant travaux le.... : 11/01/11   ! N° SIRET:       TEL.:      FAX:
                                     !--------------------------------------
                                     ! ASSURE:    JEAN CLAUDE
CONSTATES CENTRAL/LATERAL GAUCHE     !
Pt CHOC:3-CENTRAL/LATERAL GAUCHE Angle:90° Int.:MOYENNE
-----------------------------------  !--------------------------------------
VEHIC. ECONOMIQUEMENT NON REPARABLE (VEI) !ESTIMATION DES DOMMAGES APPARENTS
VEHICULE TECHNIQUEMENT REPARABLE     ! - MONTANTS EXPRIMES EN EUROS -
                                     !Postes    Temps Taux Hor. Total HT
-OBSERVATIONS-                       !T1         2,50    47,00    117,50
PROCEDURE VEI SELON L'ARTICLE DE LOI !Peinture   3,00    47,00    141,00
L327.1                               !Ingr. (OV) 3,00    25,60     76,80
                                     !Pièces                      825,40
                                     !
BON DE TRANSFERT FAXE A SARL         !
         . LE :17/01/11              !
VALEUR RESIDUELLE A DIRE D'EXPERT :  !
60,00 E TTC                          !
                                     !
CALCUL VADE + PHOTOS AU DOSSIER      !
                                     !
NOUS VOUS LAISSONS LE SOIN D'APPLIQUER!
LA PROCEDURE LE SOCIETAIRE NE REPOND PAS !TOTAL HT :    1160,70  TVA:   227,50
A NOTRE DEMANDE.                     !TOTAL TTC:    1388,20  (9106.00 F)
PROCEDURE ET KIT EPAVE ADRESSES LE   !Durée Travaux :  1,0 j
18.01.11                             !--------------------------------------
                                     !
PREVISION DE REMISE EN ETAT ETABLIE  ! -EN EUROS-          H.T.       T.T.C.
AVANT DEMONTAGE SUR DOMMAGES APPARENTS ! Valeur neuve
                                     ! V.R.A.D.E.       836,12     1000,00
EN CAS DE REPARATION, L'ASSURE S'ENGAGE! Résiduelle       60,00       60,00
A RESPECTER LES DISPOSITIONS         ! Diff.valeurs     776,12      940,00
REGLEMENTAIRES DE REMISE EN CIRCULATION !---------------------------------
PREVUES A L'ARTICLE DE LOI L327.1ET  ! Etat général: NORMAL
L327.2                               ! Usure pneus: AVG 100,AVD 100,ARG 50,ARD 50
                                     !--------------------------------------
DOMMAGES CONSTATES HORS SINISTRE :   ! TVA Ouvrant Droit :  NON
aile arg - aile ard - pc av - pc ar  !
                                     ! Accord Lésé       :
                                     ! Accord Réparateur :  OUI
                                     !--------------------------------------
RECUPERATEUR: SARL                   !
                                     ! Expert:
                                     ! Signature :
Tél: 0139860792  Fax: 0139867576  Demande d'enlèvement du 17/01/11
```

Rapport d'expertise : page 2/2

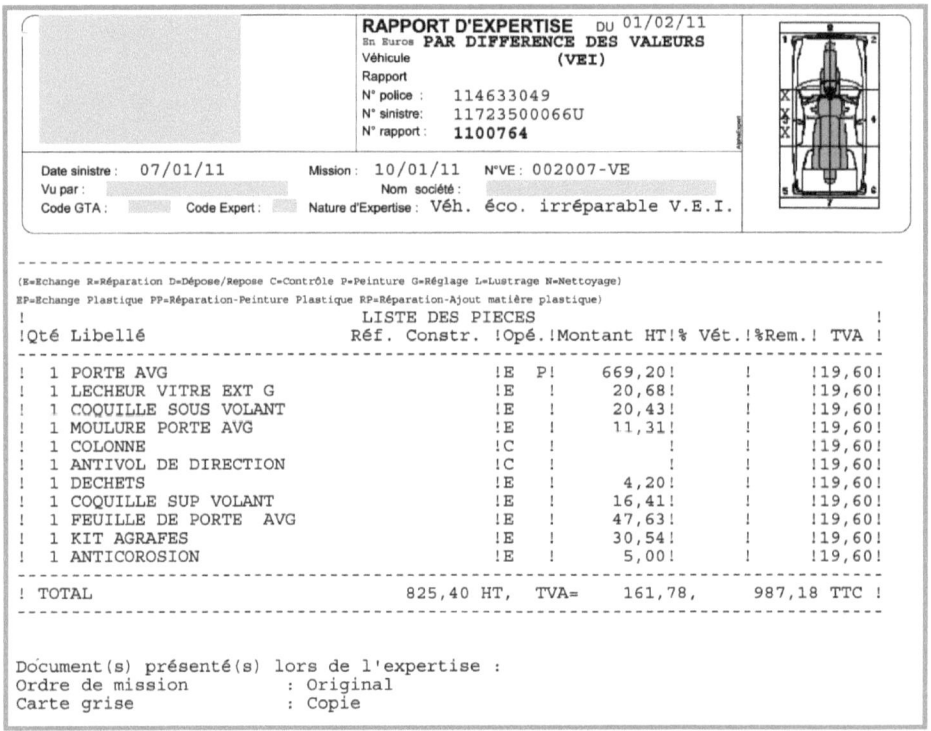

Le cumul de tous ces coûts s'élève à 1075,65 €, mais pour être exhaustif, je devrais ajouter à cette somme le coût de la main-d'œuvre correspondant au montage de la portière, ce que je n'ai pu faire, les coûts de main d'œuvre étant globalisés.

En réalité, ce n'est pas 800 € qu'il était possible d'économiser, mais plus de 1075 €. En tenant compte du coût de la portière d'occasion (payée 50 €), le coût total de la réparation aurait pu être ramené à moins de 363 € (1388 - 1075 +50). On verra plus loin pourquoi la facture réelle du garagiste a été supérieure à ce montant. Voilà comment avec une portière cabossée, un véhicule devient économiquement irréparable, selon la terminologie officielle, alors qu'il aurait pu être réparé pour moins de 363 € ! L'expression VEI me paraît totalement inappropriée. A défaut d'en changer la définition, je suggère au législateur d'adapter le vocabulaire. Pour mieux rendre compte de la réalité, il pourrait remplacer le sigle VEI par VEIAPN pour « Véhicule Économiquement Irréparable avec des Pièces Neuves ».

Lorsqu'on roule avec un véhicule âgé, soyons conscients qu'un accrochage sans gravité peut le faire basculer sur-le-champ dans la catégorie des VEI.

4. J'apprends que la valeur résiduelle du véhicule après sinistre est de 60 €, ce qui me permet enfin – près d'un mois après la tentative de vol – de calculer le montant exact de l'indemnité due par l'assureur dans le cas des options 2 et 3 : 1000 – 152 – 60 = 788 €.

5. L'expert a listé, sur son rapport, onze pièces impactées, réellement ou potentiellement. Neuf sont à remplacer - notées E (pour Échange) en colonne Opération - et deux sont à contrôler au démontage - notées C (pour Contrôle) en colonne Opération. Ces deux pièces seront également à remplacer s'il apparaît après démontage que, lors de la tentative de vol, elles ont été endommagées et présentent un risque pour la sécurité.

Dans son courrier du 17 janvier 2011, l'expert indiquait : « Nous estimons le coût de la remise en état des dommages apparents imputables au sinistre à 1388,20 € TTC. » Je comprends, avec retard, l'importance de l'adjectif « apparents », a priori anodin, glissé discrètement dans cette phrase. J'aurais dû comprendre que des dégâts non apparents pourraient apparaître lors du démontage, nécessiter le remplacement d'autres pièces et augmenter par conséquent le coût de la facture. Tel est le cas de la colonne de direction et de l'antivol de direction, information que je découvre à cet instant. Ainsi, si j'avais choisi l'option 2 en considérant que le coût des réparations se limiterait à 1388 €, j'aurais pu avoir à supporter une facture d'un montant bien supérieur. Pourquoi, dans son courrier du 17 janvier 2011, l'expert n'a-t-il pas attiré mon attention sur la notion de dommages apparents et pourquoi ne m'a-t-il pas signalé que l'intégrité de l'antivol et de la colonne de direction devait être contrôlée, alors qu'il venait de noter ces informations sur le rapport d'expertise ? Imagine-t-il que tous les assurés ont une connaissance innée de toutes ces subtilités ? Pourquoi ne m'a-t-il pas indiqué le coût potentiel de ces remplacements ? Pourquoi un tel manque de transparence, alors qu'il lui suffisait de me remettre le rapport d'expertise ? Ce document ne serait-il pas fait pour ça ?

J'ai compris beaucoup de choses au vu de ce rapport. Cela confirme qu'il aurait dû m'être remis en même temps que le « kit assureur ». Il m'aurait fourni toutes les informations utiles pour me permettre de choisir, en toute connaissance, l'une des trois options. Et si, cerise sur le gâteau, le « kit assureur » avait présenté une option 4 – réparation avec des pièces de réemploi – que d'interrogations et de démarches auraient été évitées.

Voilà plusieurs suggestions qui permettront d'améliorer la qualité de la procédure. Car je ne doute pas qu'après avoir lu ce témoignage, l'assureur et l'expert vont se retrousser les manches et revoir leurs processus. Dès qu'ils connaîtront les difficultés rencontrées par les assurés, ils ne manqueront pas de prendre en considération leurs attentes et cesseront de se complaire dans la gestion administrative nombriliste qui les caractérise actuellement. La satisfaction et le bien-être de l'assuré deviendront enfin leurs objectifs prioritaires !

En attendant cet heureux temps, je me permets de décerner un zéro pointé à ce duo – expert et assureur – pour dysfonctionnements, anomalies, approximations, défauts de conseil et manque de transparence. Au collège, le professeur aurait écrit sur le carnet de notes de ces élèves médiocres : « Résultats décevants. Peuvent faire beaucoup mieux, avec un peu plus de travail, de jugeote, d'attention et de considération pour leurs clients. »

07-02-2011 : je contacte le service Sinistres

Je dois maintenant indiquer à l'expert l'option que j'ai retenue, en respectant les consignes contenues dans le « kit assureur ». A cette fin, je repasse en revue les trois fiches jointes à son courrier du 17 janvier. Chaque fiche indique les actions à mener selon l'option choisie : en pratique les formulaires à compléter et à retourner à l'expert

La première fiche correspond à l'option 1 : « Vous cédez votre véhicule à votre assureur ». Ce n'est pas le choix que j'ai fait.

> **Option 1 : CESSION VEI**
>
> **C'est très simple !**
> **Pour céder votre véhicule à votre assureur,**
> **Il suffit de nous fournir les éléments suivants :**
>
> carte grise, déclaration de cession, déclaration d'achat, original de la facture de remorquage, clés du véhicule, certificat de non-gage, autorisation d'enlèvement du véhicule.

La seconde fiche correspond à l'option 2 : « Vous souhaitez faire réparer votre véhicule bien que le coût des réparations soit supérieur à sa valeur ». Ce n'est pas mon choix, puisque j'ai obtenu de ces professionnels l'autorisation de réparer avec une portière d'occasion, à un prix inférieur à la valeur du véhicule à dire d'expert.

> **Option 2 : REPARATION VEI**
>
> **Vous souhaitez faire réparer votre véhicule bien que le coût des réparations soit supérieur à sa valeur.**
>
> **Vous devez nous fournir le document suivant :**
>
> - **L'avis de réparation du véhicule,**
>   Daté et signé afin qu'un expert automobile puisse en réaliser le suivi des réparations dans le cadre de la procédure VEI. Vous devez nous communiquer la date et le lieu de mise en réparation du véhicule.

La troisième fiche correspond à l'option 3 : « Vous décidez de conserver votre véhicule accidenté ». Ce n'est pas non plus le choix que j'ai fait.

> **Option 3 : CONSERVATION VEI**
>
> **Vous décidez de conserver votre véhicule accidenté.**
>
> **Vous devez nous fournir le document suivant :**
>
> - **L'avis de conservation du véhicule,**
>   Daté et signé.

C'est ballot ! J'ai l'impression d'être dans la peau du personnage qui, dans le sketch de Raymond Devos, est condamné à tourner sans cesse autour du rond-point, car toutes les rues sont en sens interdit. Aucune des trois options proposées ne convient à ma situation. Comme je l'ai indiqué plus haut, l'option que j'ai retenue avec l'aval de l'assureur, de l'expert et du garagiste n'est documentée nulle part. Officiellement, elle n'existe pas ! Alors que faire ?

Dès le lundi 7 février, je contacte le service Sinistres pour faire le point. J'indique que j'ai décidé de faire réparer avec une portière d'occasion que j'ai moi-même achetée à un

particulier et livrée au garagiste le 4 février. J'indique qu'ainsi le coût de la réparation sera inférieur à la valeur du véhicule avant sinistre et que le garagiste est susceptible de commencer les réparations sous 48 heures. Puis je pose deux questions :
1. Dois-je retourner un formulaire à l'expert et, si oui, lequel ?
2. Dois-je prévenir l'expert du démarrage prochain des réparations ?

Le téléconseiller du service Sinistres m'indique que c'est l'avis de réparation que je dois envoyer à l'expert, par envoi postal. Bien que ce formulaire, conçu pour accompagner l'option 2 et qui s'intitule « Vous souhaitez faire réparer votre véhicule bien que le coût des réparations soit supérieur à sa valeur », ne corresponde pas à ma situation, je fais confiance à ce spécialiste de la gestion de sinistres. Pour ce qui est de prévenir l'expert, mon interlocuteur m'indique qu'il va s'en charger personnellement, dès la fin de notre entretien téléphonique. Et il ajoute, spontanément : « Ainsi l'expert va suivre les réparations, de manière à produire un certificat de conformité, qui permettra de lever l'opposition sur la carte grise. » Ah ! me dis-je, le gel de la carte grise, je l'avais complètement oublié, celui-là ! Heureusement que l'assureur veille au bon déroulement de la procédure !

REMARQUE. J'ai beaucoup regretté par la suite de n'avoir pas enregistré cette conversation.

Sur ces paroles rassurantes, je conclus que tout se passe normalement, dans le respect des règles habituelles. Je remercie mon interlocuteur pour son assistance, avant de raccrocher le téléphone. Dans la foulée, je complète l'avis de réparation, comme il me l'a demandé. Afin de prévenir tout malentendu, je précise toutefois sur ce formulaire que j'ai fait le choix de réparer mon véhicule, mais avec une portière d'occasion. Puis je vais le poster immédiatement à l'attention de l'expert, afin de ne pas l'oublier.

A ce stade j'ai le sentiment du devoir accompli. J'ai respecté toutes les consignes. L'assureur connaît l'état d'avancement du dossier et il va en informer l'expert. Le garagiste va pouvoir commencer les travaux de remise en état.

15-02-2011 : je récupère le véhicule après réparation

Le mercredi 9 février, le garagiste m'appelle pour m'indiquer que la portière de réemploi s'ajuste correctement sur la carrosserie du véhicule. Un problème de moins à gérer !

Le vendredi 11 février, le garagiste m'indique que les travaux de remise en état sont terminés.

Le mardi 15 février, je me rends au garage, je règle la facture et je récupère le véhicule. Le garagiste me signale que l'expert n'a pas vu le véhicule pendant les réparations. Je prends cela pour une simple information dont je ne mesure pas, à cet instant, les conséquences.

De retour à mon domicile, j'épluche la facture du garagiste.

Analyse de la facture (voir ce document page suivante)

Je constate que le garagiste a remplacé le faisceau antivol, le tube fourreau et l'arbre de direction. Il s'agit des pièces dont l'expert avait prévu d'attendre le démontage pour décider de les remplacer – ou pas – et que, de ce fait, il n'avait pas comptabilisées dans les 1388 €.

Mais puisque l'expert n'a pas vu le véhicule pendant les travaux, j'en déduis que le garagiste a pris seul la décision de remplacer ces pièces. En fait, il avait déjà intégré ce remplacement dans le devis, antérieurement au démontage. Ce remplacement était-il justifié ? Rien n'est moins sûr, car pour cela il aurait fallu que la colonne de direction ait été malmenée pendant la tentative de vol, ce qui ne semble pas avoir été le cas, mais dans le doute...

Sans ces remplacements, le montant de la facture aurait été inférieur à 200 €, autant dire une misère pour le garagiste.

Lorsque celui-ci a établi le devis de 646 € – qu'il a respecté à l'euro près – je pensais que ce montant correspondait, grosso modo, à la différence entre le prix annoncé par l'expert (1388 €) et le gain sur la portière (800 €), mais en réalité, le coût final résulte :

– d'une économie beaucoup plus importante qu'escompté initialement, sur la portière ;
– d'un coût supplémentaire, non prévu – et peut-être pas justifié – pour le remplacement de ces trois pièces.

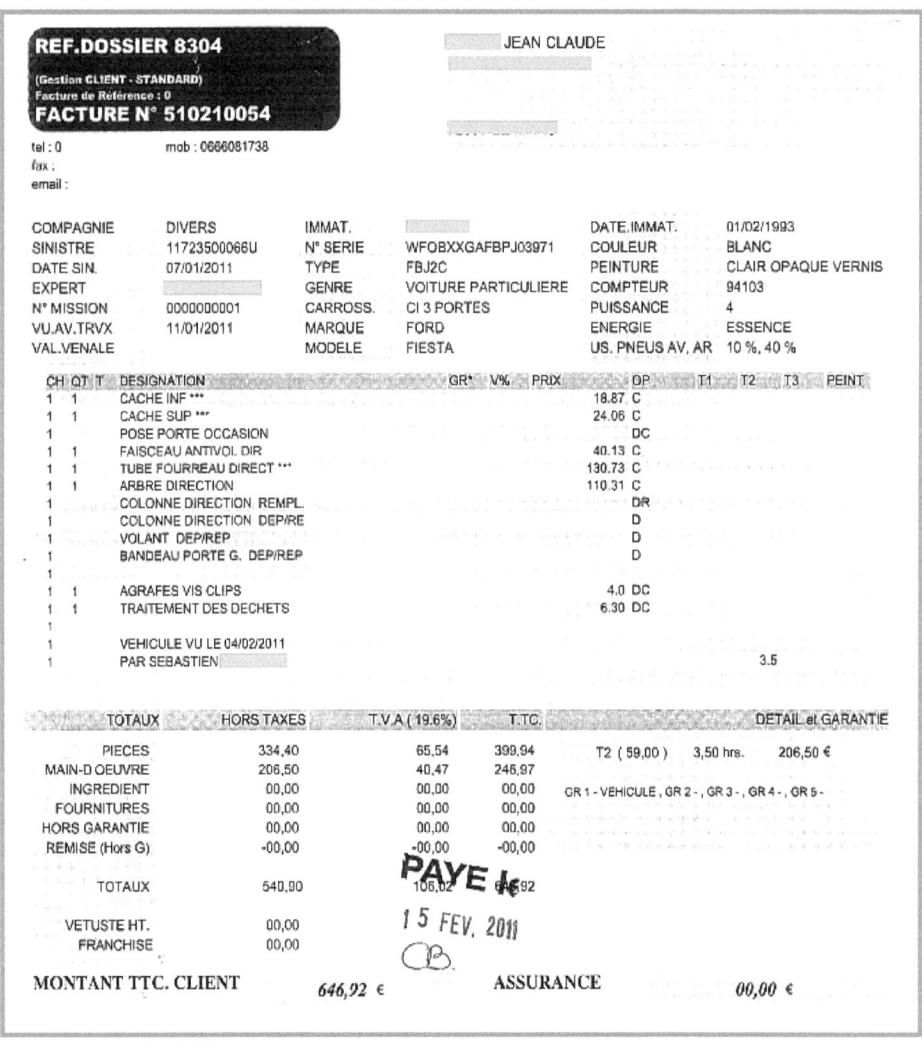

16-02-2011 : j'informe le service Sinistres

Le 16 février, je contacte le service Sinistres. J'indique que j'ai récupéré le véhicule et réglé la facture pour un montant de 646,92 €. Mon interlocuteur m'assure que, dès réception d'une copie de celle-ci, il me remboursera 646,92 € moins 152 € de franchise soit 494,92 €.

Je lui fais remarquer que j'ai eu d'autres frais – je cite la recherche, l'achat et le transport de la portière d'occasion – et je l'interroge sur la possibilité d'obtenir un dédommagement complémentaire correspondant à ces débours.

Celui-ci m'oppose un refus catégorique, au motif que l'indemnisation ne doit pas entraîner un enrichissement personnel. Candidement, je demande en quoi le remboursement de la portière d'occasion et des frais de transport constituerait un enrichissement personnel, mais j'attends encore aujourd'hui une réponse pertinente. Je l'ai quand même bien payée cette portière et transportée chez le garagiste !

Mais mon interlocuteur persiste dans son refus. Je préfère ne pas insister, tout en me promettant de reformuler cette revendication ultérieurement, auprès d'un niveau de responsabilité plus élevé.

18-02-2011 : l'assureur rembourse les frais de réparation

Voici la lettre-chèque que je reçois le 19 février, en remboursement des frais de remise en état du véhicule. L'assureur a réglé ce qu'il me devait par retour du courrier : quand les trains arrivent à l'heure, il ne faut pas hésiter à le souligner.

Une remarque, cependant, concernant le traitement de texte utilisé par l'assureur : j'ignorais qu'il existait encore des outils aussi rudimentaires !

```
            SA
      DIRECTION                              M         JEAN CLAUDE



NOS REFERENCES
0933MMA11723500066U/                              LE 18 FEVRIER 2011


      NOUS VOUS REMETTONS CI-DESSOUS UN CHEQUE D'UN MONTANT
DE              494,92 EUR A L'ORDRE DE M.         JEAN CLAUDE
En remboursement des reparations justifiees sur votre vehic
ule deduction faite de votre franchise.


      NOUS VOUS PRIONS D'AGREER NOS SALUTATIONS DISTINGUEES.
```

16-02-2011 : lettre n°3 de l'expert (une énorme surprise !)

Le 16 février, je reçois de l'expert le courrier suivant, daté du 14 février. C'est une énorme surprise qui me laisse complètement déconcerté. Il faut dire que depuis le début, avec cet expert, il se passe des choses bizarres, mais cette fois, on atteint des sommets !

---

le 14 février 2011

Madame, Monsieur,

En application de l'arrêté n°93 1444 du 31.12.93 concernant les véhicules accidentés dont les réparations sont supérieures à leur valeur, la carte grise fera l'objet d'une opposition par Mr Le Préfet (article L326.10 – L326.11 – L326.12).

Vous nous avez informés de votre décision de faire procéder à la remise en état de votre véhicule.

Nous avons estimé le coût de la remise en état, sous toutes réserves de démontage et de contrôle à 1388,20 E TTC
Cette estimation est supérieure à la valeur du véhicule qui est de 1000,00 E. TTC

AYANT REÇU DE VOTRE MUTUELLE UNE NOUVELLE MISSION D'EXPERTISE POUR LE SUIVI DES REPARATIONS ET CONTROLES DE VOTRE VEHICULE, NOUS RESTONS DANS L'ATTENTE D'UN RENDEZ-VOUS CHEZ VOTRE REPARATEUR . MERCI DE NOUS RETOURNER LE DOCUMENT JOINT INDIQUANT LA DATE DE DEPOT DE VOTRE VEHICULE CHEZ CE DERNIER AINSI QUE SES COORDONNEES.

SI NOUS N'AVONS PAS EFFECTUE CE SUIVI DE REPARATION AVANT, PENDANT ET APRES TRAVAUX, NOUS NE POURRONS ETABLIR LE RAPPORT DE CONFORMITE VOUS PERMETTANT DE LEVER L'OPPOSITION SUR VOTRE CARTE GRISE EN PREFECTURE.

PAR CONTRE, SI APRES REPARATIONS, LE VEHICULE EST CONFORME, LE SECOND RAPPORT DE CONFORMITE SERA ETABLI, CE QUI PERMETTRA LA LEVEE D'OPPOSITION DE LA CARTE GRISE.

INFORMATION PROCEDURE V.E.I. APRES DECISION DE REPARER

Ces informations portent sur le déroulement des opérations de suivi de travaux du véhicule référencé faisant l'objet des articles L.327-1 et L.326-2 du Code de la Route.

Lorsque nous intervenons pour le suivi de réparation d'un véhicule économiquement irréparable, Nous sommes investis d'une mission de sécurité routière encadrée par le Ministère des Transports.

Nous vous rappelons que la validation des réparations par l'expert dans le cadre d'un suivi V.E.I. est subordonnée à la bonne exécution des travaux de remise en état du véhicule suite au sinistre mais également à la mise en réparation des **organes de sécurité défectueux** de façon à assurer la sécurité de tous les usagers de la route.

Pour ce faire, nous devons impérativement examiner le véhicule au minimum trois fois, à savoir :
- 1er examen avant travaux
- 2e examen pendant travaux
- 3e examen après travaux

Que m'apprend ce courrier ?

1. Le courrier de l'expert fait référence à « une nouvelle mission d'expertise », probablement celle émise par le service Sinistres suite à notre échange téléphonique du 7 février. Je rappelle que ce jour là, le service Sinistres devait faire le nécessaire pour informer l'expert de mon choix d'option, ainsi que du début prochain des travaux de réparation.

Et c'est seulement le 14 février que l'expert réagit à cette communication du service Sinistres. Je me remémore à cet instant ce que m'a dit le garagiste le 15 février lorsque j'ai récupéré le véhicule : « L'expert n'a pas vu le véhicule pendant les réparations. » Pourquoi serait-il passé au garage s'il n'avait pas reçu les instructions communiquées par le service Sinistres ou pas pris connaissance de celles-ci ? Pour autant, est-ce grave ?

2. Oui, cela semble plus grave que je ne l'imaginais, car l'expert indique que pour délivrer un rapport de conformité – nécessaire pour lever l'opposition sur la carte grise – il doit « examiner impérativement le véhicule au moins trois fois, avant, pendant et après travaux ». Et pour être sûr que je vais bien mémoriser cette exigence, il ne se contente pas de l'écrire une fois, mais il en fait état deux fois dans son courrier.

C'est la première fois que ce protocole est décrit dans un courrier de l'expert. C'est pour moi une découverte totale. A cet instant, je me remémore la phrase prononcée par le service Sinistres le 7 février, à laquelle, je n'avais prêté qu'une oreille distraite : « Ainsi l'expert va suivre les réparations, de manière à produire un certificat de conformité, qui permettra de lever l'opposition sur la carte grise. »

3. Je comprends à cet instant que l'expert, n'ayant pas vu le véhicule pendant les réparations, ne pourra pas établir un rapport de conformité et que l'opposition sur la carte grise ne sera pas levée. Un fiasco complet, alors que j'avais cru prendre toutes les précautions nécessaires en appelant l'assureur le 7 février ! Je trouve cette situation très fâcheuse.

Cependant, cette nécessité, pour l'expert de voir le véhicule pendant les réparations ne résulte pas, comme il l'indique dans son courrier, de l'article L326-2 du code de la route. Pour sourire un peu et illustrer une nouvelle fois le manque de rigueur de cet expert, qui a confondu les articles L326-2 et L327-2, je cite le début de l'article L326-2 : « Nul ne peut avoir la qualité d'expert en automobile s'il a fait l'objet d'une condamnation pour vol, escroquerie, recel, abus de confiance, agressions sexuelles, soustraction commise par un dépositaire de l'autorité publique, faux témoignage, corruption ou trafic d'influence, faux ou pour un délit puni des peines du vol, de l'escroquerie ou de l'abus de confiance. »

Tous ces articles peuvent être consultés sur le site internet de Légifrance.

4. L'expert me demande de lui retourner le document intitulé « Mission d'expertise Suivi VEI », joint à son courrier (voir ce document sur la page suivante), pour connaître « la date de dépôt du véhicule chez le garagiste et les cordonnées de celui-ci. En fait, il me demande des informations qu'il est censé avoir déjà reçues, puisque je les ai communiquées le 7 février à l'assureur, pour transmission à l'expert et que je les lui ai également transmises via l'avis de réparation envoyé le 7 février (voir ce document sur la page suivante). L'assureur ne lui aurait donc pas communiqué ces informations et il n'aurait pas reçu non plus l'avis de réparation posté le 7 février ? Il est évident que nous sommes en présence d'un dysfonctionnement majeur, soit de l'assureur, soit de l'expert, soit des deux, sans que je puisse, à ce stade, en imputer, avec certitude, la responsabilité à l'un ou à l'autre.

Pour l'heure, c'est moi qui suis dans la panade.

> **AVIS DE REPARATION DU VEHICULE**
>
> Réf Dossier : ....
>
> Numéro de contrat : ....
>
> Je soussigné(e) : Jean-Claude
>
> - reconnais avoir pris connaissance des propositions d'indemnisation présentées par l'assureur
> - décide de faire réparer mon véhicule immatriculé :........................... avec porte avant gauche d'occasion............
> - j'indique le lieu exact de mise en réparation de mon véhicule :
>
> ....
> ....
>
> à compter du 08/02/2011
>
>   Fait à ...., le 07/02/2011
>
>   Signature

Ci-contre, l'avis de réparation du véhicule transmis à l'expert le 7 février, par envoi postal, suite à mon échange téléphonique avec l'assureur.

Il indique à l'expert l'adresse du garage et la date prévue pour le début pour les réparations.

L'assureur devait communiquer à l'expert ces mêmes informations le 7 février après notre échange téléphonique.

Ci-contre, les informations que l'expert me demande de lui retourner dans son courrier du 14 février : les coordonnées du réparateur et la date de l'ordre de réparation !

> **MISSION D'EXPERTISE SUIVI V.E.I.**
>
> Je soussigné : Monsieur   JEAN CLAUDE
>
> Demeurant :
>
> Donne mission d'expertise au Cbt   , expert agréé, pour la mise en œuvre de la procédure « Véhicules économiquement irréparables », (Art. L326-12 du Code de la Route), de procéder aux examens et démarches qu'il jugera nécessaires à la remise en conformité de mon véhicule. J'ai eu connaissance que cette mission peut m'engager à des frais supplémentaires ne concernant pas le sinistre en référence, notamment concernant les organes de sécurité du véhicule :
>
>   MARQUE   : FORD
>   TYPE : :   : Fiesta 1.1i Fun
>   IMMATRICULATION : ....
>
> En vue de me permettre la levée de l'opposition sur mon certificat d'immatriculation, tel que défini à l'article L326-12 du Code de la Route.
>
> J'ai donné ordre de réparation le :
>
> Au réparateur :
>
>   Fait à   le
>   SIGNATURE :

5. Je souhaite réagir à la phrase : « Nous vous rappelons que la validation des réparations par l'expert est subordonnée également à la mise en réparation des organes de sécurité défectueux, de façon à assurer la sécurité de tous les usagers de la route. » Ce qui signifie que l'expert peut demander le remplacement d'organes de sécurité, même si ceux-ci n'ont aucun rapport avec le sinistre. Il est révoltant que l'expert ait attendu aussi longtemps pour énoncer cette règle, inconnue de l'assuré lambda, qui ne coule pas de source et que, en outre, il laisse entendre – par malhonnêteté intellectuelle ou par inorganisation – qu'il s'agit d'un rappel, alors que c'est la première fois qu'elle est mentionnée dans un de ses courriers.

16-02-2011 : très contrarié, je contacte le service Sinistres

Le jour même – 16 février – j'appelle le service Sinistres pour lui demander de s'expliquer sur la cause de cette regrettable situation. S'agissant d'un plateau téléphonique, le gestionnaire qui me répond – est-il besoin de le préciser ? – n'est pas celui avec lequel j'ai été en communication le 7 février. J'ignore de quelles informations il dispose sur mon dossier.

Je ne sais pas encore à cet instant que la conversation téléphonique qui s'amorce va durer plus de 40 minutes : un record pour ce qui me concerne.

J'indique à mon interlocuteur que, contrairement à ce qu'avait annoncé son collègue le 7 février, l'expert n'a pas vu le véhicule pendant les réparations. Or cet examen est indispensable pour permettre l'établissement d'un rapport de conformité et obtenir la levée de l'opposition sur la carte grise : c'est ce que l'expert vient de me signifier dans son courrier du 14 février. Je lui fais observer que le service Sinistres est responsable ou coresponsable (avec l'expert) de cette situation et je lui demande de m'indiquer ce qu'il compte faire pour pallier les conséquences fâcheuses de ce dysfonctionnement.

Pendant un long moment, il me fait comprendre clairement qu'il ne compte rien faire car il refuse obstinément de reconnaître une quelconque responsabilité du service Sinistres. Comment peut-il être aussi catégorique alors qu'il n'a pas assisté à l'échange du 7 février ? Il est vrai que reconnaître un dysfonctionnement reviendrait, pour lui, à mettre en cause le travail d'un collègue, ou celui de l'expert, ce que manifestement, il s'interdit de faire. Et pourtant, quelle autre explication pourrait-on imaginer pour expliquer ce loupé ?

Je ne peux malheureusement pas reproduire exhaustivement cet échange téléphonique, faute de l'avoir enregistré. On l'aurait entendu nier, avec un aplomb inouï, la responsabilité du service... sans disposer d'un seul élément concret pour le démontrer.

Le déni de responsabilité de sa part était si fort et la volonté de réparer si faible que mon interlocuteur m'a passablement agacé. Ces gens là seraient-ils infaillibles, pour refuser d'admettre qu'une erreur est toujours possible ?

Après l'avoir harcelé pendant près de 40 minutes, j'obtiens finalement une proposition de sa part : « Si l'expert est d'accord, me dit-il, il lui sera peut-être possible de produire un certificat de conformité sur présentation d'un contrôle technique. Mais je dois valider au préalable cette solution avec lui. » En somme, il envisage de mettre en œuvre une procédure de « rattrapage », suite au fiasco de la procédure standard.

Mon interlocuteur tente de contacter l'expert sur-le-champ, pour solliciter son aval, mais celui-ci est en tournée. Il me promet de le rappeler ultérieurement et de me communiquer, par courriel, le résultat de son échange avec lui. Il tient en effet sa promesse et, trois jours plus tard, il m'adresse le courriel reproduit sur la page suivante.

```
-----E-mail d'origine-----
De :          l.Jeremy <jeremy.        i@         .fr>
A :                      ;@aol.com>
Envoyé le : Samedi. 19 Février2011 18:29
Sujet : RE: Fiesta /Dossier              6U.

Pour répondre point par point a vos questions:

1- L'expert n'ayant pu voir votre véhicule pendant les réparations. il serait prêt à étudier la
possibilité de rendre un rapport en conformité en présence d'un contrôle technique et de
géométrie qui permettent de valider la conformité de votre véhicule.

2- Ces contrôles permettraient une étude de l'expert qui ne peut s'engager pour le
moment car votre véhicule ne doit pas présenter de dysfonctionnement même en dehors
des dommages subis lors du sinistre.

3- Les frais pour le suivi des réparations sont effectivement pris en charge par        ainsi
que le contrôle technique et le contrôle de géométrie.

4-Les modalités pratiques sont les suivantes: il vous appartient d'effectuer les contrôles
demandés par l'expert et de nous transmettre les résultats ainsi que leurs facturations
pour les soumettre à l'expert.

Espérant répondre a vos attentes. je me tiens a votre disposition au 08

Cordialement.
```

Sur sollicitation de l'assureur, l'expert a donc donné son feu vert pour la mise en œuvre d'une procédure alternative que j'ai qualifiée *supra* de « rattrapage ».

Ce courriel ne laisse subsister aucun doute sur la raison d'être de cette procédure (« l'expert n'ayant pu voir votre véhicule pendant les réparations »), ni sur son caractère exceptionnel (« il serait prêt à étudier la possibilité... »). Cette remarque a son importance, comme on le verra par la suite.

Au contrôle technique évoqué par le téléconseiller, l'expert a ajouté un contrôle de géométrie. Il me faut donc maintenant faire réaliser ces deux contrôles, puis transmettre les résultats à l'assureur qui les transmettra à l'expert.

Dans sa grande bonté, le service Sinistres est par ailleurs d'accord pour me rembourser le coût de ces contrôles, probablement en compensation de la faute commise. C'est en tout cas comme cela que je l'interprète, bien que l'assureur se garde bien de présenter ainsi cette générosité, ce qui reviendrait implicitement à reconnaître une faute de sa part.

04-03-2011 : contrôle technique et contrôle de géométrie

Olivier présente le véhicule au contrôle technique et au contrôle de géométrie le 4 mars. Le contrôle de géométrie ne révèle aucune anomalie particulière. Je ne le reproduis pas ici, car il présente une série de mesures très indigestes pour un non initié.

Quant au contrôle technique, il recense quatre défauts, sans obligation de contre-visite.

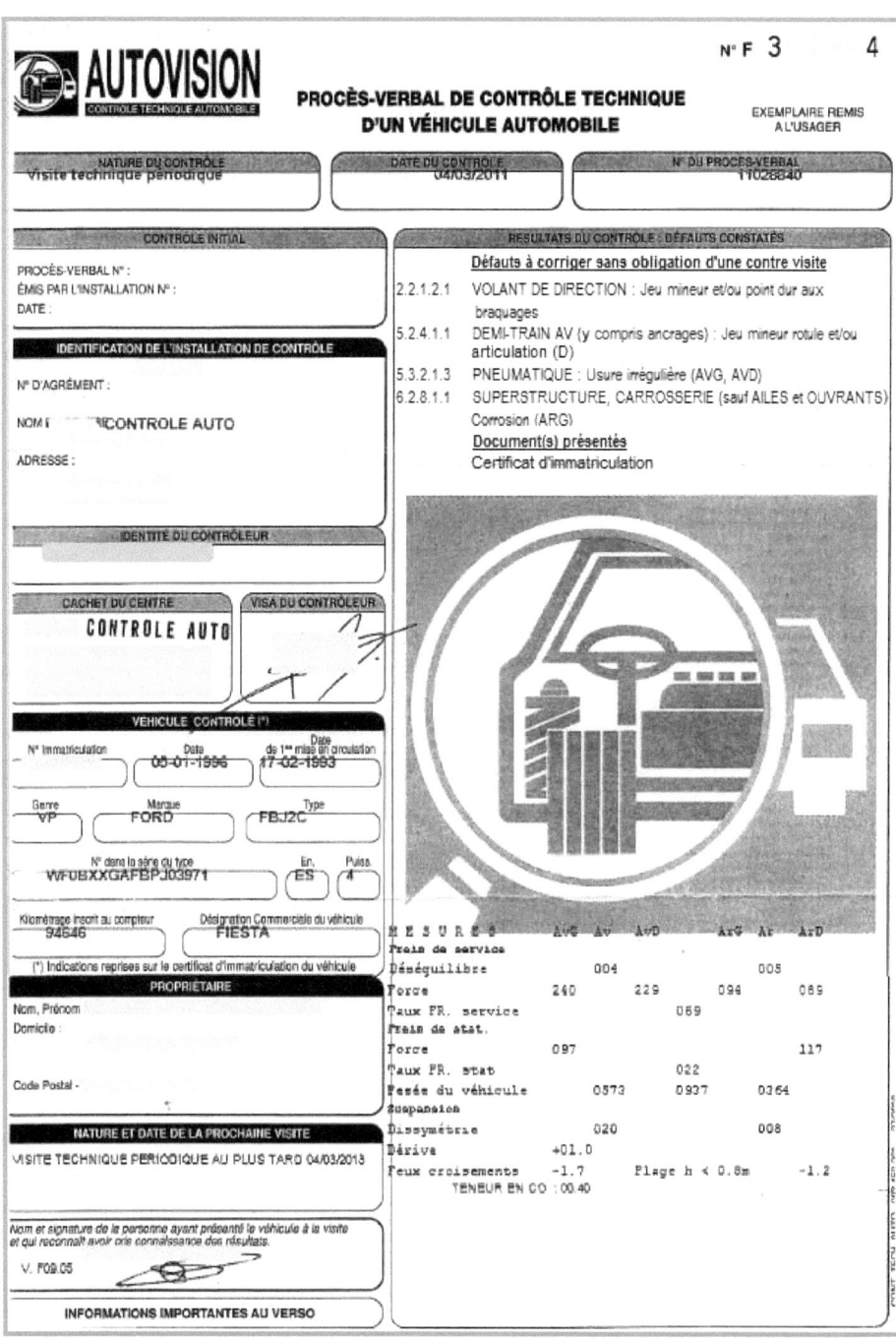

Le 8 mars, je transmets, par courriel, les copies du contrôle technique et du contrôle de géométrie ainsi que les factures correspondantes, au service Sinistres, qui doit les transmettre à l'expert, comme il me l'a indiqué. Maintenant, il n'y a plus qu'à attendre le verdict de l'homme de l'art. Va-t-il délivrer le certificat de conformité, ou pas ? Le suspense est à son paroxysme !

En attendant, le véhicule peut circuler en toute légalité, sans qu'il soit besoin de prévoir un nouveau rendez-vous pour contre-visite.

28-03-2011 : l'assureur rembourse les contrôles

Le 28 mars, le service Sinistres m'adresse un chèque de 161,70 € en remboursement des deux contrôles. En l'absence de toute explication relative à ce versement, je considère toujours celui-ci comme un geste commercial, en compensation de la boulette commise.

```
NOS REFERENCES
0933    11723500066U/                                    LE 28 MARS 2011


      NOUS VOUS REMETTONS CI-DESSOUS UN CHEQUE D'UN MONTANT
DE              161,70 EUR A L'ORDRE DE M.          JEAN CLAUDE

En remboursement du controle technique et de geometrie. Nou
s transmettons les pieces a l expert pour etudier sa possib
ilite de rendre un rapport en conformite.

   NOUS VOUS PRIONS D'AGREER NOS SALUTATIONS DISTINGUEES.
```

Le courrier indique également que le service Sinistres transmet les pièces à l'expert. Ces documents seraient donc restés du 8 au 28 mars – soit 20 jours calendaires – au service Sinistres ? Ce délai me paraît bien long. Renseignements pris, mon correspondant a pris des congés et n'a traité mon envoi qu'à son retour. N'aurait-il pas pu s'organiser en conséquence pour éviter que ces documents ne soient mis en attente aussi longtemps, ou me proposer de les envoyer directement à l'expert, sans passer par son intermédiaire ?

18-04-2011 : lettre n°4 de l'expert (le verdict)

La réponse de l'expert m'arrive par un courrier daté du lundi 18 avril, tamponné le vendredi 22 avril par la poste et reçu à mon domicile le 26 avril. Je note que ce courrier a séjourné 4 jours ouvrés chez l'expert entre sa dactylographie et son dépôt à la poste. Qui est responsable d'un délai aussi long ? L'expert ou sa secrétaire ? Quelle que soit l'explication, on pressent que la réactivité n'est pas un souci majeur du cabinet. Il n'y a pas lieu de s'étonner, dans ces conditions, que l'expert ait pu manquer la visite qu'il aurait dû faire au garage le 8 février.

Quant au délai global de l'opération, il est ahurissant. Entre la date à laquelle j'ai transmis ces contrôles au service Sinistres – le 8 mars - et la date à laquelle je reçois la réponse de l'expert -le 26 avril - 49 jours se sont écoulés. Sur ces 49 jours, 20 ont sont imputables à l'assureur et 29 à l'expert. Feraient-ils un concours de lenteur ?

On l'a vu, la réactivité individuelle de chaque acteur et la réactivité globale du couple assureur- expert sont particulièrement médiocres et bien peu respectueuses à l'égard d'un client qui n'a d'autre choix que d'attendre patiemment le bon vouloir de ces mandarins.

Et maintenant, voici le verdict de l'homme de l'art :

RAPPORT D'EXPERTISE DE NON CONFORMITE

Selon les articles de loi L327-1 à L327-3 du Code de la Route et conformément à votre demande, nous avons examiné le véhicule dont les caractéristiques sont les suivantes :

- Marque / modèle : **FORD Fiesta 1.1i Fun**
- Immatriculation :
- N° de série : **WF0BXXGAFBPJ03971**
- Type n° : **FBJ2C**
- 1ère mise en circ : **01/02/93**
- Puissance : **4**
- ENERGIE : **ESSENCE**
- Nombre de places : **5**
- Couleur : **BLANC**
- Kilométr. Compt. : **94103 KM**

OBSERVATIONS :
Nous avons contrôlé le véhicule référencé ci-dessus dans le cadre de la procédure V.E.I. Les réparations ont été effectuées par :   lequel assume son obligation de résultat.
N° SIRET GARAGE :
Nous avons examiné le véhicule avant travaux le : 11/01/11
Nous avons effectué de nouvelles visites en cours de travaux le : -
Un contrôle technique a été effectué le : non effectué
Le contrôle final a été réalisé en date du : 15/02/11

Personne présente lors des opérations d'expertise: Réceptionnaire

Référence du premier rapport : 110764 Du 12.01.11 Cbt
Expert : M.

CONCLUSIONS :
Nous pouvons certifier que la réparation a été correctement réalisée mais nous ne pouvons pas certifier que le véhicule peut circuler dans les conditions normales de sécurité.
Le contrôle technique du 4/03/2011 fait état de la nécessité de remplacer les pneumatiques avant et la rotule de direction avant droite.

Tant que ces éléments n'auront pas été remplacés (facture d'un professionnel à l'appui), nous ne pourrons délivrer de rapport de conformité.
Véhicule techniquement réparable

Fait à-   le 18/04/11
Monsieur

REMARQUES.

Je note tout d'abord que ce rapport de non conformité comporte deux erreurs ou - au minimum – deux grosses approximations :

1. Le contrôle technique du 4 mars 2011 ne fait pas état de la nécessité de remplacer les pneumatiques avant, comme l'écrit l'expert. Il signale seulement une usure irrégulière.

2. Le contrôle technique du 4 mars 2011 ne fait pas état non plus de remplacer la rotule de direction avant droite. Il indique seulement « Demi-train avant (y compris ancrages) : jeu mineur rotule et/ou articulation ». La nuance est de taille : la rotule est peut-être en cause, mais l'anomalie signalée par le contrôle technique désigne un ensemble de pièces dont la rotule n'est qu'un élément.

Notre expert a-t-il le droit d'interpréter de façon aussi peu rigoureuse les défauts constatés par le contrôle technique. S'agit-il d'un abus de pouvoir, de dilettantisme ou d'incompétence : je me pose clairement la question.
Quant au véhicule concerné, sa situation est maintenant la suivante :
- pour le contrôle technique, il peut circuler normalement, sans contre-visite ;
- pour l'expert, qui s'appuie sur les résultats de ce même contrôle technique, « il ne peut être certifié que le véhicule peut circuler dans des conditions normales de sécurité ». En conséquence, il ne peut pas délivrer un certificat de conformité et l'opposition au transfert de la carte grise ne peut être levée.

Comment le candide que je suis ne s'étonnerait-il pas de cette situation ? La conclusion que j'en tire, c'est qu'un contrôle technique passé avec succès ne « garantit pas que le véhicule peut circuler dans des conditions normales de sécurité » ! Dans ces conditions, on peut se demander à quoi servent ces contrôles. Dorénavant, après un contrôle technique réussi, je ne serai jamais plus totalement serein en prenant le volant !
Et si ma Fiesta présente un risque de sécurité, à un point tel qu'il ne puisse être vendu à un tiers, pourquoi me laisse-t-on circuler avec ce véhicule potentiellement dangereux à la fois pour moi, mais aussi pour les autres usagers de la route ?

24-05-2011 : mon avis intéresse l'assureur

A cette date, l'assureur considère que le sinistre est clos, puisque j'ai été indemnisé. C'est l'occasion pour le « Responsable Qualité » de m'adresser une fiche d'évaluation de la prestation fournie par la compagnie. Cette fiche comporte dix questions auxquelles il convient de répondre en cochant une case parmi quatre, pour noter le niveau de satisfaction ou d'insatisfaction du client : très satisfait, plutôt satisfait, peu satisfait, pas du tout satisfait. J'ai tellement de choses à dire à l'assureur que je trouve ce formulaire beaucoup trop superficiel, même si une zone libre (trop limitée à mon goût) a été prévue pour rédiger des observations et des suggestions d'amélioration de la qualité du service.
Je saisis cette opportunité pour rédiger un long courrier dans lequel je raconte les péripéties que je viens de vivre, en soulignant les faits que j'ai perçus comme des anomalies ou des dysfonctionnements. Et je pose une dizaine de questions, pour tenter d'y voir plus clair. Compte tenu de sa longueur – 18 pages – ce courrier n'a pas été restitué ici, mais voici, en synthèse, les dix questions, qui se sont au final avérées bien embarrassantes pour l'assureur, que j'ai posées à son responsable qualité :
1. Pourquoi l'assureur a-t-il préconisé, lors de la déclaration de sinistre, une photo-expertise pour demander quelques heures plus tard une expertise standard ?

2. Pourquoi l'assureur ne rappelle-t-il pas dès le départ que les frais de remise en état du véhicule ne sont couverts par l'assureur qu'à concurrence de la valeur à dire d'expert ?

3. Pourquoi la déclaration de l'expert annonçant l'envoi du véhicule chez un casseur-récupérateur éloigné de 50 kilomètres, n'a-t-elle pas été suivie d'effet ?

4. Pourquoi l'assureur ne propose-t-il pas une option 4, permettant l'utilisation de pièces de réemploi et détaillant la procédure à appliquer ?

REMARQUE. Lors de mon échange téléphonique du 16 février, j'avais indiqué au gestionnaire sinistres que cette option 4 n'était pas documentée dans le « kit assureur » et que cela était fort gênant. Sa réponse fut la suivante : « L'utilisation de pièces de réemploi se fait dans le cadre de l'option 2 et par conséquent une quatrième option n'est pas nécessaire. » Voilà très certainement une réponse que mon interlocuteur avait improvisée dans l'urgence, pour ne pas reconnaître la carence de l'assureur en la matière, car pour affirmer cela, il faudrait au minimum que la possibilité d'utiliser des pièces de réemploi soit mentionnée dans la fiche descriptive de l'option 2, que le titre de l'option soit adapté, etc.

Mais le téléconseiller, à qui personne n'a dû demander son avis lors de la conception du « kit assureur », pouvait-il avouer à un assuré les lacunes de celui-ci ?

5. Pourquoi l'expert ne m'a-t-il pas suggéré l'utilisation d'une portière d'occasion, alors que la portière neuve représentait près de 90% des frais de remise en état du véhicule ?

6. Pourquoi le rapport d'expertise n'est-il pas envoyé au propriétaire du véhicule préalablement au choix d'une des trois options proposées ?

7. Comment l'assuré fait-il, en l'absence du rapport d'expertise pour connaître la valeur résiduelle après sinistre du véhicule et par conséquent le montant exact de l'indemnisation ?

8. Comment, sans ce document, peut-il savoir s'il y a des pièces à contrôler au démontage et susceptibles d'être remplacées, avec augmentation correspondante des frais de remise en état?

9. Si l'assureur et l'expert ne s'opposent pas à l'utilisation d'une pièce d'occasion, sont-ils vraiment favorables à cette solution ?

10. Pourquoi l'assureur empoche-t-il tout le bénéfice de l'utilisation d'une porte d'occasion, alors que c'est l'assuré qui s'est décarcassé pour réduire les coûts ?

Revenons en détail sur la question 10.

On se rappelle que le service Sinistres avait refusé de rembourser mes frais annexes - notamment l'achat et le transport de la portière d'occasion, sous prétexte qu'un règlement de sinistre ne doit pas être une source d'enrichissement personnel pour l'assuré. Or, si je ne m'étais pas investi dans la mise en œuvre d'une solution permettant d'utiliser une portière d'occasion, l'assureur aurait dû débourser soit 848 € – si j'avais choisi l'option 1 – soit 788 € –si j'avais choisi l'option 2 ou l'option 3.

Grâce à mon initiative, il n'a déboursé que 494,92 €. et fait une économie de 788 – 495 = 293 €, sans rien faire, tandis que moi, sans aucune compensation financière :

– j'ai interrogé les trois principaux acteurs de cette prestation (assureur, expert, garagiste), pour savoir s'il était possible d'utiliser une portière d'occasion ;

– j'ai recherché et acheté la portière d'occasion ;

– je l'ai transportée au garage (cinq heures de route aller-retour).

Il y a là, me semble-t-il une injustice, évidente pour tout le monde, sauf pour mon assureur, qui n'a, apparemment, rien trouvé d'anormal à cette situation. Je n'ai pas manqué d'insister sur cet argumentaire dans mon courrier du 24 mai 2011. Que va-t-il en retenir ?

09-06-2011 : lettre n°1 du service Sinistres

Le « Responsable Qualité » a transmis mon courrier au service Sinistres, qui répond :

> **VOTRE AGENCE**
>
> **NOS REFERENCES**
> Votre sinistre du 7/1/2011
> sur contrat n°
> N/références   11723500066U
> N° tél :
>
> **Tout courrier est à adresser à :**
>
> MR   JEAN CLAUDE
>
> Le 09/06/2011
>
> Cher Monsieur,
>
> Je fais suite à votre courrier du 24 mai dans lesquels vous me faites part de votre incompréhension concernant la gestion de votre sinistre du 07 janvier dernier.
>
> Tout d'abord suite à l'expertise de votre véhicule, le cabinet   déclare votre Ford Fiesta économiquement non réparable, ce qui signifie que le montant des réparations (1388,20 euros) est supérieur à la valeur avant sinistre de votre véhicule, estimée à 1000 euros.
>
> Le 17 janvier, afin d'éviter tout frais de gardiennage l'expert demande a un épaviste de retirer à titre conservatoire le véhicule de la carrosserie
> L'expert vous fait part également de ses conclusions, et des différentes options qui s'offrent à vous :
> - la cession de votre véhicule à   , indemnité due : valeur du véhicule avant sinistre déduction faite de la franchise de 152 € soit 848 €.
> - la réparation de votre véhicule, conformément à l'article L 327-3 du code de la route : un gel de carte grise est positionné en préfecture et un suivi des réparations réalisé par l'expert est nécessaire pour lever cette opposition. Prise en charge des réparations dans la limite de la valeur du véhicule déduction faite de la franchise soit 848 €..
> - la conservation de votre véhicule en l'état, indemnité due 788 €. La valeur de l'épave est déduite de votre indemnité, puisque conservée par vous, et une opposition à tout transfert du certificat d'immatriculation est positionnée.
>
> Afin de diminuer le coût des réparations, vous décidez de remettre en état votre véhicule avec des pièces d'occasions.
> Il faut savoir, que la réparation avec des pièces d'occasions n'est jamais proposée aux assurés. En effet, tout d'abord dans le cadre du suivi des réparations l'expert engage sa

Réponse du service Sinistres: page 2/2

Tout courrier est à adresser à :

responsabilité et doit donc valider ce mode de procédé, il faut également une traçabilité sur la provenance des pièces d'occasions.

Concernant votre véhicule, l'expert ne s'est pas opposé à la réparation avec des pièces d'occasions.

Toutefois, une opposition à tout transfert du certificat d'immatriculation est toujours présente sur votre véhicule. En effet dans le cadre du suivi des réparations, l'expert a délivré un rapport de non conformité précisant : « Nous pouvons certifier que la réparation a été correctement réalisée mais nous ne pouvons pas certifier que le véhicule peut circuler dans les conditions normales de sécurité.
Le contrôle technique du 04/03/2011 fait état de la nécessité de remplacer les pneumatiques avant et la rotule de direction avant droite. »

Même si ces défauts ne font pas l'objet d'une obligation de contre visite, l'expert, qui engage sa responsabilité professionnelle au travers du rapport de conformité, est en droit d'exiger la réparation de ces éléments.

Par conséquent, pour lever l'opposition vous devez remplacer les éléments mentionnés sur le contrôle technique, avec factures d'un professionnel à l'appui pour l'expert.

Enfin concernant le montant de l'indemnité versée, je comprends votre analyse qui souligne que vous a indemnisé pour un montant de 655,62 euros alors que la procédure ci-dessus prévoit un minimum d'indemnisation de 788 euros en cas de conservation de votre véhicule.

Je vous adresse par pli séparé un règlement de 131, 78 euros correspondant au différentiel entre l'indemnité versée et le minimum d'indemnité dû.

Je vous prions d'agréer, Cher Monsieur, mes salutations les meilleures.

Lucie

Analyse de la réponse

1. « Le contrôle technique du 4 mars 2011 fait état de la nécessité de remplacer les pneumatiques avant et la rotule de direction avant droite » indique mon interlocutrice.

Manifestement, elle n'a pas lu le contrôle technique, mais s'est limitée à faire un « copié-collé » du courrier de l'expert.

2. Néanmoins, je la félicite, car, ce point mis à part, ce courrier est une très bonne synthèse de la situation et une excellente réécriture de mon courrier du 24 mai 2011. Le hic, c'est qu'il ne m'apprend rien, car, exception faite de la réponse qu'il apporte à la question 10 (voir *infra*), il ne dépasse pas le stade de la reformulation. Heureusement, il répond positivement à la question n°10 – mon courrier n'aura pas servi à rien –, ce dont je lui sais gré, mais je cherche vainement les réponses aux questions 1 à 9 !

3. Questions 1, 2, 3, 6, 7, 8, 9 : aucune amorce de réponse. Ces questions sont totalement ignorées. L'assureur n'aurait-il rien à dire sur ces sujets ?

4. Questions 4 et 5 : à la question « pourquoi » ne m'a-t-on pas proposé de réparer avec des pièces d'occasion, on me répond que ce n'est « jamais proposé ». C'est un peu court comme réponse. Il serait bien qu'on m'explique pourquoi, alors que d'autres compagnies le proposent. C'est le pourquoi qui m'intéresse ! Pourquoi favoriser une solution aberrante au détriment d'une solution intelligente ? Pourquoi proposer de monter une portière neuve sur une voiture âgée de près de vingt ans, alors qu'une portière d'occasion peut remplir les mêmes fonctions à un coût très inférieur et avec les mêmes garanties en matière de sécurité ? Mais je dois pour l'instant me contenter de cette réponse, qui équivaut à : « C'est comme ça ».

On me dit également qu'il faut une traçabilité sur l'origine des pièces. Il faut imaginer que cette règle souffre quelques exceptions, car personne n'a cherché à connaître la provenance de ma portière d'occasion !

5. Question 10 : c'est la seule question qui ait retenu l'attention de l'assureur. Celui-ci a « compris mon analyse » – ah, que c'est agréable d'être compris ! – et il « m'adresse par pli séparé un règlement de 131,78 € correspondant à la différence entre l'indemnité versée et le minimum d'indemnité prévu.» C'est une petite victoire. Mais il m'a tout de même grugé ! Il me verse 788 € - 656,62 € = 131,38 €, parce qu'il considère qu'il m'a déjà indemnisé de 656,62 €, alors qu'en réalité, il ne m'a indemnisé que de 494,92 €. En fait, il a ajouté aux 494,92 € les 161,70 € réglés en remboursement du contrôle technique et du contrôle de géométrie. Je n'avais pas compris que cette somme n'était qu'une avance, à déduire ultérieurement d'hypothétiques remboursements à venir !

Ce faisant, l'assureur me reprend d'une main ce qu'il m'a donné de l'autre. De plus, il commet une erreur de calcul, car 788 - 656,62 = 131,38 et non 131,78 €, comme il l'a calculé. Là, je pinaille, j'en conviens. Mais c'est tout de même une erreur, probablement une faute de saisie due à un manque d'attention. Dois-je lui restituer les 40 centimes qu'il m'a versés à tort et qui contribuent, pour le coup, à mon « enrichissement personnel » ?

Je signale également à la rédactrice de ce courrier qu'elle se contredit lorsqu'elle indique que dans le cas de la réparation du véhicule, l'indemnité due est de 848 €, alors qu'au moment de calculer le complément d'indemnité qu'elle va me verser, elle considère que le minimum d'indemnité due n'est pas 848 €, mais 788 €.

Ce ne sont là que des broutilles, mais qui peuvent être révélateurs d'un manque d'attention et d'une prédisposition à faire un jour des boulettes beaucoup plus graves.

09-06-2011 : l'assureur me verse 131,78 €

Comme annoncé par le service Sinistres dans son courrier précédent...

```
NOS REFERENCES
2518   11723500066U/                             LE 09 JUIN 2011


    NOUS VOUS REMETTONS CI-DESSOUS UN CHEQUE D'UN MONTANT
DE            131,78 EUR A L'ORDRE DE M.        JEAN CLAUDE
EN REGLEMENT DE L'AFFAIRE EN REFERENCES.

En reglement complementaire de vos dommages suite a votre s
inistre du 07 janvier dernier.


    NOUS VOUS PRIONS D'AGREER NOS SALUTATIONS DISTINGUEES.
```

Puis-je suggérer à l'assureur de se doter d'un traitement de texte un peu plus évolué, afin d'accentuer les lettres qui le méritent et de couper intelligemment les mots ?

20-07-2011 : je fais réparer le véhicule

Depuis le 26 avril, date à laquelle j'ai reçu le certificat de non conformité, je sais que je dois faire remplacer les pièces signalées par l'expert, si je veux que l'opposition sur la carte grise soit levée. Mais comme le véhicule roule – avec la bénédiction du contrôle technique –, que mon fils l'utilise pour aller au travail et que je ne perçois pas d'urgence particulière, j'attends, pour faire réaliser ces travaux, une opportunité.

Celle-ci se présente à la mi-juillet. A cette date, mon fils Olivier part en vacances et, n'ayant pas besoin de voiture pour les deux semaines à venir, il ramène la Fiesta sur mon lieu de résidence. J'en profite pour faire procéder aux réparations.

Le 20 juillet à 8h30, je dépose le véhicule chez mon garagiste et lui demande de remplacer les pneus avant et la rotule de direction avant droite. A 10 heures, le mécanicien, qui vient de commencer les travaux, me téléphone. Il me demande de confirmer que c'est bien la rotule avant droite qu'il doit remplacer, car, pour lui, elle est en parfait état.

A ce stade, j'aurais dû faire stopper les travaux, demander à l'expert de se mettre en relation avec le garagiste et de reconsidérer sa position. Mais sous quel délai cet échange téléphonique aurait-il pu avoir lieu ? Quant au garagiste, il aurait dû différer la prise en charge de mon véhicule, si bien que par lassitude et par souci d'en terminer au plus tôt avec cette affaire, je confirme qu'il faut bien changer cette rotule : le mécanicien doit encore se demander pourquoi. L'aspect positif de cette péripétie, c'est qu'il existe des garagistes honnêtes qui ne cherchent pas à remplacer des pièces en bon état, pour accroître leur bénéfice.

Cet épisode ne fait que renforcer la présomption d'incompétence que je nourris à l'égard de l'expert depuis que j'ai pris connaissance de l'interprétation qu'il a faite des résultats du contrôle technique (cf défaut 5.2.4.1.1).

Pour moi, il ne fait pas de doute que le verdict de mon garagiste, qui s'apprêtait à démonter la rotule ou qui l'avait déjà démontée, est nécessairement plus fiable que le verdict que l'expert a rendu sans avoir soulevé le capot. Quant au jeu mineur constaté par le contrôle technique, le garagiste m'a indiqué qu'un simple resserrage d'écrou avait corrigé le problème. J'ai donc payé le remplacement de la rotule pour les beaux yeux de l'expert. En réalité, le remplacement de la rotule est peu onéreux, mais il a nécessité (pour une centaine d'euros supplémentaires) un nouveau contrôle de géométrie et un réglage du parallélisme, quatre mois après le précédent contrôle demandé par l'expert.

Au final, le garagiste me présente la facture, que voici. Je règle et je repars avec le véhicule.

FACTURE Atelier N° : 194435 M.

N° Doc./O.R. : 59436
Réceptionnaire : ACCUEIL
Compte :
Mode de règlement : Chèque
Règlement prévu le : 20/07/2011

PAGE	DATE	KMS	MARQUE	MODELE	IMMAT.	N° SERIE/N° FAB.	DATE LIVR.
1/2	20/07/2011	98840	FORD	FIESTA '96		WF0BXCGAFBPJ03971	17/02/1993

Désignation	Référence	Temps/Quantité	Prix Unit. H.T.	%Rem	Prix Net H.T.	Montant H.T.	C T
Date M.E.C. : 17/02/1993							
Type : FBJ2C							
Forfait	TZA1				(39,00 T.T.C.)	32,60	2
Montage,Rempl,Valve,Masses,Equil.2							
DEM REM 2 PNEUS, EQUILIBRAGE	1999		inclus				
VALVE DE ROUE	7700728552	2,00	inclus				
Sous Total Forfait(s) :		32,60					
REMPL. ROTULE DE DIRECT- AVD	*2888	0,20	45,99		45,99	9,20	2
REMPL. POIGNEE CAPOT	*1999	0,20	36,21		36,21	7,24	2
CTRL GEOMETRIE TRAINS AVANT ET ARRIERE	**3464	1,20	47,07		47,07	56,48	2
REGL DU PARALL TRAINS AVANT ET ARRIERE	**3465	0,30	47,07		47,07	14,12	2
ESSAI VEHICULE	**0129	0,50	45,99		45,99	23,00	2
Sous Total M.O. :		110,04					
GOODYEAR 175/70 R13 82T DURAGRIP	7711436833	2,00	66,00	20,0	52,80	105,60	2
Sous Total Pièce(s) :		105,60					
POIGNEE TIRETTE	PI	1,00	9,63		9,63	9,63	2
EMBOUT BIELLETTE	PI	1,00	20,70		20,70	20,70	2
COLLECTE DECHETS	CD		2,00		2,00	2,00	2
Sous Total Divers :		32,33					

(* : Opération(s) Facturée(s) selon le temps passé)
(** : Opération(s) Facturée(s) selon le temps barème)
TVA PAYEE SUR LES ENCAISSEMENTS
pénalités pour retard de paiement: 1%

Dès le 21 juillet, j'envoie une copie de la facture à l'expert et je me mets en attente du rapport de conformité. Maintenant que les demandes de l'expert ont été intégralement satisfaites, j'imagine qu'il s'agit d'une simple formalité. Du 30 juillet au 17 août, je pars en villégiature à la campagne : cette information est tout sauf anodine, comme on le verra ci-après.

02-08-2011 : lettre n°5 de l'expert (le rendez-vous)

Le 18 août, à mon retour, je trouve dans ma boîte à lettres un courrier de l'expert, daté du 2 août.

Centre d'Expertise Automobile , le 02/08/11

Compagnie   :
Dossier   : MR   , JEAN-CLAUDE
Sinistre du   : 07/01/11
V/Réf   : 11723500066U
N/Réf   : 1103061/LR
Véhicule   :   FORD

Monsieur,

Nous avons reçu une mission de votre compagnie par laquelle nous sommes chargés, sous les réserves d'usage d'expertiser votre véhicule.

Suite aux réparations de votre véhicule nous vous informons que nous avons besoin de revoir votre véhicule au garage afin constater les réparations effectuées.

Merci de bien vouloir prendre contact avec notre secrétariat afin de convenir d'un rendez-vous; nous vous rappelons que nos jours de passage sont les Mardi et Jeudi

Au Garage :

NOUS CONTACTER AU 01   . POUR LA PRISE DE RENDEZ VOUS

Restant dans l'attente de votre appel

Veuillez agréer, MR, l'expression de mes sentiments distingués.

D.
Centre d'Expertise Automobile

Malgré deux lectures attentives, je ne comprends rien au premier alinéa. Il est impossible qu'il ait reçu, à nouveau, comme il l'indique, une mission de la compagnie. Il doit faire allusion – le 2 août ! – à la mission du 7 février, par laquelle l'assureur lui a demandé de suivre les réparations. Ce qu'il n'a pas fait, pour des raisons toujours inexpliquées.

Je ne vois dans cette affirmation qu'une nouvelle illustration de la désorganisation et de la confusion qui règnent dans ce cabinet.

Avant d'aborder la suite du courrier, je rappelle ce que l'expert m'écrivait le 18 avril 2012 :

> Le contrôle technique du 4/03/2011 fait état de la nécessité de remplacer les pneumatiques avant et la rotule de direction avant droite.
> Tant que ces éléments n'auront pas été remplacés (facture d'un professionnel à l'appui), nous ne pourrons délivrer de rapport de conformité.

Fichtre ! Maintenant que ces éléments ont été remplacés – facture du garagiste à l'appui –, une nouvelle exigence apparaît : l'expert demande à revoir le véhicule, pour « constater les réparations effectuées ». Il demandait la facture d'un professionnel, probablement pour s'assurer que le travail serait fait et correctement exécuté et maintenant qu'il l'a obtenue, il veut en plus revoir le véhicule. N'a-t-il pas confiance au garage Renault qui a fait les réparations ? Veut-il contrôler que les pneus et la rotule ont bien été remplacés ? Veut-il vérifier qu'on ne m'a pas délivré une facture de complaisance ? A ce stade, on peut tout imaginer. Et que me réservera-t-il suite à ce constat ?

Que penser de cet expert ? La liste des anomalies et problèmes dont il semble être responsable ou coresponsable s'allonge de jour en jour :
– références des articles du code de la route périmées depuis 8 ans ;
– rétention anormale du rapport d'expertise ;
– mauvaise information sur le coût de remplacement de la portière ;
– rendez-vous manqué chez le garagiste pendant les travaux ;
– diagnostic erroné sur l'état de la rotule avant droite ;
– manque de transparence sur la procédure suivie ;
– informations parcellaires et délivrées au compte-gouttes ;
– délais de réponse excessifs.

Je n'ignore pas que le code de la route stipule que l'expert doit s'assurer que « le véhicule peut circuler dans des conditions normales de sécurité » et qu'il engage sa responsabilité. Mais là ça devient pathologique. J'hésite entre deux interprétations : soit c'est un maniaque, soit c'est un enquiquineur... à moins qu'il n'ait tout simplement atteint son niveau d'incompétence.

De deux choses l'une, lorsqu'il a demandé le remplacement de la rotule et des pneumatiques avec la facture d'un professionnel à l'appui, soit il savait qu'ensuite il demanderait à voir le véhicule, m'obligeant ainsi à le ramener une nouvelle fois au garage, soit il ne le savait pas. S'il le savait, pourquoi ne l'a-t-il pas annoncé tout de suite ? Quel intérêt y avait-il à délivrer l'information en deux temps ? Est-il correct de cacher une partie de la procédure au client ? S'il ne le savait pas, c'est qu'il a improvisé cette nouvelle demande à réception de la facture, alors même que cette facture, qu'il avait sollicitée, apporte la preuve de la réalisation de toutes ses exigences. Dans un cas comme dans l'autre, le comportement de cet expert est, irrationnel, monarchique, incompréhensible.

A l'instant où je découvre ce courrier, le véhicule a été ramené en région parisienne et le présenter à l'expert ne pose pas de difficulté particulière. Bien que cette nouvelle contrainte me contrarie énormément, je demande à Olivier de planifier un rendez-vous avec l'expert, en fonction des disponibilités de chacun. Mais avant que ce rendez-vous ne soit organisé, un nouveau courrier de l'expert, daté du 17 août, tombe dans ma boîte à lettres.

17-08-2011 : Lettre n°6 de l'expert (hors délais)

Centre d'Expertise Automobile ≥, le 17/08/11

COMPAGNIE :
IMMAT :
SINISTRE DU : 07/01/11
N° POLICE :
VOS REF : 11723500066U
NOS REF : 1103061

Monsieur,

Nous vous rappelons notre précédent courrier resté sans réponse.

Nous vous informons également avoir reçu le résultat géométrie effectué par le garage

Ce dernier laisse apparaître une incohérence sur les mesures de pivot.
Au vu des résultats, il s'agit probablement d'une mauvaise manipulation lors de la prise de mesures.

De plus, au vu du délai écoulé depuis le contrôle technique, il est impératif que ce dernier soit refait.
En résumé, pour que nous puissions établir le rapport de conformité de votre véhicule, il est nécessaire de :
- Revoir le véhicule pour contrôle des travaux effectués.
- Refaire un nouveau contrôle de géométrie
- Refaire un contrôle technique complet

Nous vous prions d'agréer, Monsieur, nos salutations distinguées.

L'expert, D

« Resté sans réponse », écrit-il ! Il m'était donc interdit de quitter mon domicile dans la première quinzaine d'août. J'aurais dû rester près de ma boîte à lettres, pour pouvoir lui répondre par retour du courrier ! Cette remarque, formulée par un individu qui a mis 7 jours à réagir à l'ordre de mission du 7 février et fait ainsi échouer la procédure standard, puis 29 jours à réagir à l'envoi du contrôle technique a quelque chose d'incongru. Puis il m'informe avoir aussi reçu le contrôle de géométrie. Pourquoi ne l'a-t-il pas signalé dans son courrier du 2 août puisque ce document était joint à la facture dans mon envoi postal du 21 juillet ?

Revenons au fond de l'affaire. En deux semaines, ses exigences ont de nouveau évolué. Cette fois, il ne demande pas seulement à revoir le véhicule, mais il souhaite aussi qu'on refasse les contrôles. Pour quelles raisons ? Parce que « au vu des délais écoulés depuis le contrôle technique, il est impératif que celui-ci soit refait ». Il faut probablement en déduire qu'il y avait une date de péremption attachée au contrôle technique, que l'expert avait oublié de me signaler. Quel petit cachottier ! Cet expert fait en permanence de la rétention d'information, à moins qu'il n'invente des règles au gré de ses humeurs. Comment aurais-je pu respecter une règle dont il ne m'avait pas signalé l'existence ?

Et pourquoi avoir attendu le 17 août pour formuler cette demande ? Pourquoi ne l'a-t-il pas formulée le 2 août, dans son précédent courrier. ? Pour l'expliquer, j'imagine trois scénarios :

1. Le 2 août, la date de péremption des contrôles n'est pas encore atteinte : l'expert sait qu'elle tombe entre le 2 et le 17 août, mais avant l'heure, ce n'est pas l'heure ;

2. Il a oublié qu'il existe une date de péremption et ce détail lui revient subitement à l'esprit le 17 août, au matin ;

3. Ou bien, le 17 août, il ressent subitement le besoin irrépressible de faire refaire ces contrôles, car, ce jour-là, tel est son bon plaisir.

Le législateur a préconisé un contrôle technique tous les deux ans, mais pour notre expert, cette fréquence est insuffisante : il est vrai que l'état d'un véhicule peut se dégrader en quelques jours, voire en quelques heures.

Cela fait effectivement 166 jours que le contrôle technique et le contrôle de géométrie ont été réalisés, mais sur ces 166 jours j'ai attendu 49 jours la réponse de l'expert suite aux contrôles et 27 jours le courrier de l'expert suite aux réparations ! Ne seraient-ce pas ces 76 jours qui sont responsables du dépassement de cette mystérieuse date de péremption ?

Cette décision ne serait-elle pas 100% arbitraire ? Le résultat de ce diktat, c'est que me voilà de retour à la case départ. Nous sommes le 19 août 2011 et je me retrouve exactement dans la même situation que le 19 avril 2011 : je dois (re)faire les contrôles. Et après ces contrôles, ne voudra-t-il pas à nouveau revoir le véhicule?

Fin de la procédure de « rattrapage »

Quand va se terminer ce feuilleton ? Tout de suite : c'est ma décision. Ce courrier, c'est la goutte d'eau qui a fait déborder le vase. J'estime que la « plaisanterie » a assez duré. Il est exclu que je représente le véhicule à l'expert et que je finance de nouveaux contrôles.

Les premiers contrôles m'ont coûté 161,70 €. Et si l'assureur me les a remboursés dans un premier temps, il les a récupérés par la suite. A ce rythme, les contrôles vont finir par coûter plus cher que la remise en état du véhicule. C'est pourquoi, suite à ce courrier, je décide de couper définitivement les ponts avec cet expert lunatique et imprévisible.

Je prends conscience à cet instant de l'erreur qui a été la mienne lorsque je suis entré dans le jeu de cette procédure de rattrapage, entièrement soumise au bon vouloir – j'allais dire aux caprices – de l'expert. J'ai assumé seul la totalité des démarches et des frais censés conduire à la réparation du dysfonctionnement initial, en pure perte. J'ai satisfait toutes les demandes de l'expert : contrôle technique, contrôle de géométrie, remplacement des pneus avant et de la rotule de direction avant droite. J'étais prêt à lui représenter le véhicule. Et maintenant, voilà qu'il faudrait refaire les contrôles. De qui se moque-t-il ? Heureusement que pendant tout ce temps passé en formalités technico-administratives que ne renierait pas le roi Ubu, la Fiesta a poursuivi sa route, comme si de rien n'était.

Changement de stratégie

La procédure de « rattrapage » n'a pas abouti, malgré toute la bonne volonté dont j'ai fait preuve. C'est rageant, mais c'est ainsi. Il faut tirer un trait sur cette tentative avortée.

Il est temps maintenant de revenir à la source du problème et de demander des comptes au principal responsable de cet imbroglio : l'assureur.

Pendant tout ce temps, il a dormi sur ses deux oreilles, indifférent aux difficultés au milieu desquelles je me débattais. Il est grand temps qu'il se réveille et qu'il assume enfin ses responsabilités. Même si l'expert a – probablement – une part de responsabilité dans le dysfonctionnement, c'est à l'assureur d'assumer la responsabilité globale, en tant que garant de la bonne gestion du sinistre. L'expert n'est qu'un sous-traitant qui a reçu un agrément de l'assureur et je ne suis pas son client. Par contre, je suis client de l'assureur, et celui-ci a des comptes à me rendre sur la qualité de son service après-vente.

Avec mon courrier du 20 août, je lui donne l'opportunité de réagir à ces évènements et de m'indiquer quelle solution il me propose pour sortir de cette impasse.

20-8-2011 : je sollicite l'avis du service Sinistres

Jean-Claude , le 20 août 2011

à
Services Sinistres

Votre référence : 11723500066U

Madame, Monsieur,

Le 24 mai dernier, je vous adressais un courrier pour faire le point sur le dossier sinistre cité en objet, courrier auquel vous avez répondu le 9 juin.

Suite au sinistre, la Fiesta a fait l'objet d'une opposition sur la carte grise, en préfecture, mais les actions à mener pour lever cette opposition ont été précisées tant par l'expert que par l'assureur (=> « nécessité de remplacer les pneumatiques avant et la rotule de direction avant droite »), suite au contrôle technique et au contrôle de géométrie réalisés le 4/03/2011, à la demande de l'expert.

En effet, dans son courrier du 18/04/2011, l'expert indiquait que « tant que ces éléments n'auront pas été remplacés (facture d'un professionnel à l'appui), nous ne pourrons délivrer de rapport de conformité. »

Dans votre courrier du 9/06/2011, vous confirmiez que pour lever l'opposition, je devais « remplacer les éléments mentionnés sur le contrôle technique, avec factures d'un professionnel à l'appui pour l'expert ».

La suite de l'histoire :

Profitant des congés de mon fils, principal utilisateur du véhicule concerné (qu'il n'utilise pas pendant ses congés), je contacte le garagiste le 13 juillet pour convenir d'un rendez-vous.

Courrier à l'assureur : page 2/2

Le 20 juillet, j'amène le véhicule chez le garagiste à 8h30. Le garagiste remplace, comme demandé, les pneus avant et la rotule de direction avant droite. Je paie et le garagiste me remet la facture. Le 21 juillet, j'adresse à l'expert la facture du garagiste par lettre, ainsi que le contrôle de géométrie réalisé par le garage.

Le 18 août, à mon retour de vacances, je trouve un courrier de l'expert (daté du 2 août) me demandant de lui représenter le véhicule.

Le lendemain (19 août), avant que j'aie pu répondre au courrier du 2 août, je reçois un nouveau courrier de l'expert (daté du 17) répondant à mon courrier du 21 juillet.

Dans ce courrier, l'expert demande à « revoir le véhicule pour contrôle des travaux effectués, refaire un nouveau contrôle de géométrie et refaire un contrôle technique complet ». Avec pour seule explication, le délai écoulé depuis le contrôle technique. Où ce délai a-t-il été précisé ?

Vous trouverez en PJ les différents courriers évoqués ci-dessus.

Je vous remercie de me faire part de votre position face à cette situation et vous prie d'agréer, Madame, Monsieur, l'expression de mes sentiments distingués.

Jean-Claude

P.-S : Pour que votre information soit complète, je dois vous raconter ce qui suit.

Vous vous souvenez que le 20 juillet, j'ai amené le véhicule pour remplacement des pneus et de la rotule avant droite au garage à 8h30.

A 10h, le garage m'appelle et me demande qui a prescrit le remplacement de la rotule. Il ne comprend pas, car celle-ci est en parfait état et ne présente aucun jeu et le faible jeu qui apparaissait au niveau du volant a disparu suite au resserrage d'un écrou par le garagiste.

Je lui explique le contexte et lui confirme qu'il lui faut changer la rotule puisque l'expert le demande.

<u>Résultat :</u> sur demande de l'expert, le garage remplace une pièce qui ne présente aucun défaut.

Je m'interroge sur ce nouveau dysfonctionnement. J'ai peut-être l'explication et si c'est la bonne elle n'est pas glorieuse pour l'expert. L'anomalie indiquée par le contrôle technique a pour référence 5.2.4.1.1 et pour libellé « Demi-train AV (y compris ancrages) : jeu mineur rotule et/ou articulation ». Ce qui veut dire que cette anomalie signalée par le contrôle technique peut avoir plusieurs causes. Mais l'expert a attribué l'anomalie à la rotule sans se poser de question !

La réponse à ce courrier que l'on trouvera sur la page suivante est datée du 31 août.

31-08-2011 : lettre n°2 du service Sinistres

```
        NOS REFERENCES                    MR           JEAN CLAUDE
Votre sinistre du  7/1/2011
sur contrat n°
N/références    11723500066U
N° tél :
```

Le 31/08/2011

Cher Monsieur,

Je fais suite à votre courrier du 20 Août courant dans lesquel vous me faites part de votre incompréhension concernant la gestion de votre sinistre du 07 janvier dernier sur votre véhicule Ford Fiesta immatriculé   .

En effet, l'expert vous demande de refaire un nouveau contrôle technique et un contrôle de géométrie car le délai entre aujourd'hui et ces contrôles est de plus de 6 mois et de plus il vous informe qu'il a relevé des incohérences sur les mesures de pivot.

En ce qui concerne la pièce que l'expert à demandé de remplacer celui-ci a tenu compte du contrôle technique présenté, étant un professionnel de l'automobile le remplacement de cette rotule lui paraissait nécessaire.

C'est pourquoi, afin que l'expert puisse déposer son rapport en conformité nous vous remercions de refaire les démarches demandées par celui-ci sans quoi l'opposition sur votre véhicule restera.

Nous restons à votre disposition pour toute question complémentaire.

Nous vous prions d'agréer, Cher Monsieur, nos salutations les meilleures.

Ingrid

L'assureur ne pense rien par lui-même : il ne fait que reformuler la demande de l'expert. Mais là où celui-ci a demandé de refaire les contrôles « au vu du délai écoulé », formule on ne peut plus vague, la rédactrice de ce courrier précise que « le délai entre aujourd'hui et ces contrôles est de plus de 6 mois », semblant ainsi faire référence à une norme connue. Si une telle norme existe, elle aurait dû en informer l'expert, qui ne semble pas la connaître.

Mais il y a un problème. Le 31 août 2011, date de son courrier, ces contrôles ont moins de 6 mois. Ils ont été réalisés le 4 mars et ils n'auront 6 mois que le 4 septembre prochain. Le 20 juillet, à la date des travaux, le délai écoulé n'était que de 4,5 mois et le 17 août, date du courrier de l'expert, le délai écoulé était de 5,5 mois, en raison de son lamentable délai de réponse. Ces 6 mois n'ont donc aucun fondement réglementaire et cette gestionnaire de sinistres ferait bien de reprendre d'urgence des cours d'arithmétique.

Le fait qu'on n'ait pas informé l'assuré de la nécessité de réaliser les travaux rapidement, qu'on ne lui ait pas indiqué une date butoir (qui n'existe que dans la tête de l'expert) et que ce-dernier ait largement contribué à l'allongement des délais, ne dérange absolument pas « l'assureur-conseil ». Voilà comment celui-ci défend les intérêts de ses clients !

22-09-2011 : je réponds au service Sinistres

Jean-Claude le 22 septembre 2011

à

OBJET : SINISTRE du 7/01/2010 sur contrat n° 114633049 (tentative de vol)

Votre référence : 11723500066U concernant une Ford Fiesta 1.1i immatriculée

Madame, Monsieur,

Je fais suite à votre courrier du 31/08/2011 qui répondait à mon courrier du 20/08/2011.

Je note que dans ce courrier, vous vous bornez à reprendre les propos de l'expert, mais ne prenez aucunement position sur les questions et remarques (pertinentes) que je formule.

Il est clair que je ne vais pas, comme vous m'y invitez, engager d'autres frais, par ailleurs inutiles, sur ce véhicule, et que l'opposition faite en préfecture perdurera jusqu'à la fin de vie de celui-ci.

Ainsi donc, ce véhicule, dont l'expert dit qu'il ne peut certifier qu'il peut rouler dans des conditions normales de sécurité, va cependant continuer à rouler, en toute légalité, sous ma responsabilité, mais ne pourra pas rouler sous la responsabilité d'un acheteur éventuel !

Vous aurez noté qu'il a déjà été remplacé sur ce véhicule, très probablement sans raison :
- le tube fourreau et l'arbre de direction (pièces qui n'avaient probablement subi aucun dégât lors de la tentative de vol)
- la rotule de direction (qui a raison à ce propos, le mécanicien qui a remplacé la pièce et indiqué que l'ancienne rotule ne présentait aucun défaut, ou l'expert qui demande son remplacement sans même avoir ouvert le capot pour l'examiner ?)

En fait, dans ce dossier, vous n'avez répondu à aucune de mes interrogations (vous pouvez relire les 10 questions et 14 remarques de mon courrier du 24/05/2011 et les réponses qui m'ont été faites), sauf sur le point de m'accorder un complément d'indemnisation, amplement justifié, et qui aurait logiquement dû m'être versé, sans que j'en fasse la demande.

S'agissant des questions que je vous avais posées, je m'interroge toujours (entre autres), sur la question de savoir pourquoi l'expert attendait que je choisisse l'une des 3 options qu'il me proposait avant de me transmettre le rapport d'expertise. N'avais-je pas le droit de savoir avant de faire un choix, quels dégâts il avait constatés et quels travaux il préconisait ?

C'est ce détail qui est la cause du remplacement, sans confirmation de la nécessité de le faire, du tube fourreau et de l'arbre de direction

Au final, dois-je vous redire qu'à l'origine de cette regrettable affaire, il y a une faute d'un gestionnaire de sinistres, point que vous semblez avoir complètement oublié. Je vous rappelle en effet que :

> **Lettre au service « Sinistres » : page 2/2**
>
> 1. J'ai appelé le service sinistres le lundi 7/02/2011 à 14h31, comme en témoigne cette ligne extraite de ma facture téléphonique de février :
>
> | Vos appels vers les numéros spéciaux | | | | | | | |
> |---|---|---|---|---|---|---|---|
> | N° | Date Heure Numéro appelé | Destination | Durée appel | Durée facturée | Tarif | Euro H.T. | Euro T.T.C. |
> | | 07.02 14:31 08 | N° Spécial | 00:05:24 | 00:05:24 | Normal | 0,675 | 0,807 |
>
> 2. Lors de cet appel, j'ai indiqué à mon interlocuteur que j'avais demandé au garagiste d'entreprendre les réparations avec une porte d'occasion que je lui avais apportée. J'ai demandé à mon interlocuteur si je devais prévenir l'expert. Mon interlocuteur m'a indiqué qu'il s'en chargeait et qu'il allait appeler celui-ci dès la fin de notre échange téléphonique.
> N.B. : j'ai appris depuis, par un courrier de l'expert, que celui-ci passait au garage tous les mardi et jeudi. Le timing était donc idéal, le garagiste a démarré les travaux de remise en état le mardi 8 février, pour les terminer le vendredi 11 février.
> 3. L'expert n'a pas vu le véhicule pendant les travaux, faute d'avoir été prévenu. Il y a donc bien eu faute de la part du service sinistres, faute qui a conduit à la situation actuelle et en particulier à la non levée de l'opposition sur carte grise.
>
> Veuillez agréer, Madame, Monsieur, l'expression de mes sentiments distingués.
>
> Jean-Claude

04-10-2011 : lettre n°3 du service Sinistres

> le 04/10/2011
>
> Cher Monsieur,
>
> C'est avec intérêt que j'ai pris connaissance de votre courrier du 22 septembre dernier.
>
> J'ai pris note de votre décision de continuer à circuler avec votre véhicule, sans réaliser les différents contrôles exigés par l'expert pour lever l'opposition à tout transfert du certificat d'immatriculation.
>
> Ensuite, concernant vos 10 questions et 14 remarques de votre courrier du 24 mai 2011. Des réponses vous ont été apportées par courrier du 09 juin dernier, de sorte à vous expliquer la situation et la procédure lorsque les dommages constatés sont supérieurs à la valeur du véhicule.
>
> Enfin, je vous informe que ce courrier met fin à nos échanges.
>
> Je vous prie d'agréer, Cher Monsieur, mes salutations les meilleures.
>
> Lucie

Il suffit de relire le courrier du 9 juin, évoqué ici, pour comprendre ce que cette gestionnaire de sinistres appelle une réponse. Puis, en fin de missive, elle me signifie que « ce courrier met fin à nos échanges ». En d'autres termes : « Circulez, il n'y a plus rien à voir ».

18-10-2011 : saisine du médiateur de la FFSA

L'assureur n'est manifestement pas disposé à reconnaître sa faute, et encore moins à la réparer, puisque le service Sinistres vient de décréter la fin de nos échanges. Je prends acte de cette décision. Mais face à la surdité et à la cécité de cette compagnie, je décide de soumettre mon préjudice au médiateur des assurances. Les deux encadrés ci-dessous, extraits du site internet de la Fédération Française des Sociétés d'Assurances (FFSA), présentent succinctement la fonction du médiateur.

Assurance : le recours au médiateur

Fiche pratique , 10/01/2012
Depuis le 1er octobre 1993, tout consommateur en litige avec une société ou une mutuelle d'assurances peut faire appel à un médiateur indépendant. Le point sur la procédure à suivre.
médiateur assurance

Le médiateur est nécessairement une personnalité extérieure à l'entreprise d'assurances. Il exerce sa mission en toute indépendance.

La Fédération française des sociétés d'assurances (FFSA) et le Groupement des entreprises mutuelles d'assurances (Gema) ont chacun adopté une procédure de médiation et désigné un médiateur. Soit les entreprises d'assurances s'en remettent au médiateur de l'organisation professionnelle dont elles sont membres, soit elles choisissent de désigner leur propre médiateur. Le recours au médiateur est gratuit.

Comme on peut le lire : « soit les entreprises d'assurances s'en remettent au médiateur de l'organisation professionnelle dont elles sont membres, soit elles choisissent de désigner leur propre médiateur. » Comme j'ignore quel est le choix de mon assureur – médiateur de la FFSA ou médiateur propre ? –, c'est au médiateur de l'organisation professionnelle que je choisis d'adresser mon dossier.

Ce faisant, je ne respecte pas les conditions générales de mon contrat qui indiquent que « si des difficultés persistent, il convient de s'adresser au service Relations Consommateurs et Médiation ». Mais à cet instant, j'ignore cette clause, car je n'ai pas lu (ou pas relu) entièrement ce document. Je plaide coupable pour ce manquement, mais que celui qui a déjà lu de manière attentive et exhaustive cette prose me jette la première pierre.

Ainsi, après avoir méticuleusement compilé tous les courriers échangés avec l'assureur et avec l'expert, j'envoie, le 18 octobre 2011, un dossier complet au médiateur de la FFSA, à l'adresse postale indiquée sur internet.

04-11-2011 : réponse du médiateur de la FFSA

> # Le Médiateur
> DE LA FÉDÉRATION FRANÇAISE DES SOCIÉTÉS D'ASSURANCES
>
> **Nos références :**
>
> Paris, le 04 novembre 2011
>
> Monsieur,
>
> J'ai pris connaissance de votre courrier du 18 octobre 2011 par lequel vous sollicitez mon intervention dans le litige qui vous oppose à la société
>
> La société ayant choisi d'instituer son propre système de médiation, votre demande ne ressortit pas à ma compétence. J'ai donc transmis votre dossier au Médiateur de cette entreprise à l'adresse suivante :
>
> **Secrétariat de la Médiation**
>
> Il vous appartient de prendre directement contact avec lui pour la suite de ce dossier.
>
> Je vous prie d'agréer, Monsieur, l'expression de mes salutations distinguées.
>
> **Francis FRIZON**
> **Médiateur de la FFSA**

Le médiateur de la FFSA m'apprend que mon assureur dispose de son propre médiateur. En découvrant l'adresse postale de celui-ci, je m'étonne toutefois que cette adresse soit celle du siège social de l'assureur. Peut-on être vraiment indépendant, comme doit l'être un médiateur et cohabiter avec les services de la compagnie ?

Je note par ailleurs que ce courrier ne dévoile pas l'identité du médiateur, puisqu'il est adressé à son secrétariat. Alors que le nom du médiateur de la FFSA est public – puisque diffusé sur internet –, celui du médiateur choisi par mon assureur semble confidentiel : je n'en ai trouvé la trace nulle part. Cette identité serait-elle volontairement cachée au grand public ? Le médiateur de la FFSA lui-même semble ne pas la connaître.

Dans l'immédiat, je m'interroge sur la conduite à tenir. Dois-je prendre directement contact avec le service de la Médiation, comme on m'y invite, ou attendre que celui-ci en prenne l'initiative ? Commençons par attendre quelques jours... pour voir.

09-11-2011: lettre n°1 de Réclamations Clients

Moins d'une semaine plus tard, par lettre datée du 9 novembre 2011, le service Réclamations Clients de mon assureur, m'adresse le message suivant :

Service Réclamations Clients

Références à rappeler : n° **59506**

Le 9 novembre 2011

Monsieur,

Monsieur Francis FRIZON, Médiateur de la Fédération Française des Sociétés d'Assurances, me transmet votre lettre du 18 octobre 2011 qui a retenu toute mon attention.

Je vous précise que le Service Réclamations Clients a pour mission de recueillir les éléments auprès de différents interlocuteurs, de les analyser et d'apporter une réponse à votre demande.

Dans ce cadre et si cela s'avère nécessaire, je me permettrai de vous solliciter pour d'éventuels compléments d'informations.

En tout état de cause, je serai en mesure de revenir vers vous dans un délai de 3 semaines.

Dans cette attente, je vous prie d'agréer, Monsieur, mes salutations distinguées.

Chargée de Clientèle

Après avoir fait un détour par les services du médiateur de la FFSA, ma demande vient d'atterrir chez mon assureur, qui va maintenant la prendre en charge.

Cependant, un détail m'étonne. Alors que le médiateur FFSA avait adressé mon dossier au secrétariat de la médiation, c'est le service Réclamations Clients qui semble avoir pris l'initiative de l'instruire. Cela signifie-t-il que le médiateur exerce sa fonction au sein de ce service, ou faut-il obligatoirement passer par une antichambre, avant d'accéder à cette mystérieuse personne, qui semble n'avoir ni nom ni adresse personnelle. Peut-être en saurons-nous davantage dans trois semaines !

28-11-2011 : lettre n°2 de Réclamations Clients

Ce petit chef-d'œuvre, daté du 28 novembre 2011, est un pur modèle de courrier administratif. Il pourra me servir, si nécessaire, d'exemple, pour expliquer à mes petits enfants ce qu'on appelle péjorativement un courrier administratif :

Le 28 novembre 2011

Monsieur,

Par lettre du 18 octobre 2011, vous êtes intervenu auprès du Médiateur de la Fédération Française des Sociétés d'Assurances au sujet de votre sinistre du 7 janvier 2011.

J'ai fait procéder à une étude toute particulière de votre dossier.

Tout d'abord, je constate que le service ▓▓▓▓▓▓▓ a répondu à toutes vos interrogations et demande de précisions.

Le litige qui semble subsister concerne votre refus de donner suite aux démarches permettant de lever le gel de la carte grise.
Ainsi que le service ▓▓▓▓▓▓▓ et l'expert vous l'ont précisé, avant de déposer un rapport de conformité, l'expert doit revoir votre véhicule pour contrôle des travaux effectués, refaire un nouveau contrôle de géométrie et refaire un contrôle technique complet, ce qui permet de vérifier qu'aucune anomalie n'est apparue sur le véhicule depuis les derniers contrôles.

Aussi, je ne peux que noter que le service ▓▓▓▓▓▓▓ et l'expert ont respecté les obligations en matière d'assurance et de sécurité et je vous invite à procéder aux contrôles demandés si vous souhaitez faire avancer votre dossier.

Je vous prie d'agréer, Monsieur, mes salutations distinguées.

Chargée de Clientèle

Je propose ici un petit exercice de décodage de ce langage très particulier :

« J'ai fait procéder à une étude toute particulière de votre dossier. »

Il faut traduire par : « J'ai demandé l'avis du service Sinistres ». Et comme celui-ci n'a pas l'intention de reconnaître son erreur... pas davantage aujourd'hui qu'hier !

« Tout d'abord, je constate que le service Sinistres a répondu à toutes vos interrogations et demande de précisions »

C'est ce que le service sinistres m'a déjà répondu, notamment dans son courrier du 4 octobre 2011. Réclamations Clients s'est contenté de recopier cette réponse sans rien vérifier. La réalité, c'est que j'ai posé dix questions et reçu une seule réponse. Le service Réclamations Clients a-t-il consulté le courrier du service Sinistres censé m'apporter ces réponses ?

> « Aussi, je ne peux que noter que le service Sinistres et l'expert ont respecté les obligations en matière d'assurance et de sécurité [...] »

Ils ont peut-être respecté les obligations en matière d'assurance et de sécurité, mais ils n'en sont pas moins responsables de l'échec de la procédure prévue pour le suivi des réparations. Et le litige qui nous oppose résulte de ce seul échec. Mais ce point est passé sous silence. Réclamations Clients se fait l'avocat de la défense de ces deux présumés coupables.

30-11-2011 : je réponds à Réclamations Clients

Compte tenu de cette entrée en matière, les choses ne semblent pas très bien engagées. Mais comme je ne souhaite pas débattre à nouveau avec un service interne à la compagnie d'assurance, à la fois juge et partie, je réponds ceci le 30 novembre 2011 :

, le 30/11/2011

Madame,

J'accuse réception de votre courrier du 28 novembre 2011.

Le 18 octobre 2011, j'ai adressé un dossier à Monsieur le Médiateur de la FFSA.
Celui-ci m'a répondu le 4 novembre 2011 que la « société   ayant choisi son propre système de médiation », il transmettait ce dossier au :

Secrétariat de la Médiation

Lorsque je me suis adressé au Médiateur de la FFSA, c'était pour soumettre mon dossier à une personnalité indépendante de l'assureur, qui ne soit pas à la fois juge et partie. Or, peut-être suite à une erreur de routage, c'est le service Réclamations Clients qui a instruit le dossier. Ce service, si j'en juge par le papier à en-tête qu'il utilise pour ses courriers, fait partie intégrante de la compagnie et ne satisfait donc pas à la définition d'un médiateur et aux objectifs pour lesquels cette fonction a été créée.

En relisant les conditions générales de mes contrats, je m'aperçois qu'il existe bien chez mon assureur un service « Relations Consommateurs et Médiation ». C'est pourquoi, je vous remercie, par avance, de bien vouloir transmettre mon dossier à ce service.

Je vous prie d'agréer, Madame, l'expression de mes sentiments distingués.

Jean-Claude

Lorsque je rédige ce courrier, je m'imagine que le médiateur évoqué par la FFSA est le responsable du service Relations Consommateurs et Médiation. On verra bientôt qu'il n'en est rien et que l'accès au véritable médiateur se révèle être un véritable jeu de piste. Mais c'est sympathique un jeu de piste ... pour distraire les enfants pendant les vacances !

10-01-2012 : lettre n°1 de Réclamations et Médiation

10 janvier 2012 : nous avons changé de millésime. Le temps passe... et le dossier traîne en longueur ! Réclamations Clients et Médiation m'écrit, pour la première fois.

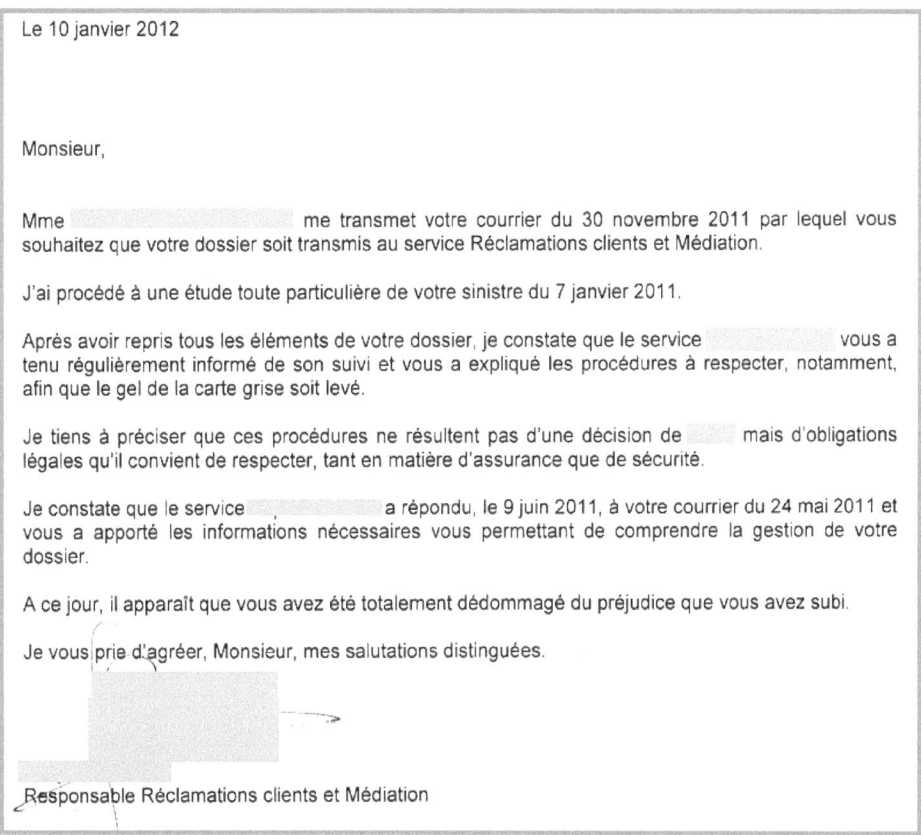

Le 10 janvier 2012

Monsieur,

Mme ▓▓▓▓▓▓▓▓ me transmet votre courrier du 30 novembre 2011 par lequel vous souhaitez que votre dossier soit transmis au service Réclamations clients et Médiation.

J'ai procédé à une étude toute particulière de votre sinistre du 7 janvier 2011.

Après avoir repris tous les éléments de votre dossier, je constate que le service ▓▓▓▓▓▓ vous a tenu régulièrement informé de son suivi et vous a expliqué les procédures à respecter, notamment, afin que le gel de la carte grise soit levé.

Je tiens à préciser que ces procédures ne résultent pas d'une décision de ▓▓▓ mais d'obligations légales qu'il convient de respecter, tant en matière d'assurance que de sécurité.

Je constate que le service ▓▓▓▓▓▓ a répondu, le 9 juin 2011, à votre courrier du 24 mai 2011 et vous a apporté les informations nécessaires vous permettant de comprendre la gestion de votre dossier.

A ce jour, il apparaît que vous avez été totalement dédommagé du préjudice que vous avez subi.

Je vous prie d'agréer, Monsieur, mes salutations distinguées.

Responsable Réclamations clients et Médiation

Le dossier a changé de service et une nouvelle « étude toute particulière » aurait été réalisée. Mais si les interlocuteurs changent, le discours, lui, ne varie pas : cette réponse est un copié-collé du courrier du 28 novembre 2011.

Mes interlocuteurs ont-ils remarqué que je mets en cause la responsabilité du service Sinistres dans la situation qui est celle de mon véhicule et que j'attends réparation du préjudice causé ? Apparemment, non, car cette responsabilité n'est jamais évoquée.

Tous ces services sont obnubilés par « les obligations légales qu'il convient de respecter », alors que ces obligations légales n'ont rien à voir avec le litige. Ne pourraient-ils prendre un peu de hauteur pour appréhender cette affaire ?

Concrètement, j'ignore quelle est la fonction de mon interlocutrice ? S'il s'agit de la médiatrice, elle serait donc salariée de la compagnie... si j'en crois l'en-tête de son courrier.

16-01-2012 : je réponds à Réclamations et Médiation

Jean-Claude   .   , le 16 janvier 2012

à Madame Maryse
   Responsable Réclamations Clients et Médiation

Dossier 59506

Madame,

J'accuse réception de votre courrier du 10 janvier 2012 et je souhaite réagir sur quelques unes de vos déclarations ainsi que sur un point évoqué dans le courrier   du 28/11/2011.

Point n°1

Dans son courrier du 28/11/2011, Madame Michèle   m'indique que le service Sinistres (que je noterai SSI ci-après, pour faire court) « a répondu à toutes mes interrogations ».
C'est bizarre, car moi je considère n'avoir obtenu de réponse qu'à une seule de mes dix questions. Quid des neuf autres ?
Prenons juste un exemple parmi d'autres pour illustrer mon propos. Dans mon courrier du 24/05/11, j'ai demandé pourquoi le rapport d'expertise ne m'avait pas été communiqué dès son établissement par l'expert. Dites-moi où je peux trouver la réponse à cette question ?
Y-a-t-il une obligation légale à respecter, qui exigerait que le rapport d'expertise ne soit transmis à l'assuré que lorsque celui-ci a communiqué à l'expert l'option retenue ?

Point n°2

Vous m'indiquez qu'« il apparaît que j'ai été totalement dédommagé du préjudice subi ».
J'ai effectivement été entièrement dédommagé pour les travaux de remise en état du véhicule, avec l'indemnité complémentaire de 138,78 € qui m'a été accordée.
Je vous ferai simplement remarquer que ce versement n'a pas été spontané de la part de la compagnie puisque dans un premier temps il m'a été catégoriquement refusé et que j'ai dû rédiger un courrier de 18 pages (mon courrier du 24 mai 2011), avec argumentaire à l'appui, pour obtenir satisfaction !
Mais cette indemnité ne règle pas le préjudice lié au gel de la carte grise.

Point n°3

Vous m'indiquez que SSI « m'a tenu régulièrement informé du suivi du dossier ».
Sachez que tous les échanges que j'ai eus avec SSI (par téléphone, mail ou courrier) l'ont été à mon initiative, à l'exception de l'appel téléphonique du 3 février par lequel SSI m'a demandé de choisir une option avant le 18 février.

Lettre à Réclamations Clients et Médiation : page 2/3

N.B. : Je me demande à qui s'applique le qualificatif « d'assureur-conseil », probablement pas à SSI, car j'aurais vraiment apprécié un conseil de sa part dans cette affaire. Que l'on me dise, par exemple : « Monsieur, réparer avec une portière neuve va vous coûter 140% de la valeur du véhicule, savez-vous que vous pourriez réparer avec une portière d'occasion, sans mettre en péril la sécurité de votre véhicule ? »

Point n°4

Vous n'évoquez jamais, ni vous, ni aucun des interlocuteurs que j'ai eus à ce jour (car il semble qu'il y ait une véritable omerta sur ce point) le fait que s'il y a eu gel de la carte grise, c'est parce que l'expert n'a pas examiné le véhicule pendant les travaux de remise en état, et ceci à cause d'une « boulette » (ou d'un dysfonctionnement) de SSI qui, suite à notre échange du 07/02/11, n'a pas prévenu l'expert de la date du début des réparations (ou ne s'est pas assuré que l'expert avait bien reçu l'information).

Tout le monde peut faire des « boulettes », mais, et c'est sans doute ce qui me fâche le plus dans cette affaire, c'est que l'on ne veuille pas les reconnaître et les assumer.

Point n°5

Vous m'indiquez que SSI « m'a expliqué les procédures à respecter notamment afin que le gel de la carte grise soit levé ». Sur ce point, je vais vous conter l'histoire telle que je l'ai vécue et telle que vous ne l'avez peut-être pas perçue à travers les nombreux documents qui ont alimenté ce dossier. Si SSI a recherché auprès de l'expert une solution pour faire lever le gel de la carte grise, c'est d'abord parce que je me suis battu (par téléphone et par mail) avec le gestionnaire de sinistres pour qu'il me propose une solution pour « corriger sa boulette ». D'où la demande de faire réaliser un contrôle technique et un contrôle de géométrie (voir le mail que m'a adressé SSI le 19 février).

Comme demandé par SSI sur avis de l'expert, j'ai fait réaliser ces contrôles le 4 mars, puis, comme convenu, j'ai transmis les documents correspondants à SSI le 8 mars.

Le 26 avril (soit un mois et 18 jours après que j'aie transmis ces rapports à SSI), l'expert m'indique, au vu de ces documents, (voir son courrier daté du 18 avril, reçu le 26) que je dois remplacer les pneumatiques avant et la rotule de direction avant droite. A ce stade, il est vrai que j'ai attendu, pour convenances personnelles, le 20 juillet pour effectuer les travaux demandés. J'ai ensuite transmis la facture des travaux à l'expert le 21 juillet.

La réponse de l'expert m'est parvenue le 17 août, (soit 27 jours plus tard). Elle indiquait que « au vu des délais écoulés depuis le contrôle technique, ce dernier devait être refait ».

Vous noterez que personne ne m'a précisé, à quelque moment que ce soit, que ces réparations devaient être faites dans un délai déterminé (délai que je ne connais d'ailleurs toujours pas), mais peut-être existe-t-il des obligations légales que je ne devrais pas ignorer.

Vous noterez aussi que s'il y avait un délai (qui m'a été caché) à respecter, le couple expert-SSI a dès le départ consommé un mois et 18 jours (comme indiqué plus haut), sur ce délai inconnu. Vous noterez également que si j'ai tardé à faire changer les pneus et la rotule, j'ai n'ai fait réaliser ces travaux que un mois et 10 jours après avoir reçu la réponse du service Sinistres (datée du 9 juin) à mes précédents courriers.

> **Lettre à Réclamations Clients et Médiation : page 3/3)**
>
> Le 9 juin, par ce courrier, SSI me rappelait que je devais remplacer les pneus et la rotule de direction, sans toutefois préciser de date limite. Qui peut dire si le délai (connu du seul expert ?) n'était pas déjà dépassé à cette date ?
> Je vous pose la question, Madame le Médiateur : qui est responsable de ce pataquès ?
>
> Point n°6
>
> Il semble que Monsieur Francis FRIZON, médiateur de la FFSA, soit mal informé quand il dit que la société   a choisi d'instituer son propre système de médiation.
> Je constate en effet que s'il existe bien chez   , un service Réclamations Clients et un service Réclamations Clients et Médiation, (s'agit-il d'ailleurs d'un seul et même service ou de deux services distincts ?), ce ou ces services sont animés par des salariés   et ne répondent par conséquent pas à l'idée que je me fais d'un système de médiation.
> Mais peut-être saurez-vous m'expliquer et me convaincre que ma perception de la situation de   en matière de médiation est erronée ?
> Une dernière question (une de plus) : pourquoi le courrier du médiateur FFSA adressé au Secrétariat de la Médiation a-t-il été traité d'abord par le service Réclamations Clients avant d'être transmis, à ma demande, au service Réclamations Clients et Médiation ?
>
> Je vous prie d'agréer, Madame, mes salutations distinguées.
>
> Jean-Claude

C'est agaçant et fatigant, mais quand on change d'interlocuteur, il faut tout réexpliquer.

02-02-2012 : lettre n°2 de Réclamations et Médiation

>   , le 2 février 2012
>
> Monsieur,
>
> Votre lettre du 16 janvier 2012 a retenu toute mon attention.
>
> Je vais répondre point par point à vos interrogations.
>
> Vous souhaitez savoir « s'il y a une obligation légale qui exige que le rapport d'expertise soit transmis à l'assuré que lorsque celui-ci a communiqué à l'expert l'option retenue ».
> Je vous précise qu'il est indispensable à l'expert de connaître l'option choisie par les assurés afin de déterminer le préjudice ; en effet, selon l'option, le chiffrage est différent.
>
> Vous reconnaissez avoir été entièrement dédommagé pour les travaux de remise en état du véhicule mais vous estimez que cette indemnité ne règle pas le préjudice lié au gel de la carte grise. Je me permets de vous rappeler que le gel de la carte grise résulte du fait que vous deviez faire procéder à un nouveau contrôle technique pour permettre à l'expert de déposer son rapport de conformité.

Courrier reçu de Réclamations Clients et Médiation » : page 2/2

L'expert, qui engage sa responsabilité professionnelle, est en droit d'exiger les réparations qui s'avèrent nécessaires, et ce afin d'éviter tout litige ultérieur.

Vous considérez que le service Sinistres ne vous a pas tenu régulièrement informé du suivi de votre dossier.
Si vous avez eu le sentiment d'être mal conseillé, je le regrette vivement et je vous présente toutes mes excuses, au nom de ma société.

Vous estimez que s'il y a eu gel de la carte grise c'est parce que le véhicule n'a pas été examiné par l'expert pendant les travaux de remise en état (points 4 et 5).
Selon les informations en ma possession, le 7 février 2011 vous prévenez le service sinistres de votre choix de procéder aux réparations de votre véhicule. Le 16 février 2011, vous avisez ce service de la réparation de votre véhicule. Le 18 février 2011, l'expert précise, qu'avant de délivrer un rapport de conformité, un contrôle technique et un contrôle de géométrie sont indispensables. Ces contrôles sont effectués le 4 mars 2011. Malheureusement, le contrôle technique prévoit la nécessité de remplacer les pneumatiques avant et la rotule de direction avant. Ces réparations, essentielles pour permettre à l'expert de déposer son rapport de conformité, ne seront effectuées que le 20 juillet 2011. Il en résulte qu'au vu du délai qui s'est écoulé entre les premiers contrôles et la réalisation des travaux, un nouveau contrôle de géométrie et un nouveau contrôle technique s'avèrent nécessaires pour permettre le dépôt du rapport de conformité et la levée du gel de la carte grise. Vous n'avez pas souhaité accomplir ces contrôles et la levée du gel de la carte grise ne peut être effectuée.

Enfin, vous vous interrogez sur notre système de médiation.
Dans un premier temps, vous êtes intervenu auprès du Médiateur de la Fédération Française des Sociétés d'Assurances et M. FRIZON, ainsi qu'il le devait, a transmis votre courrier au service Réclamations Clients. En effet, comme le stipulent les Conditions Générales de votre contrat « si des difficultés persistent, vous pouvez vous adresser au Service Réclamations Clients ». Il est donc normal que M. FRIZON, comme l'aurait fait notre Médiateur, se dirige vers la Compagnie pour valider que les étapes en amont du recours à la médiation ont bien été mises en œuvre. C'est ainsi que Mme Michèle H... a enregistré un dossier réclamation et, après avoir vérifié que notre compagnies avait bien respecté ses obligations contractuelles, vous a apporté une réponse.
A la suite de votre courrier du 30 novembre 2011, Mme H... m'a transmis votre dossier afin qu'il soit examiné à un niveau supérieur ; je vous ai répondu le 10 janvier 2012 après avoir procédé à une nouvelle analyse de votre dossier. Ma réponse ne vous a pas satisfait, en conséquence je vous informe que je soumets votre dossier à notre médiatrice externe, Madame Anne P..., afin qu'elle se positionne sur sa recevabilité. En effet, vous avez été intégralement indemnisé de votre préjudice matériel et le gel de la carte grise répond à des dispositions légales et de sécurité, indépendantes de l'assureur qui, selon moi, n'a pas failli à ses conditions contractuelles.
Dans tous les cas, Madame Anne P... vous tiendra informé de sa position.

Je vous prie d'agréer, Monsieur, mes salutations distinguées.

Maryse

Comme tous les courriers reçus de l'assureur, celui-ci mérite quelques commentaires.

Les deux médiateurs

Les choses se clarifient. En réalité, il existe deux médiateurs : un médiateur externe et un médiateur interne, salarié de la compagnie. La bonne nouvelle, c'est que mon dossier va enfin être soumis au médiateur externe, donc – on peut l'espérer – indépendant. Il aura quand même fallu batailler dur pour en arriver là, car l'accès au médiateur externe est aussi bien protégé que l'entrée des enfers l'était, dans la mythologie grecque, par le chien Cerbère.

Quand le rapport d'expertise doit-il être remis à l'assuré ?
(la version de la médiatrice interne)

Dans mon courrier du 16 janvier 2012, j'indiquais à la médiatrice interne que l'assureur n'avait répondu à aucune de mes questions, sauf une, alors qu'il affirmait avoir répondu à « toutes mes questions ». Et je l'avais mise au défi de me dire où je pouvais trouver la réponse à la question suivante : « Pourquoi l'expert ne communique t-il pas le rapport d'expertise à l'assuré, dès son établissement ? » Bien entendu, la médiatrice est bien incapable de me dire où je peux trouver la réponse, puisqu'il n'y a jamais eu de réponse écrite, et elle ignore que le 2 février, le plateau téléphonique m'a fait cette réponse édifiante : « C'est comme ça » En conséquence, elle décide d'y répondre elle-même. Initiative louable mais grossière erreur de sa part, car elle se croit experte en la matière, alors qu'en réalité, elle n'y connaît rien.

Et la responsable Réclamations Clients et Médiation de faire cette réponse invraisemblable : « Vous souhaitez savoir s'il y a une obligation légale qui exige que le rapport d'expertise ne soit transmis à l'assuré que lorsque celui-ci a communiqué à l'expert l'option retenue. Je vous précise qu'il est indispensable à l'expert de connaître l'option choisie par les assurés afin de déterminer le préjudice ; en effet selon l'option, le chiffrage est différent. »

Je crois rêver. Comment peut-on raconter de telles sornettes quand on est censé être un professionnel de l'assurance ? Certes le chiffrage est différent selon l'option, mais il est indépendant du choix de l'assuré et il n'évolue pas – fort heureusement ! – suite à ce choix.

C'est ainsi que, dès le 16 janvier 2011, l'expert a pu me communiquer le montant de l'indemnité prévue par l'assureur en fonction de l'option. La diffusion ultérieure du rapport d'expertise n'a rien changé à ce chiffrage :

– option 1 : en cas de vente du véhicule à l'assureur , le remboursement est de 848 € ;
– options 2 et 3 : en cas de réparation du véhicule (option 2) ou de conservation du véhicule par l'assuré (option 3), le remboursement est de 848 € moins la valeur résiduelle.

Concrètement, le rapport d'expertise ne sert qu'à décrire les dégâts subis par le véhicule et à évaluer le coût de sa remise en état, informations bien évidemment indépendantes de l'option choisie.

Mon interlocutrice ferait bien de faire valider ses réponses par un spécialiste avant de signer ses courriers. Quel crédit puis-je accorder à ses autres déclarations ? Par ailleurs, il semble qu'en répondant – fort mal – à cette question, ma correspondante ait considéré qu'elle répondait à la dernière question restée sans réponse, alors que j'avais cité cette question uniquement pour illustrer par un exemple le fait que, sur les dix questions posées à l'assureur dans mon courrier du 24 mai 2011, une seule avait obtenu une réponse. Maigre bilan qui n'a pas évolué depuis : une bonne réponse, une réponse éminemment farfelue (celle que vient de me faire la médiatrice interne) et huit questions toujours sans la moindre explication.

L'histoire racontée par la médiatrice interne

La médiatrice interne fait un récit chronologique édulcoré de ce qui s'est passé en février 2011, en occultant les épisodes embarrassants, pour elle. Comme quoi, il existe toujours plusieurs façons de raconter une histoire...

Ainsi, elle rappelle ce qui s'est passé le 7 , puis ce qui s'est passé le 16, puis le 18 février, etc. Mais pourquoi n'évoque-t-elle pas ce qui aurait dû se passer entre le 7 et le 16 et qui ne s'est pas passé ? Avec un minimum de curiosité, elle aurait pu réaliser un complément d'enquête et demander au services Sinistres d'expliquer pourquoi l'expert ne s'est pas déplacé chez le garagiste entre le 8 et le 11 février pour suivre les réparations, comme il aurait dû le faire.

Puis elle indique que le 18 février 2011, l'expert précise « qu'avant de délivrer un rapport de conformité, un contrôle technique et un contrôle de géométrie sont indispensables. » Les choses étant ainsi présentées, il semble établi que ces contrôles font partie intégrante de la procédure habituelle. Il n'est d'ailleurs pas impossible que mon interlocutrice le croie sincèrement, étant donné son manque d'expertise avéré en matière de sinistre.

Cette version est totalement erronée. Ces contrôles n'ont été demandés par l'expert que parce que celui-ci n'a pas vu le véhicule pendant les travaux de remise en état de la Fiesta. Et que s'il a demandé ces contrôles, c'est parce que j'ai obtenu du service Sinistres – à force d'insistance – qu'il recherche une solution pour corriger les conséquences de la boulette du 7 février. Cette procédure m'a été confirmée par un téléconseiller du service Sinistres par un courriel daté du 19 février, après qu'il ait obtenu l'accord de l'expert. La médiatrice interne n'a manifestement pas été informée de ces épisodes par ses collègues du service Sinistres.

Je lui avais pourtant indiqué tout cela dans mon courrier très détaillé du 16 janvier 2012. Dans le point n°4, j'insistais sur le fait que si l'expert n'avait pas vu le véhicule pendant les travaux, il s'agissait d'un dysfonctionnement imputable au service Sinistres – ou à l'expert. Dans ce même courrier, j'indiquais également au point n°5 dans quelles circonstances ces contrôles avaient été demandés, montrant clairement qu'il ne s'agissait pas de contrôles systématiques, mais exceptionnels. Mais aucun de ces éléments n'a été vérifié par la médiatrice interne, aucun n'a été ni commenté, ni approuvé, ni réfuté : ils ont tout simplement été passés par pertes et profits. Par contre, le fait que je n'aie pas obtempéré à la deuxième demande de l'expert – refaire les contrôles – a été immédiatement retenu à charge contre moi, sans chercher à en comprendre les motivations.

Il n'y a pire sourd que celui qui ne veut pas entendre. Je croyais naïvement que la première qualité d'un médiateur était de veiller à ce que « ses portugaises soient un peu moins ensablées » que celles de l'administratif de base !

16-02-2012 : lettre n°1 de la médiatrice externe

Le premier courrier que m'adresse la médiatrice externe est daté du 16 février 2012. J'avais soumis le dossier au médiateur de la FFSA le 18 octobre 2011. Il m'aura donc fallu 4 mois pour accéder à mon Graal à moi : obtenir la prise en charge du dossier par un médiateur indépendant... ou censé l'être. La patience est une vertu indispensable lorsqu'on a affaire à des services administratifs. Mais, sera-t-elle suffisante ? L'avenir nous le dira...

> ▓▓▓▓▓▓▓, le 16 février 2012
>
> Objet : Saisine du médiateur
>
> Monsieur,
>
> Le service Réclamations Clients de ▓▓▓▓▓ vient de me transmettre votre dossier et votre demande de médiation.
>
> Sur la base de la Charte de la médiation dont se sont dotées les entreprises d'assurance, le médiateur intervient pour trancher un différend relatif au contrat d'assurance entre un assuré et son assureur (fiche descriptive de la fonction de médiateur jointe). Or, j'observe dans votre affaire qu'il n'y a pas de différend concernant l'indemnisation de votre sinistre qui a été réalisée à hauteur de votre préjudice.
>
> Vous souhaitez porter à la connaissance du médiateur certains dysfonctionnements intervenus dans la procédure d'indemnisation mais il n'appartient pas au médiateur d'enjoindre à la compagnie d'assurance de vérifier ou de modifier les procédures qu'elle utilise. Le médiateur n'intervient que lorsqu'il s'agit de statuer sur une réclamation formulée par un assuré afin de donner un avis sur l'issue du différend l'opposant à la compagnie d'assurance. Dans la mesure où vous souhaitez simplement dénoncer la procédure de traitement de votre dossier, je suis au regret de vous informer que la saisine du médiateur n'a pas d'objet.
>
> En vous souhaitant bonne réception de la présente, je vous prie d'agréer, Monsieur, l'expression de mes sentiments les meilleurs.
>
> Anne ▓▓▓▓▓▓

La partie est loin d'être gagnée ! Le chemin s'avère long et semé d'embûches. A chaque étape surgit une difficulté nouvelle. Après avoir franchi le pont-levis (Réclamations Clients) et la herse (Réclamations Clients et Médiation) qui protègent l'accès à la forteresse où s'abrite la médiatrice externe, je découvre, maintenant, que celle-ci ne se sent pas concernée par mon affaire. Comment est-ce possible? J'ai l'impression que son courrier lui a été dicté par la médiatrice interne. Le gel de la carte grise, qui m'interdit de vendre mon véhicule, ne serait pas un préjudice et je n'aurais donc pas de différend avec mon assureur. Et la critique de la procédure, au cours de laquelle un dysfonctionnement est survenu, ne l'intéresse pas. Mais, Madame, je ne demande pas la modification de la procédure, je demande simplement que l'on prenne acte qu'une erreur de gestion (peut-être exceptionnelle ?) intervenue dans le cadre de cette procédure m'a causé un préjudice.

L'emprise de la médiatrice interne sur cette procédure de médiation semble totale. Pourquoi est-ce elle qui a présenté ma demande de médiation à la médiatrice externe ? Ne suis-je pas assez « grand » pour le faire moi-même ? Il lui est facile, dans ces conditions, d'orienter le dossier comme bon lui semble.

Il ne me reste plus qu'à expliquer à la médiatrice externe tout ce qui apparemment lui a échappé à l'examen des informations que lui a transmises (ou pas?) la médiatrice interne. Comme je le disais il y a peu, à nouvel interlocuteur… nouvelle explication.

22-02-2012 : je réponds à la médiatrice externe

Jean-Claude , le 22 février 2012

à   Madame Anne
    Médiatrice externe

<u>Objet</u> : Saisine du médiateur

Madame,

J'accuse réception de votre courrier du 16 février.

Il subsiste bien un différend relatif au contrat d'assurance entre moi et mon assureur. Si les réparations ont bien été remboursées en totalité par l'assureur (après une réclamation argumentée de ma part), mon véhicule est toujours frappé par un gel de la carte grise. Ce gel est lié à une faute de gestion d'un téléconseiller, gestionnaire de sinistre. Lors de notre échange téléphonique du lundi 7 février 2011, celui-ci m'a indiqué qu'il allait informer immédiatement l'expert du démarrage des travaux de réparation. Il ne l'a pas fait (ou il ne s'est pas assuré que l'information était parvenue à l'expert en temps utile).

Le gel de la carte grise résulte directement de cette faute. Et la tentative d'y pallier, n'a été pour moi qu'un long « parcours du combattant » qui finalement n'a pas abouti. J'ai à plusieurs reprises évoqué cette faute de gestion avec l'assureur. Jamais celui-ci n'a daigné me répondre sur ce point ni pour reconnaître la faute ni d'ailleurs pour la réfuter.

Dans son courrier du 2 février 2012, Madame   du Service Réclamations et Médiation, résume l'état du litige qui subsiste en écrivant : « Vous reconnaissez avoir été entièrement dédommagé pour les travaux de remise en état du véhicule, mais vous estimez que cette indemnité ne règle pas le préjudice lié au gel de la carte grise ».

C'est bien cela ma position.

Il est exact que pour le dossier que j'ai réalisé, j'ai pris le parti de décrire les faits de bout en bout, en soulignant les dysfonctionnements constatés, qui ne relèvent certes pas de votre compétence, mais qui aident à comprendre le contexte (j'espère simplement que l'assureur en tiendra compte pour améliorer la qualité de ses prestations) et les deux points de litige évoqués *supra* et dont l'un est toujours en suspens.

Je vous prie d'agréer, Madame, l'expression de mes sentiments les meilleurs.

Jean-Claude   .

13-03-2012 : lettre n°2 de la médiatrice externe

> , le 13 mars 2012
>
> Monsieur,
>
> Suite à votre courrier du 22 février 2012, je me suis tournée vers le service Réclamations Clients de   afin de leur indiquer le motif de votre réclamation. J'ai joint à cet envoi une copie de votre lettre.
>
> Vous trouverez, en copie, la réponse que j'ai reçue de
>
> Je me tiens à votre disposition pour toute information complémentaire. En vous souhaitant bonne réception de la présente, je vous prie d'agréer, Monsieur, l'expression de mes sentiments les meilleurs.

C'est surréaliste ! La médiatrice externe, à qui je viens de confirmer le motif de ma réclamation s'empresse d'en informer le service Réclamations Clients, alors que celui-ci le connaît depuis novembre 2011 ! En retour, elle attend la réponse de ce service à mon plaidoyer, sans doute pour avoir deux sons de cloche. Mais ce n'est pas Réclamations Clients qui lui a répondu, mais le service Sinistres (voir sa réponse page suivante).

Le problème, c'est que c'est toujours le service Sinistres qui répond, car c'est lui qui gère les sinistres, c'est lui qui connaît les dossiers, c'est lui qui est responsable si les choses se passent mal. Toutes les enquêtes, toutes les études que prétendent faire les services Réclamations et Médiation ne font que relayer la parole de ce service, qui refuse systématiquement de reconnaître sa faute. Cette réponse ne fait pas exception à la règle. La faute éventuelle du service est implicitement exclue puisque, selon lui, la procédure a respecté les articles du code de la route ! Le service Sinistres refuse de comprendre que le différend qui m'oppose à l'assureur n'a rien à voir avec l'application de la réglementation, mais uniquement avec le dysfonctionnement provoqué par la faute du gestionnaire sinistres (et/ou de l'expert).

Quant à la médiatrice externe, elle n'apporte aucune plus-value : elle n'a fait que jouer le rôle de factrice en soumettant mon courrier à l'assureur et en me communiquant sa réponse, sans apporter le moindre commentaire. Elle n'évoque aucune perspective pour la suite de son intervention... comme si sa prestation était déjà terminée ! Puis elle m'indique qu'elle se « tient à ma disposition pour toute information complémentaire » ; c'est une façon de remettre la balle dans mon camp. « Je m'en lave les mains », aurait dit Ponce Pilate.

Réponse du service Sinistres à la demande de la médiatrice externe

Date: 29/02/12
Nom du client : M. ▒▒▒▒ Jean-Claude
N° de contrat : 114633049 Automobile -
N° de sinistre : 11 7235 00066 U
Dossier Réclamations : 59506

Bonjour,

Je fais suite à la réclamation de Monsieur ▒▒▒▒ portant sur l'indemnisation du préjudice lié au gel de sa carte grise du fait la faute qu'aurait commis un gestionnaire de ▒▒▒▒ en ne convoquant pas l'expert pour le démarrage des travaux de réparation.
Dans ce dossier, il est important de rappeler à l'assuré que le gel de la carte grise de son véhicule est directement lié à l'article L327-2 du code de la route qui stipule : « En cas de réparation du véhicule, celui-ci ne peut être remis en circulation et faire l'objet d'une ré-immatriculation qu'au vu du rapport d'expertise certifiant que ledit véhicule a fait l'objet des réparations touchant à la sécurité prévues par le premier rapport d'expertise et qu'il est en état de circuler dans des conditions normales de sécurité. »

En outre l'article L 327-3 indique :
« En cas de refus du propriétaire de céder le véhicule à l'assureur ou de silence dans le délai fixé à l'article L. 327-1, l'assureur doit en informer le représentant de l'Etat dans le département du lieu d'immatriculation. Celui-ci procède alors, pendant la durée nécessaire et jusqu'à ce que le propriétaire l'ait informé que le véhicule a été réparé, à l'inscription d'une opposition à tout transfert du certificat d'immatriculation. Pour obtenir la levée de cette opposition, le propriétaire doit présenter un second rapport d'expertise certifiant que le dit véhicule a fait l'objet des réparations touchant à la sécurité prévues par le premier rapport d'expertise et que le véhicule est en état de circuler dans des conditions normales de sécurité. A noter dans ce dossier qu'un contrôle final a été réalisé par l'expert à la date du 15/02/2011. L'expert a certifié que la réparation a été correctement réalisée mais ne pouvait certifier que le véhicule pouvait circuler dans les conditions normales de sécurité. En effet le contrôle technique du 4/03/11 faisait état de la nécessité de remplacer les pneumatiques avant et la rotule de direction avant droite. L'expert ne peut délivrer de certificat de conformité sans le remplacement de ces éléments.

Monsieur ▒▒▒▒ a emmené son véhicule le 20/07/2011 chez le garagiste afin de faire procéder au remplacement des éléments indiqués ci-dessus. Il a transmis à l'expert la facture ainsi que le contrôle de géométrie. Cependant, l'expert par courrier daté du 17/08/11 a indiqué à Monsieur ▒▒▒▒ qu'il devait :
- revoir le véhicule pour contrôle des travaux effectués;
- refaire un nouveau contrôle de géométrie;
- refaire un contrôle technique complet.
Par courrier du 22/09/11 Monsieur ▒▒▒▒ informait le service sinistres ne pas donner suite aux démarches permettant de lever le gel de la carte grise.
En conséquence, je vous confirme qu'il n'y a pas eu d'erreur de la part du service sinistres, et que la levée du gel de la carte grise ne peut pas se faire du propre fait de Monsieur ▒▒▒▒.

Souhaitant avoir répondu à votre demande,

Juliette ▒▒▒▒

Seul contre tous

A ce stade, je voudrais faire une petite pause dans la narration de mes échanges épistolaires et faire un état des forces en présence. Le schéma ci-dessous présente tous les interlocuteurs mobilisés par la compagnie pour répondre à ma requête : une vraie force de frappe, face à un assuré seul contre tous !

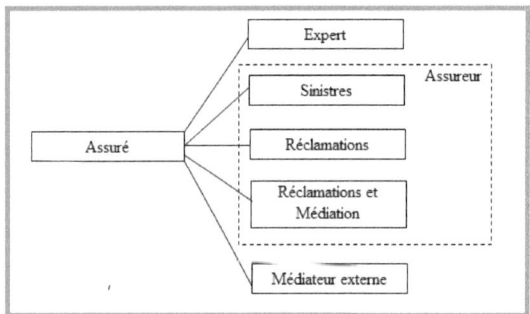

Chez l'assureur, j'ai été en relation tour à tour avec le service Sinistres, le service Réclamations Clients et le service Réclamations Clients et Médiation. C'est ainsi que j'ai reçu des courriers de Juliette, Julie, Ingrid, Lucie, Jérémy, Michèle, Maryse... et que j'ai été en communication téléphonique avec 3 ou 4 interlocuteurs dont je n'ai pas mémorisé le prénom. Si l'on ajoute la médiatrice externe de mon assureur et le cabinet de l'expert, c'est une bonne douzaine de personnes qui sont intervenues sur mon dossier. C'est dire l'effort de coordination qui aurait été nécessaire – mais qui n'a pas été fait, ou vraiment a minima – pour que tout ce petit monde fonctionne en bonne intelligence, afin de garantir un minimum de rigueur et de cohérence dans l'analyse du dossier.

En réalité, le seul qui dispose d'une vision globale du processus, c'est moi. Le service Sinistres a aussi une vision globale, mais à travers une dizaine de paires d'yeux. Quand aux services Réclamations, ils n'ont que la vision partielle – et partiale – que veut bien leur donner le service Sinistres, car je doute qu'ils aient consacré beaucoup de temps à analyser le dossier en profondeur, à poser les bonnes questions et à vérifier la qualité des réponses, bien qu'ils aient affirmé à diverses occasions avoir « procédé à une étude toute particulière » du sinistre.

Après cet état des lieux, qui permet d'apporter un éclairage sur le cheminement laborieux de cette affaire, reprenons le fil des échanges.

19-03-2012 : je réponds à la médiatrice externe

Si je reste silencieux, il est fort à craindre que la médiatrice externe entérinera la version développée par le service Sinistres, sans essayer d'approfondir la question. Je suis condamné une nouvelle fois à reprendre la plume, pour donner ma version des faits et justifier la pertinence de ma revendication. Voici ma réponse :

Jean-Claude , le 19 mars 2012

à   Madame Anne
     Médiatrice externe

<u>Objet :</u> Saisine du médiateur

Madame la médiatrice,

J'accuse réception de votre courrier du 13 mars 2012.

    J'ai lu attentivement la réponse du service Sinistres que vous m'avez adressée et je vous fais part ci-après de mes réactions. Je note que pour la première fois, après tant de courriers échangés entre nous, l'assureur évoque « la faute qu'aurait commise un gestionnaire de sinistres en ne convoquant pas l'expert pour le démarrage des travaux de réparation ». Mais en réalité, c'est pour en parler au conditionnel, sans la reconnaître ni la réfuter. Il énonce ensuite les articles L327-2 et L-327-3 du Code de la route, pour justifier le gel de la carte grise. Je fais remarquer que je n'ai jamais contesté ce gel, puisque c'est la loi qui l'impose et que ce gel initial n'est pas en cause dans le litige qui nous oppose.

    Puis le service Sinistres fait (à deux reprises) état de la nécessité, « pour obtenir la levée de cette opposition, de présenter un second rapport d'expertise certifiant que le véhicule a fait l'objet des réparations touchant à la sécurité prévues par le premier rapport d'expertise et que le véhicule est en état de circuler dans des conditions normales de sécurité. » Je note que l'assureur a le souci, dans sa réponse, de rappeler les règles en vigueur. Cependant, il se garde bien de mentionner la règle suivante, à savoir que pour établir ce second rapport d'expertise, l'expert doit examiner le véhicule avant, pendant et après les travaux de réparation. J'ignorais cette règle et, en réalité, comme probablement la majorité des assurés, j'ignorais tout des procédures de traitement des sinistres ainsi que des rôles respectifs de l'assureur et de l'expert. C'est pourquoi, je n'ai jamais rien entrepris, dans cette affaire, sans en référer, au préalable, aux spécialistes du service Sinistres.

    C'est ainsi que j'ai appelé le service Sinistres le lundi 7 février (très précisément à 14h31) pour indiquer que j'avais demandé au garagiste de réparer le véhicule avec une portière d'occasion.

    Lors de cet entretien, j'ai demandé à mon interlocuteur si je devais prévenir l'expert. Mon interlocuteur m'a indiqué qu'il allait faire le nécessaire auprès de celui-ci, dès la fin de notre échange. La suite montre que l'expert n'a pas été prévenu, qu'il n'a donc pas vu le véhicule pendant les travaux de réparation et qu'il a refusé, avec ce seul motif, d'établir un second rapport d'expertise, qui aurait permis de lever le gel de la carte grise. Cette faute, commise par le gestionnaire de sinistres (qui a ainsi trahi la confiance que j'avais mise en lui), constitue le seul fait générateur du litige.

    A ce stade, le litige et sa cause sont donc parfaitement identifiés. Mais puisque l'assureur évoque ensuite les événements qui ont suivi ce refus, je les aborde également pour donner mon point de vue. Pour pallier les conséquences de la situation ainsi créée et, face à mon mécontentement, le gestionnaire de sinistres a « négocié » avec l'expert une procédure de « rattrapage ». N'est-ce d'ailleurs pas un aveu implicite de la faute commise ?

Courrier à la médiatrice externe : page 2/2

Cette procédure a consisté à faire un contrôle technique et un contrôle de géométrie. Ces contrôles ont été faits le 4/03/2011 et immédiatement transmis à l'expert. L'assureur écrit que « le contrôle technique » du 4/03/11 faisait état de la nécessité de remplacer les pneumatiques avant et la rotule de direction avant droite ». Par souci de rigueur, je fais observer que le contrôle technique ne dit rien de tel (voir copie du contrôle technique en pièce jointe). Ce que rapporte le service Sinistres, c'est la traduction qu'en a fait l'expert.

Comme indiqué, le 20/07/2011, pour satisfaire à la demande de l'expert, j'ai fait remplacer les pneus avant et la rotule de direction (bien que le mécanicien m'ait signalé, dès son démontage, qu'elle était en parfait état).

L'assureur ajoute : « Cependant, l'expert par courrier daté du 17/08/11 a indiqué à Monsieur JC - qu'il devait :
- revoir le véhicule pour contrôle des travaux effectués ;
- refaire un nouveau contrôle de géométrie ;
- refaire un contrôle technique complet. »

Cette citation est rigoureusement exacte. Cependant, le service Sinistres omet de préciser la véritable raison avancée par l'expert pour appuyer cette demande. Cette raison, la voici (c'est l'expert qui parle) : « Au vu du délai écoulé depuis le contrôle technique, il est impératif que ce dernier soit refait. »

Il va sans dire que j'ai peu apprécié cette explication, dans la mesure où JAMAIS, ni l'expert ni l'assureur, ne m'avaient indiqué qu'il y avait une date butoir à respecter, pour effectuer les réparations. De ce fait, j'ai indiqué à l'assureur que je ne financerais pas ces nouveaux travaux, que je ne donnerais pas suite à la nouvelle demande de l'expert et que je constatais l'échec de cette procédure de « rattrapage », qui n'aurait jamais dû exister si l'assureur avait fait correctement son travail. Et voilà que celui-ci utilise cette décision pour m'attribuer la responsabilité complète de la non levée du gel de la carte grise (« la levée du gel de la carte grise ne peut pas se faire du propre fait de Monsieur JC -») et pour s'exonérer de sa propre responsabilité (« je vous confirme qu'il n'y a pas eu d'erreur de la part du service Sinistres »).

Je conteste formellement cette conclusion et je considère qu'il appartient à l'assureur de proposer une solution pour résoudre le litige qui nous oppose, en raison du dysfonctionnement de ses services.

Et je pose les questions suivantes :
1. Qu'est-ce qui permet au service Sinistres d'affirmer qu'il n'y a pas eu d'erreur de la part du service Sinistres ?
2. Comment un collaborateur de ce service peut-il se prononcer au nom de tous les collaborateurs qui sont intervenus sur le dossier (un collaborateur différent à chaque échange téléphonique avec moi) ?
3. A-t-on vérifié la teneur de l'échange du 7 février 2011 auprès du collaborateur qui m'a répondu ce jour-là ?
4. Y-a-t-il une trace de notre échange téléphonique du 7 février 2011 sur les fichiers du service Sinistres ? Et si oui, quelles informations y ont été notées ?

Je vous prie d'agréer, Madame, l'expression de mes sentiments les meilleurs.

Jean-Claude

26-04-2012 : lettre n°3 de Réclamations Clients

Près de six semaines ont passé depuis l'envoi de mon courrier du 19 mars 2011 à la médiatrice externe. J'attendais un retour de sa part, mais c'est le service Réclamations Clients qui répond. La médiatrice lui a donc communiqué ma lettre ; elle continue ainsi à exercer consciencieusement son rôle de factrice. Elle n'a donc aucun avis personnel sur le litige ?

L'assureur semble jouer la montre, peut-être pour m'inciter à renoncer – par découragement – à ma demande de réparation, mais je ne lui ferai pas ce cadeau.

Le 26 avril 2012

Monsieur,

A la suite de votre lettre du 19 mars 2012, je me suis rapprochée du service Sinistres afin d'obtenir des informations complémentaires.

Tout d'abord, je constate que vous ne contestez pas le gel de la carte grise.

A ce jour, je vous confirme qu'aucune erreur n'a été commise par le service Sinistres étant donné que dès votre appel du 7 février 2011 l'informant de la mise en réparations de votre véhicule, le gestionnaire a adressé un suivi informatique à l'expert en ce sens, le même jour (reçu le 8 février 2011 à 5 h 12 au cabinet d'expertise).

Vous estimez que du fait que l'expert n'a pas vu votre véhicule pendant les travaux, celui-ci a refusé d'établir le second rapport de conformité.

Je me permets de vous confirmer que selon la nature de la réparation, la première et la deuxième visites (avant et pendant travaux) peuvent ne faire qu'une. C'est à l'expert d'apprécier l'opportunité et il n'y avait pas obligation, dans votre cas, que l'expert voie votre véhicule pendant les travaux.

Je vous rappelle, à nouveau, que l'expert engage sa responsabilité personnelle lorsqu'il délivre son second rapport de conformité et il doit s'assurer que les réparations qu'il a prescrites sont correctement effectuées.

Ainsi que vous le savez, le certificat de conformité n'a pas pu être délivré du fait de la nécessité du remplacement des pneumatiques avant et de la rotule de direction avant droite, demandés par l'expert suite au contrôle technique du 4 mars 2011.

Vous avez effectivement fait effectuer les réparations et le contrôle de géométrie, mais l'expert ayant relevé des anomalies au niveau dudit contrôle de géométrie il vous a demandé de refaire un nouveau contrôle de géométrie, ainsi qu'un contrôle technique complet.

Il y a nécessité pour l'expert, qui engage sa responsabilité personnelle, d'être certain que votre véhicule peut circuler dans des conditions normales de sécurité.

Le contrôle technique initial du 4 mars 2011 n'étant pas vierge et le contrôle de géométrie faisant ressortir des anomalies de mesure, l'expert n'a pas pu délivrer de certificat de conformité.

J'espère vous avoir apporté toutes les explications qui vous étaient nécessaires.

Je vous prie d'agréer, Monsieur, mes salutations distinguées.

Michèle
Chargée de clientèle

Combien de fois vont-ils affirmer qu'ils sont innocents ? Ces gens-là font un usage débridé de la méthode Coué ! Néanmoins, il y a du nouveau...

« [...] le gestionnaire a adressé un suivi informatique à l'expert [...] »

Cette fois mon interlocutrice semble s'être intéressée de plus près au dossier. Dans son précédent courrier, elle indiquait avoir « procédé à une étude toute particulière » du dossier, sans en apporter la moindre preuve. Cette fois – il était temps –, elle s'est intéressée à ce qu'a fait le service Sinistres suite à mon appel du 7 février 2011 : «[...] le gestionnaire sinistres a adressé un suivi informatique à l'expert[...] », qui l'a reçu à son cabinet, le lendemain à l'aube.

Un « suivi informatique » : quèsaco ? Me voilà bien avancé. Croyez-vous qu'elle aurait eu l'amabilité de m'expliquer en quoi consiste cet OINI (Objet Informatique Non Identifié), quel est son contenu, sa finalité ? Elle imagine probablement que je n'ignore rien du jargon utilisé, entre initiés, à l'intérieur de la compagnie. Il me semble que la première qualité d'un service Réclamations Clients, c'est de se mettre à la portée de ses clients. Pour cela, il conviendrait de bannir tout vocabulaire exotique.

« Je me permets de vous confirmer que selon la nature de la réparation, la première et la deuxième visite (avant et pendant travaux) peuvent ne faire qu'une. C'est à l'expert d'apprécier l'opportunité et il n'y avait pas obligation dans votre cas que l'expert voie votre véhicule pendant les travaux. »

Alors ça, c'est un véritable scoop ! Voici une annonce inédite fort surprenante ! Ce n'est pas une confirmation, comme elle le dit, car pour dire que l'on confirme une règle, il faut l'avoir formulée précédemment. Or cette règle apparaît pour la première fois dans nos échanges.

Le problème, c'est que l'expert a justifié son refus de délivrer un rapport de conformité, en affirmant le contraire. Qui a raison ? Qui a tort ? Où est-elle allée chercher cette règle ? Elle a dû lui être soufflée par le service Sinistres, car si elle gère les réclamations, elle n'est pas pour autant une spécialiste des sinistres. Comment, par ailleurs, peut-on affirmer dans la même phrase qu'il n'était pas nécessaire que l'expert voie le véhicule pendant les travaux, mais que c'est à lui seul d'en apprécier l'opportunité ? Dans ces conditions, c'est nécessairement l'expert qui a raison, quelle que soit sa décision ! Mais en affirmant que l'expert n'était pas obligé de voir mon véhicule pendant les travaux, elle donne à celui-ci une leçon de gestion et lui inflige un blâme cinglant sur ses choix. Mais pourquoi me dire ça à moi ? C'est à l'expert qu'il faut le dire, Madame, et pourquoi ne pas aller... jusqu'à lui retirer son agrément ?

Synthèse

Ce courrier constitue un tournant dans la stratégie de défense de mon interlocutrice. Pour la première fois, elle tente de réfuter l'existence d'une faute de gestion, en mettant en exergue deux arguments :

1. Le service Sinistres a fait correctement son travail puisqu'il a informé l'expert ;

2. Si l'expert ne s'est pas déplacé au garage, ce n'est pas parce qu'il n'a pas été informé, mais parce que ce n'était pas nécessaire.

Mais bien entendu, cette argumentation ne tient pas la route du seul fait que l'expert souhaitait voir le véhicule pendant les travaux. La question essentielle reste posée : pourquoi ne s'est-il pas déplacé au garage pour voir le véhicule, pendant les réparations !

Je me demande si ces échanges épistolaires finiront un jour. Lettre après lettre, l'assureur campe sur sa position. Comme – selon lui – il a tout fait bien, il n'est pas nécessaire d'envisager la possibilité d'une faute de ses services.

30-04-2012 : je réponds à Réclamations Clients

Jean-Claude , le 30/04/2012

à   Madame Michèle
    Services Réclamations Client

<u>COPIE</u> : Mme la médiatrice externe

<u>OBJET</u> : Dossier 59506
             Votre courrier du 26/04/2012

                              Madame,

Je constate que la médiatrice externe vous a transmis mon courrier du 19/03/2012. C'est pourquoi, je lui transmets en parallèle, copie de cette réponse, avec la copie de votre courrier du 26/04/2012.

Effectivement, je ne conteste pas le gel de la carte grise, car contester le gel de la carte grise reviendrait à contester la réglementation en vigueur. Ce que je dénonce par contre, c'est le dysfonctionnement qui n'a pas permis la levée de ce gel, après réparation du véhicule, comme cela aurait dû être le cas. Vous me dites que le service Sinistres a fait son travail puisque l'expert aurait reçu, de la part de celui-ci, un avis de mise en réparation le 8/02/2011 à 5h12. Je n'ai pas de raison de douter de cette information, (que vous me donnez pour la première fois, après tant de courriers échangés entre nous !). Mais alors, le dysfonctionnement proviendrait du fait que l'expert n'aurait pas consulté les messages en provenance du service Sinistres, avant d'entamer sa journée de travail ?

Je me permets ici de formuler quelques questions et quelques remarques : l'assureur n'a-t-il qu'une obligation de moyens ? N'a-t-il pas une obligation de résultats, dans le bon déroulement du processus d'instruction des dossiers sinistres ?

Le 7/02/2011, le gestionnaire de sinistres aurait dû s'assurer que l'expert recevrait l'information en temps et en heure. En cas de doute, et en plus d'adresser un « suivi informatique » (à propos, c'est quoi un « suivi informatique » ?), dont le service Sinistres semble ignorer les conditions dans lesquelles ce « suivi » est utilisé par l'expert, n'auriez-vous pas dû prendre des mesures de précaution, par exemple :

> **Courrier adressé à Réclamations Clients : page 2/2.**
>
> – en essayant de joindre directement l'expert par téléphone ?
> – en vérifiant auprès de la secrétaire de celui-ci qu'il consulterait bien les messages de l'assureur le jour même ou dès le lendemain matin ?
> – en demandant au garagiste de retarder le début des travaux de remise en état, ou de se mettre en rapport avec l'expert pour décider ensemble d'une date ?
>
> Lors de ma communication avec le service Sinistres le 7/02/2012, j'ignorais complètement le détail de la législation en matière d'instruction des dossiers sinistres, ainsi que les modes de fonctionnement et d'échanges du couple assureur-expert. J'ignorais en particulier :
> 1. La contrainte du gel en Préfecture de la carte grise, pour un véhicule VEI ;
> 2. Les contraintes à respecter par l'expert pour lever le gel.
> L'expert ne m'a pas informé de ces contraintes. Votre collaborateur m'a simplement dit qu'il s'occupait de tout. N'avez-vous pas également une obligation d'information des vos assurés ?
> Ces contraintes, ce n'est que le 16/02/2011 que j'en ai pris connaissance, à réception du courrier de l'expert, daté du 14/02/2011, et alors que les réparations du véhicule étaient terminées depuis le vendredi 11 février 2011.
> Je joins une copie de ce courrier en annexe, pour étayer mes dires.
> Et à moins qu'il y ait eu un nouvel échange entre vous et l'expert, entre le 7 et le 14 février 2011, il apparaît que ce courrier constitue la réponse au « suivi informatique » adressé à l'expert le 07/02/2012. L'expert a donc mis 7 jours pour réagir à ce « suivi informatique ». Vous voyez bien que la responsabilité du mauvais traitement de ce dossier sinistre incombe au service Sinistres (ou à l'expert).
>
> Je vous prie d'agréer, Madame, l'expression de mes sentiments distingués.
>
> Jean-Claude
>
> P.-S. : Ce que vous rappelez dans la suite de votre courrier concerne la procédure de « rattrapage » initiée par le service Sinistres, pour tenter de pallier les conséquences du dysfonctionnement initial. Cela ne concerne pas le fait générateur de ce dysfonctionnement.

Le courrier joint en annexe, que l'on peut relire au paragraphe « 16-02-2011 : lettre n° 3 de l'expert (une énorme surprise !) », indique les exigences de l'expert ; celles-ci démentent la règle défendue par le service Réclamations Clients selon laquelle il n'était pas nécessaire que l'expert voie le véhicule pendant les réparations. Ce document irréfutable devrait l'amener à reconnaître son erreur. ! Mais, est-elle vraiment prête à cet acte de contrition ?
Nous aurons peut-être la réponse dans son courrier du 04/06/14, reproduit ci-après.

04-06-2012 : lettre n°4 de Réclamations Clients

La médiatrice externe ne s'est pas manifestée depuis le 13 mars. A ce stade du processus, ne devrait-elle pas être mon unique interlocuteur ? Continue-t-elle à suivre le dossier dans la coulisse ? A toutes fins utiles, je continue néanmoins à la mettre en copie de mes courriers.

Le dialogue s'est de nouveau établi directement avec le service Réclamations Clients, comme si la médiatrice externe était hors jeu. Voici la réponse de Réclamations Clients :

Le 4 juin 2012

Monsieur,

Je reviens vers vous à la suite de votre lettre du 30 avril 2012.

Je tiens à vous confirmer que dans le cadre d'une procédure Véhicule Economiquement Irréparable, lorsque l'assuré décide de faire procéder aux réparations de son véhicule, il n'y a pas obligation de visite de l'expert pendant les travaux. C'est à l'expert d'en apprécier l'opportunité.

Ainsi que je vous l'expliquais dans mon courrier du 26 avril dernier, selon la nature de la réparation, la première et deuxième visites peuvent ne faire qu'une, ce qui est le cas dans votre sinistre et il ne s'agit absolument pas d'un dysfonctionnement.

Je vous précise que lorsqu'il y a une procédure Véhicule Economiquement Irréparable et que l'assuré décide de faire procéder aux réparations, M. ▓▓▓▓, du cabinet Centre d'Expertise Automobile ▓▓▓▓ demande systématiquement un contrôle technique, et ceci que le véhicule soit ou non vu pendant les travaux. Il ne s'agit nullement d'une procédure de « rattrapage ».

Enfin, vous indiquez que lors de votre communication du 7 février 2012 avec ▓▓▓, vous ignoriez les contraintes liées au gel de la carte grise en Préfecture. Je me permets de vous rappeler que le cabinet Centre d'Expertise Automobile ▓▓▓▓ vous a adressé le 17 janvier 2011 le kit ▓▓▓ dans lequel sont mentionnés les articles du Code de la Route faisant référence aux véhicules accidentés économiquement irréparables.

En conclusion, je maintiens que votre dossier a été correctement suivi et cet ultime courrier met fin à nos échanges.

Je vous prie d'agréer, Monsieur, mes salutations distinguées.

Michèle ▓▓▓▓
Chargée de Clientèle

Je me permets de commenter, ci-après, une par une, toutes les affirmations de mon interlocutrice, reproduites ci-dessous en caractères gras :

> **« [...] il n'y a pas obligation de visite de l'expert pendant les travaux. C'est à l'expert d'en apprécier l'opportunité. »**

Bis repetita ! Comme je l'indiquais plus haut, malgré les preuves irréfutables fournies, mon interlocutrice persiste et signe. Comment peut-elle réaffirmer cette règle contredite par l'expert, l'homme de l'art en la circonstance ? C'est incompréhensible ! L'acte de contrition viendra plus tard... ou jamais. Je conseille toutefois à cette personne de se ménager, pour ne pas courir le risque d'être prochainement victime d'un *burn out* !

Je reviendrai plus loin sur ce point, car elle va défendre jusqu'au bout, cette position, contre vents et marées, en dépit des évidences. Comment peut-on dialoguer sereinement face à un administratif aussi buté !

> « [...] selon la nature de la réparation, la première et la deuxième visite peuvent ne faire qu'une, ce qui est le cas dans votre sinistre [...] »

Mon interlocutrice explique maintenant que le principe qu'elle défend ne s'applique pas systématiquement, mais « selon la nature de la réparation ». Puis sans préciser les conditions d'application de cette nouvelle règle, elle ajoute péremptoirement que c'est le cas dans mon sinistre. Mais cela n'explique toujours pas pourquoi l'expert en a décidé autrement.

Plutôt que de me m'abreuver avec toutes ces prétendues règles, venues d'on ne sait où, pourquoi n'en débat-elle pas directement avec l'expert ?

> « [...] l'expert demande systématiquement un contrôle technique. Il ne s'agit nullement d'une procédure de rattrapage. »

Encore une affirmation fantaisiste ! Pourquoi, dans ce cas, le service Sinistres aurait-il demandé à l'expert si la présentation d'un contrôle technique lui permettrait de produire un rapport de conformité, si ce contrôle était systématique ? Et le contrôle de géométrie, est-il aussi systématiquement demandé? Au fait, à quel stade du processus de réparation l'expert est-il censé demander ces contrôles ? Après que le véhicule ait quitté le garage ?

> « Je me permets de vous rappeler que le cabinet d'expertise vous a adressé le 17 janvier 2011, le kit dans lequel sont mentionnés les articles du Code de la Route [...] »

C'est exact. Ces articles figurent bien dans le « kit assureur ». Mais, d'une part, il faut disposer d'une loupe pour les lire et, d'autre part, ils n'apparaissent que sur la fiche descriptive de l'option 3, (conservation du véhicule sinistré par l'assuré), option que j'ai écartée d'emblée. Et tel que le « kit » est présenté (une option par fiche), rien ne permet de penser que les textes imprimés sur la fiche relative à l'option 3 s'appliquent également aux options 1 et 2. Néanmoins, je plaide coupable, car l'information relative au gel de la carte grise figure aussi sur la fiche descriptive de l'option 2, mais n'ayant jamais entendu parler de cette règle auparavant, je n'ai fait que la survoler et je ne l'ai pas mémorisée. Excusez-moi... je ne suis qu'un assuré lambda ! Pour ce qui est de la règle qui contraint l'expert à voir le véhicule pendant les réparations, il n'en est jamais question dans le « kit »... mais mon interlocutrice trouvera cette absence logique puisque, pour elle, cette règle ne s'applique pas dans mon cas !

Néanmoins, ces détails ne changent en rien la responsabilité de l'assureur.

> « [...] cet ultime courrier met fin à nos échanges. »

Voilà que cette dame ne veut plus converser avec moi ! Peut-être considère-t-elle que nous n'avons plus rien à nous dire, mais je ne partage pas cet avis.

Dans son courrier du 26 avril 2012, elle m'a appris ce qui s'est passé le 7 février 2011 après mon appel téléphonique. Mais il subsiste bien des zones d'ombre. Quelle information véhiculait le « suivi informatique » ? Que s'est-il passé chez l'expert dans les heures qui ont suivi la réception de ce « suivi » ? La clé du problème réside dans la réponse à ces questions sur lesquelles elle n'est guère bavarde. De plus, elle n'a toujours pas admis son erreur sur la nécessité pour l'expert de voir le véhicule pendant les réparations. Autant de points fort embarrassants pour elle : je comprends qu'elle ne veuille plus me causer.

06-06-2012 : je réponds à Réclamations Clients

Jean-Claude   le 06/06/2012

à   Service Réclamations Client

COPIE à :   Madame la médiatrice externe

OBJET :   SINISTRE du 7/01/2010 sur contrat   (tentative de vol)
              Votre courrier du 26/04/201

                                 Madame,

J'accuse réception de votre courrier du 4 juin 2012 et je tiens à y répondre point par point.

1. Tout d'abord, il faudrait que vous « accordiez vos violons » avec ceux de l'expert. Vous me dites qu' « il n'y a pas obligation de visite de l'expert pendant les travaux ». Avez-vous bien lu le courrier rédigé par l'expert le 14 février, dont je vous ai transmis une copie avec mon dernier envoi ? L'expert n'a-t-il pas écrit : « Si nous n'avons pas effectué ce suivi de réparation avant, pendant et après travaux, nous ne pourrons pas établir le rapport de conformité vous permettant de lever l'opposition sur votre carte grise en Préfecture » ? Qui dois-je croire, l'expert qui a écrit ces lignes le 14/02/2011, ou vous, qui me délivrez une information contradictoire, seize mois après la survenance du sinistre ?

Et si, comme vous le dites, il n'y avait pas obligation de visite pendant les travaux, pourquoi l'expert ne l'a-t-il pas précisé dans son courrier ? Mais poursuivons le raisonnement en considérant, comme vous le faites, que la première et la deuxième visite (avant et pendant travaux) pouvaient ne faire qu'une. Dans ce cas, je suppose que la troisième visite (après travaux) dont vous ne parlez pas, était impérative, car si elle ne l'avait pas été, l'expert aurait délivré le certificat de conformité. Or, à ma connaissance, l'expert n'a pas vu, non plus, le véhicule après travaux, alors que celui-ci n'a quitté le garage que le 15 février 2011. D'où les questions suivantes. A quoi a servi le « suivi informatique » transmis par le service Sinistres à l'expert le 7 février ? Demandait-on explicitement à l'expert de contrôler les travaux ? Mentionnait-on le fait que les travaux allaient démarrer sous peu ?

N.B. : La réponse à ces questions se trouve probablement dans le contenu du « suivi informatique ». Mais à la question « c'est quoi un suivi informatique ? » que je vous ai posée dans mon courrier précédent, vous n'avez pas répondu. Un peu plus de transparence de votre part m'obligerait !

Ma réponse à Réclamations Clients : page 2/2

In fine, je ne vois pas bien ce que vous souhaitez démontrer. Car si, selon vous, il n'y a pas eu dysfonctionnement pendant les travaux, alors, c'est après que le dysfonctionnement a eu lieu.

2. Il faudrait aussi que les différents services de l'assureur « accordent leurs violons » entre eux. Vous m'indiquez que « lorsque il y a une procédure VEI et que l'assuré décide de faire procéder aux réparations, l'expert demande systématiquement un contrôle technique, et ceci que le véhicule soit ou non vu pendant les travaux et qu'il ne s'agit nullement d'une procédure de rattrapage ». Or, votre collaborateur m'écrivait, par courriel, le 19 février 2011 : « L'expert n'ayant pu voir votre véhicule pendant les réparations, il serait prêt à étudier la possibilité de rendre un rapport de conformité en présence d'un contrôle technique et de géométrie qui permettent de valider la conformité de votre véhicule ». Vous noterez le conditionnel utilisé par votre collaborateur (« il serait prêt ») et la formule « étudier la possibilité » qui contredisent très clairement le « systématiquement » que vous utilisez.

Je joins à ce courrier la copie de ce mail, qui figurait déjà dans mon dossier du 18/10/2011, adressé (par méconnaissance de vos procédures) au médiateur de la FFSA.

3. Vous me dites que l'expert avait mentionné sur le « kit assureur » l'opposition à tout transfert de carte grise. J'ai vérifié et c'est tout à fait exact. Je reconnais mon erreur (moi !), mais ceci n'avait pas marqué mon esprit, car, à ce moment de l'instruction du dossier, mon unique souci était de ne pas supporter 1400 € de réparation sur un véhicule en valant 1000, tout en évitant de l'envoyer à la casse.

Mais revenons à la source du problème. Le 7/02/2011, le service Sinistres envoie à l'expert un « suivi informatique », objet dont vous ne m'avez pas dit quels étaient la finalité et le contenu, sans s'assurer qu'il produira les effets attendus (un peu comme une « bouteille à la mer »).

Le « suivi informatique » ne produit pas les effets attendus, puisque l'expert ne se déplace au garage ni pendant ni après les travaux. A partir de ce loupé, la procédure part à vau-l'eau :
- l'expert refuse d'établir un rapport de conformité ;
- votre collaborateur le contacte pour trouver un palliatif ;
- l'expert demande un contrôle technique et de géométrie ;
- etc., vous connaissez la suite.

Quelle conclusion voulez-vous que je tire de cette séquence sinon qu'il y a eu dysfonctionnement ?

N.B. : Sur mon dernier courrier, je vous demandais si l'assureur avait, en l'occurrence, seulement une obligation de moyens ou également une obligation de résultats. Vous ne m'avez pas répondu. Mais à l'analyse, il apparaît que l'assureur n'a assumé ni une obligation de moyens (moyens de communication avec l'expert apparemment inadaptés à la situation) ni une obligation de résultats (pas de vérification de la bonne réception et de la bonne compréhension du message par l'expert).

Vous me dites que « cet ultime courrier met fin à nos échanges ». Je vous rappelle cependant que, bien que je me retrouve en ce moment à échanger avec le Service Réclamations, (comme en novembre 2011), j'ai sollicité le médiateur externe et que je suis en attente, de sa part, d'un avis motivé sur le litige qui nous oppose. Je m'étonne dans ces conditions que vous ne l'ayez pas mis en copie de vos deux derniers courriers. Je prends donc l'initiative de transmettre au médiateur la copie de cet échange.

Veuillez agréer, Madame, l'expression de mes sentiments distingués.

Jean-Claude

Ces échanges s'éternisent... mais comment s'y prendre pour faire boire un âne qui ne veut pas boire ? Pourtant, j'insiste, en affinant, lettre après lettre, une argumentation que je crois objective. Mais manifestement, mes interlocuteurs n'en tiennent aucun compte. Je suis le pot de terre en lutte contre le pot de fer, fort de sa formidable inertie et de son sentiment de puissance et d'impunité. L'assureur axe sa défense sur le déni de la réalité. Pour lui faire reconnaître son erreur, je n'ai pour atouts que mon obstination et ma patience. D'autres auraient abandonné la partie depuis longtemps alors que je m'entête – peut-être à tort ? Mais qui d'autre qu'un retraité pourrait consacrer autant d'heures de persévérance pour faire valoir ses droits ? Probablement personne. Voilà une réalité dont certains services administratifs doivent, hélas, abuser.

Ce courrier expédié, je me mets à nouveau en attente, bien que je n'aie pas la moindre certitude d'obtenir une réponse, après que mon interlocutrice m'a annoncé, par ce très bel alexandrin, que : « Cet ultime courrier met fin à nos échanges. »

Début juillet 2012

Pas le moindre souffle de vie n'émane de la compagnie en ce début du mois de juillet. Sont-ils tous partis en vacances, ou sont-ils tous anesthésiés par la chaleur ?

Je réfléchis à un courrier que je pourrais envoyer à la médiatrice externe pour tenter de la faire sortir de son mutisme. Ne serait-il pas temps pour elle de donner son avis ? Cette interrogation m'incite à relire la charte de la médiation qu'elle m'a communiquée, en annexe de son premier courrier. En voici un court extrait :

Quelle est la mission du médiateur ?

Le médiateur doit rendre un avis motivé en droit et/ ou en équité dans les 3 mois de sa saisine.

Il dispose pour cela d'un dossier complet adressé par l'assureur mais l'assuré peut également adresser au médiateur tout document qu'il jugera utile de porter à sa connaissance.

Quelle est l'autorité de l'avis rendu par le médiateur ?

Le médiateur ne rend qu'un avis, c'est-à-dire qu'il expose la solution qui lui semble appropriée au litige mais que cette solution ne lie pas les parties. Toutefois, les statistiques montrent que les entreprises d'assurance suivent cet avis dans plus de 99 % pour des cas.

Les trois mois sont largement dépassés, mais la Pythie n'a toujours pas délivré son oracle...

12 juillet 2012

Une vraie surprise m'attend dans ma boîte à lettres. La responsable du service Réclamations Clients, celle-là même qui avait déclaré mettre fin à nos échanges, dans son envoi précédent, m'adresse un nouveau courrier.

Pourquoi ce revirement ? Aurait-elle trouvé un argument massue, susceptible de pulvériser mon argumentaire, pour justifier cette reprise de la conversation ou est-ce enfin la reconnaissance de son erreur ? J'ai hâte d'en prendre connaissance.

12-07-2012 : lettre n°5 de Réclamations Clients

                  le 12 juillet 2012

Monsieur,

Après avoir pris connaissance de votre lettre du 6 juin 2012, je vous apporte une dernière réponse.

En ce qui concerne le suivi informatique, il s'agit d'échanger librement les documents (avis de sinistre, ordres de mission, rapports d'expertise, notes d'honoraires, devis, factures...) avec les partenaires de la gestion des sinistres, sans souci de compatibilité informatique.

Cela permet, en outre, à   de transmettre à l'expert des informations par télématique (échange de données par voie électronique).

Par ailleurs, l'expert   avait connaissance de votre choix de faire procéder aux réparations de votre véhicule ; l'avis de réparation que vous avez transmis a été réceptionné le 8 février 2012 au cabinet d'expertise, selon la pièce annexée. Sur cet avis de réparation, vous avez indiqué le lieu ainsi que la date de mise en réparation.

Sur le rapport de conformité, il est mentionné :

- le véhicule a été examiné avant travaux le 11 janvier 2011,
- le contrôle final a été réalisé en date du 15 février 2011.

Vous trouverez en pièces jointes, les photos prises le 15 février 2011 par l'expert suite aux réparations effectuées sur votre véhicule. Je certifie donc que l'expert a vu votre véhicule après travaux, une fois le véhicule réparé.

Ainsi dans votre dossier, je confirme qu'il n'y a pas d'anomalie de gestion du service Sinistres qui a informé l'expert de votre choix de procéder aux réparations, ni de la part du cabinet d'expertise qui a vu votre véhicule avant et après travaux (photos à l'appui) comme le veut la procédure Véhicule Economiquement Irréparable.

En conséquence, je clos définitivement votre dossier et considère qu'il s'agit là de notre ultime échange.

Ainsi que je l'ai fait pour chacune de mes réponses, j'en transmets une copie à Mme Anne

Je vous prie d'agréer, Monsieur, mes salutations distinguées.

Michèle
Chargée de Clientèle

L'expert disposait donc, dès le 8 février, de toutes les informations nécessaires pour assister aux réparations. Et pourtant, il ne s'est pas rendu au garage ? Pourquoi ? Pour mon interlocutrice, parce que ce n'était pas nécessaire. Pour moi, à qui l'expert a écrit deux fois que c'était impératif, parce que celui-ci a pris connaissance du « suivi informatique » et de l'avis de réparation... trop tard. Reste à définir qui est responsable : l'assureur ou l'expert ? Pour mon interlocutrice, cette question ne se pose pas. Elle continue d'affirmer que le cheval blanc d'Henri IV était noir, au lieu de mener une enquête sérieuse pour connaître la vérité. Pourquoi n'interroge-t-elle pas l'expert, au lieu d'annoncer de nouveau notre « ultime échange » ?

17-07-2012 : je réponds à Réclamations Clients

Jean-Claude   le 17/07/2012

à   Madame Michèle
    Service Réclamations Clients

Copie à : Mme la responsable du service Réclamations Clients et Médiation
           Mme la médiatrice externe

OBJET : Dossier 59506

                                         Madame,

J'accuse réception de votre courrier du 12 juillet 2012 et je mesure, à sa lecture, combien il est difficile, pour une grande compagnie telle que la vôtre de reconnaître une erreur. Grâce à vos explications, j'ai compris que le « suivi informatique » est, en fait, une messagerie qui vous permet de transmettre des messages libres et des pièces jointes, en l'occurrence à l'expert. Cependant, vous ne me dites toujours rien sur l'essentiel, à savoir :
   1. Qu'a demandé le service Sinistres à l'expert le 7 février 2011, via cette messagerie ?
   2. La messagerie, que le destinataire consulte à sa convenance, (et pas nécessairement à la convenance de l'émetteur, notamment en termes de délais), était-elle le moyen adéquat pour faire en sorte que l'expert se déplace au garage pendant les réparations, ce qui était, ou aurait dû être, le but de la manœuvre ?

Comme vous avez accès à des pièces du dossier dont je n'ai pas eu connaissance, vous m'apprenez que l'expert a contrôlé le véhicule après réparation et pris des photos de celui-ci le 15 février. Cette visite a dû avoir lieu entre 8h/8h30, heure d'ouverture du garage et 11h/11h30, heure à laquelle j'ai récupéré mon véhicule, après avoir réglé la facture. Ainsi, la mise en commun des informations que vous détenez et de celles dont j'ai connaissance permet de préciser la chronologie des événements.

Vous m'apprenez également que l'avis de réparation que j'ai adressé à l'expert le 7 février 2011, immédiatement après mon échange téléphonique avec le service Sinistres, a été reçu/tamponné/daté par le cabinet d'expertise le 8 février et que le 7 février, le service Sinistres a bien posté un message à l'attention de l'expert (il ne lui a pas téléphoné comme je l'imaginais alors). Ce « suivi informatique » est arrivé au cabinet d'expertise le 8 février 2011, à 5h12, comme vous l'indiquez dans votre courrier du 26/04/2012, ce qui vous fait dire que « l'expert avait connaissance de mon choix de faire procéder aux réparations de mon véhicule ».

Ce qui est maintenant avéré, c'est que cette information est arrivée au cabinet d'expertise dès le 8 février, via le « suivi informatique » d'une part et l'avis de réparation d'autre part. Mais, la question reste de savoir quand l'expert en a pris connaissance ?
Et, sur ce point, ce qui est avéré, c'est que l'expert n'a réagi à cette information que le 14 février. Entre temps, le véhicule avait été réparé, sans qu'il assiste aux réparations.

Réponse à Réclamations Clients : page 2/2.

Cependant, ces nouvelles précisions que vous m'apportez, ne changent en rien l'analyse du problème. Le problème, c'est que, suite à mon échange du 7 février 2011 avec le service Sinistres, le « suivi informatique » n'a pas produit les effets attendus et que l'expert n'a pas vu le véhicule pendant les réparations. D'où son refus de délivrer le certificat de conformité, ce qu'il explique dans son courrier du 14/02/2011, (dont je vous ai transmis la copie avec mon courrier du 30/04/2012) : « Si nous n'avons pas effectué ce suivi de réparation avant, pendant et après travaux, nous ne pourrons établir le rapport de conformité. »

Comme il a vu le véhicule avant travaux et qu'on sait maintenant qu'il l'a vu après, comment expliquez-vous ce refus ? Malgré la parole de l'expert, ici rappelée, vous continuez de refuser cette interprétation, puisque vous dites dans votre dernier courrier « qu'il n'y a pas d'anomalie de gestion du service Sinistres qui a informé l'expert de votre choix de procéder aux réparations ni de la part du cabinet d'expertise qui a vu votre véhicule avant et après travaux (photos à l'appui) comme le veut la procédure Véhicule Économiquement Irréparable".

Je vous rappelle que l'exigence exprimée par l'expert de voir le véhicule pendant les travaux, a été confirmée par le mail que m'a adressé un gestionnaire de sinistres le 19/02/2011, après avoir eu un contact avec le cabinet d'expertise (N.B. : Je vous ai transmis la copie complète de ce mail avec mon courrier du 06/06/2012).
Contestez-vous la parole de votre collaborateur, quand il dit : « L'expert n'ayant pu voir votre véhicule pendant les réparations, il serait prêt à étudier la possibilité de rendre un rapport de conformité en présence d'un contrôle technique et de géométrie qui permettent de valider la conformité de votre véhicule » ?

Il m'est difficile de vous opposer un argument plus explicite que celui-ci, s'agissant de l'exigence exprimée par l'expert. Mais si ceci ne suffit pas pour vous convaincre, je vous invite à consulter le document joint en annexe. Il faisait partie du courrier que m'a adressé l'expert le 14 février 2011. Jusqu'à ce jour, je n'avais pas relu de manière exhaustive tout le dossier (qui comporte maintenant plusieurs dizaines de pages couvrant une période allant du 7 janvier 2011 à ce jour) et je n'avais plus ce document en mémoire. Il traite de la procédure VEI et contredit formellement votre affirmation, concernant cette procédure.
N.B. : Ce document figurait déjà dans le dossier que j'ai envoyé, par méconnaissance de vos procédures, au médiateur FFSA le 18/10/2011, et que ce dernier vous a retransmis le 04/11/2011. Il y était répertorié sous le numéro 5.

Pour conclure, je voudrais aborder notre différend sous un angle différent. Il est clair que la procédure ne s'est pas déroulée comme elle aurait dû et cependant vous maintenez que ni le gestionnaire de sinistres ni le cabinet d'expertise n'ont commis d'erreur. Dans ces conditions, il resterait un seul responsable potentiel pour expliquer ce ratage : moi.
C'est pourquoi je vous pose la question : « Qu'aurais-je dû faire (ou ne pas faire), pour prévenir ce ratage » ?

Je vous remercie par avance pour votre réponse à cette question et vous prie d'agréer, Madame, l'expression de mes sentiments distingués.

Jean-Claude

En annexe de ce courrier, je joins, une nouvelle fois le document « Information Procédure VEI après décision de réparer » que j'ai reçu de l'expert le 16 février 2011(voir *supra*). Cet envoi est-il bien utile, puisque, à la différence de Saint-Thomas, mon interlocutrice ne croît même pas ce qu'elle voit ?

20-07-2012 : lettre n°3 de Réclamations et Médiation (accusé de réception)

, le 20 juillet 2012

Monsieur,

Je prends connaissance de votre lettre du 17 juillet 2012 qui a retenu toute mon attention.

Je procède à une étude particulière de votre dossier et m'engage à revenir vers vous dès que possible.

Dans cette attente, je vous prie d'agréer, Monsieur, mes salutations distinguées.

Maryse
Responsable Réclamations Clients et Médiation

La médiatrice interne réapparaît après 4,5 mois de silence...

Il ne faut jamais cesser d'espérer ! Après avoir « mis fin à nos échanges » le 4 juin 2012, puis m'avoir apporté une « dernière réponse » le 12 juillet 2012, afin de « clore définitivement le dossier », l'assureur, par la plume de la responsable du service Réclamations Clients et Médiation, « s'engage à revenir vers moi », dès qu'elle aura procédé à une nouvelle « étude particulière de mon dossier ». Combien d'études particulières leur faudra-t-il réaliser pour découvrir la cause réelle du préjudice que j'ai subi ? Lorsqu'on refuse, par principe, l'idée qu'il pourrait y avoir eu un dysfonctionnement du service Sinistres, on ne fait que tourner autour du problème, au lieu de l'analyser.

Le dossier continue de passer de service en service : toutes les équipes sont mobilisées pour répondre à mes courriers. L'intérêt que l'on me porte transparaît dans les formules utilisées : « toute mon attention », « étude toute particulière », « salutations distinguées ».

Il est vraiment très agréable de se sentir choyé comme un VIP par son assureur !

01-09-2012 : lettre n°4 de Réclamations et Médiation

Les congés d'été étant maintenant terminés, la responsable du service Réclamations Clients et Médiation a repris son activité et rédigé à mon intention ce premier courrier de rentrée, annoncé dans son accusé de réception du 20 juillet.

, Le 1er septembre 2012

Monsieur,

C'est avec une attention toute particulière que j'ai pris connaissance de votre lettre du 17 juillet 2012.

Vous désirez savoir ce que vous auriez dû faire afin d'éviter le litige lié au gel de la carte grise de votre véhicule.

Je vous rappelle qu'à la suite du contrôle technique et du contrôle géométrique effectués le 4 mars 2011, il a été nécessaire de remplacer les pneumatiques avant et la rotule de direction avant droit de votre véhicule. Vous avez fait exécuter ces travaux le 20 juillet 2011.
Du fait de cette intervention tardive, l'expert a été contraint de demander un nouveau contrôle technique et un nouveau contrôle géométrique pour permettre le dépôt du rapport de conformité et la levée du gel de la carte grise de votre véhicule. C'est uniquement ce délai qui a généré la sollicitation, par l'expert, de ces documents indispensables à la levée du gel de la carte grise.
Vous n'avez pas souhaité faire réaliser ces contrôles et la situation se trouve bloquée.

A noter que le fait que votre véhicule n'ait pas été vu pendant les travaux n'a aucune incidence sur le dépôt du rapport de conformité.

Je vous invite à reprendre connaissance de mon courrier du 2 février 2012 qui vous apporte toutes les explications nécessaires.

Je vous prie d'agréer, Monsieur, mes salutations distinguées.

Maryse
Responsable Réclamations Clients et Médiation

Après « toute mon attention » et « étude toute particulière », voici « l'attention toute particulière ». Saluons cette langue formidable qu'est le français, dont on peut sans fin combiner les mots, au gré de son inspiration !

Mais plus sérieusement, intéressons-nous au fond : quelques commentaires s'imposent.

« Du fait de cette intervention tardive, l'expert a été contraint de demander un nouveau contrôle technique [...] »

Il est amusant de constater combien il est difficile de justifier la décision de l'expert, sans avoir recours à des formules évasives. L'expert a justifié sa demande « au vu du délai écoulé », la médiatrice interne évoque le « caractère tardif », tandis que la gestionnaire sinistres inculte en arithmétique avait vu, par erreur, un délai supérieur à 6 mois.

Est-ce en raison de ce flou que l'on n'avait pas osé me dire : « Ne tardez pas trop pour faire réparer ! », de peur, sans doute, que je ne demande des précisions sur cette date butoir ?

En attendant, cette fixation sur le délai détourne l'assureur de toute autre considération.

« Vous n'avez pas souhaité faire réaliser ces contrôles et la situation se trouve bloquée. »

Dans mon courrier du 17 juillet, je demandais à la responsable du service Réclamations Clients et Médiation ce que j'aurais dû faire pour éviter le ratage de la procédure. Avec cette question, je souhaitais l'amener à analyser objectivement ce qui s'est passé (ou pas passé), le 7 février, entre l'assureur et l'expert. Mais elle n'a pas compris ma question – ou a feint de ne pas la comprendre – et, comme elle le fait depuis le 2 février, elle me renvoie à mon refus de refaire les contrôles. Il lui est plus aisé de me reprocher d'avoir jeté l'éponge au cours de la procédure de rattrapage, procédure qui, je continue de l'affirmer, n'aurait pas existé sans la faute originelle commise le 7 février, que d'enquêter sur la relation assureur-expert de ce même jour. Redouterait-elle de découvrir qu'il y a bien eu faute de ces duettistes ?

Mais, peut-être ai-je une part de responsabilité dans ce dysfonctionnement ? N'aurais-je pas dû m'assurer qu'entre le moment où j'ai informé l'assureur et le début des réparations, le délai était suffisant pour que, compte tenu des moyens de communication utilisés par l'assureur pour informer le cabinet d'expertise et de la faible réactivité de l'expert, celui-ci disposerait du temps nécessaire pour prendre connaissance de l'information reçue et pour organiser son travail en conséquence ? Oui, je l'avoue, je culpabilise de n'avoir pas veillé à cela... tout en me demandant à quoi il sert d'utiliser des moyens informatiques performants pour envoyer, à la vitesse de la lumière, un message, qui restera inexploité par l'expert pendant près d'une semaine !

« A noter que le fait que votre véhicule n'ait pas été vu pendant les travaux n'a aucune incidence sur le dépôt du rapport de conformité. »

Aussi extravagant que cela puisse paraître, la responsable du service Réclamations Clients et Médiation reprend à son compte l'argument farfelu avancé par sa collègue du service Réclamations Clients, malgré les écrits de l'expert qui précisent le contraire. Peut-être aurais-je dû présenter les choses comme ci-dessous, pour l'aider à ouvrir les yeux sur la réalité !

Ce que dit l'expert	Ce que disent ces dames
« Si nous n'avons pas effectué ce suivi de réparation avant, pendant et après travaux, nous ne pourrons établir le rapport de conformité […]»	« A noter que le fait que votre véhicule n'ait pas été vu pendant les travaux n'a aucune incidence sur le dépôt du rapport de conformité […]»

Conclusion

Les équipes de l'assureur font preuve d'une remarquable solidarité collective, qui ne laisse entrevoir aucune ouverture. Et toujours pas d'arbitre en vue sur le terrain ! Qu'attend donc la médiatrice externe pour siffler la fin de la partie ?

11-09-2012 : j'écris à Réclamations et Médiation

Le dialogue de sourds qui s'est instauré avec l'assureur est exaspérant. Comment s'y prendre pour provoquer l'intervention de la médiatrice externe, et obtenir qu'après 5,5 mois de silence, elle vienne – enfin ! – délivrer sa parole de sagesse. Pour respecter le protocole, j'interroge la médiatrice interne.

Jean-Claude   le 11/09/2012

à Madame Maryse
   Réclamations Clients et Médiation

OBJET : Dossier 59506

                                 Madame,

Votre lettre du 1er septembre 2012, qui répond à mon courrier du 17 juillet, nous fait faire un grand bond en arrière dans le temps, puisqu'il nous ramène au 2 février et au courrier que vous m'avez adressé ce jour-là.

C'est donc un retour à la case « départ » que vous me proposez. Ainsi, vous passez par pertes et profits tous les échanges postérieurs à cette date, à savoir :

- les courriers de la médiatrice des 16 février et 13 mars, qui ont initialisé la procédure de médiation externe ;
- les courriers de Réclamations Clients des 26 avril, 4 juin et 12 juillet 2012 ;
- et mes courriers des 22 février, 19 mars, 30 avril, 6 juin 2012 et plus particulièrement celui du 17 juillet, suite auxquels il vous est difficile de continuer à nier la responsabilité du service Sinistres, dans le dysfonctionnement de la procédure.

Le 2 février 2012, vous avez soumis mon dossier, à votre médiatrice externe. Dans son courrier du 16 février 2012, celle-ci m'a communiqué la Charte de la Médiation en assurance. Cette charte précise que « le médiateur doit rendre un avis motivé en et/ou en équité dans les 3 mois de la saisine. » Il me semble que le moment est maintenant venu de recueillir cet avis.

Merci de m'éclairer sur un point de procédure. Dois-je solliciter cet avis par courrier auprès de votre médiatrice, ou sont-ce vos services qui vont s'en charger ?

Je vous prie d'agréer, Madame, l'expression de mes sentiments distingués.

                                                                        Jean-Claude

27-09-2012 : lettre n°5 de Réclamations et Médiation

> , le 27 septembre 2012
>
> Monsieur,
>
> Je fais suite à votre lettre du 11 septembre 2012.
>
> Je me permets de vous rappeler le courrier du 16 février 2012 de Mme Anne   , Médiatrice externe, vous précisant que « dans la mesure où vous souhaitez simplement dénoncer la procédure du traitement de votre dossier, je suis au regret de vous informer que la saisine du médiateur n'a pas d'objet ».
>
> Je ne m'oppose pas à la Médiation. Cependant, hormis le fait que vous désirez que   reconnaisse une faute, qu'elle n'a à mon sens pas commise, je ne comprends pas ce que vous attendez puisque vous avez été intégralement indemnisé de votre préjudice, et ce dans le respect des engagements contractuels qui nous lient.
>
> Je ne vois pas sur quel différend je pourrais la saisir, sauf si à ce jour vous êtes en mesure de prouver et quantifier un autre éventuel préjudice financier.
>
> Je vous prie d'agréer, Monsieur, mes salutations distinguées.
>
> Maryse
> Responsable Réclamations Clients et Médiation

Non mais, elle ne se moquerait pas un peu du monde, la médiatrice interne ! Ce courrier est un petit chef-d'œuvre de tartuferie. Comment peut-elle oser écrire cela ? Je lui réponds ci-après, point par point :

« Je me permets de vous rappeler le courrier du 16 février 2012 de Madame Anne   , Médiatrice externe, vous précisant que « dans la mesure où vous souhaitez simplement dénoncer la procédure du traitement de votre dossier, je suis au regret de vous informer que la saisine du médiateur n'a pas d'objet. »

Et moi, Madame, je me permets de vous rappeler ma réponse du 22 février 2012 à la médiatrice externe, dans laquelle je précisais que cette saisine avait bien un objet : le préjudice lié au gel de la carte grise. Ce préjudice, que vous niez encore aujourd'hui, vous aviez probablement omis de le lui signaler dans le dossier que vous lui avez transmis, d'où mon courrier du 22 février. Ce courrier serait-il tombé dans les oubliettes ? Pour vous l'histoire se serait-elle arrêtée le 16 février avec le « regret » exprimé par Mme Anne   ?
Mais ôtez-moi d'un doute, vous n'avez pas annulé la saisine suite au courrier du 16 février ? Si tel avait été le cas, vous m'en auriez informé, n'est-ce pas ?

> « Je ne m'oppose pas à la médiation. »

Fort bien. Alors qu'attendez-vous pour demander à Mme Anne ▮▮▮▮ de nous faire part de son arbitrage ?

> **« Cependant, hormis le fait que vous désirez que ▮▮▮ reconnaisse une faute, qu'elle n'a à mon sens pas commise, je ne comprends pas ce que vous attendez puisque vous avez été intégralement indemnisé de votre préjudice, et ce dans le respect des engagements contractuels qui nous lient. »**

Vous maintenez que l'assureur n'a commis aucune faute et ne reconnaissez pas que le gel de la carte grise constitue un préjudice. Donc, nous ne sommes pas d'accord. Soit ! Dans ce cas, appliquons les « engagements contractuels qui nous lient », notamment celui-ci qui figure sur les conditions générales du contrat : « Si un accord n'est pas ainsi trouvé, il est possible de demander un avis au médiateur. » La médiation externe n'a-t-elle pas été instituée pour intervenir précisément dans ce type de situation ? Qu'attendez-vous pour demander cet avis, au lieu de faire diversion en étalant vos convictions personnelles !

> **« Je ne vois pas sous quel différend je pourrais la saisir sauf si à ce jour vous êtes en mesure de prouver et quantifier un autre éventuel préjudice financier. »**

Mais je crois rêver... Dois-je comprendre que la médiatrice n'a jamais été saisie et que vous avez considéré que son courrier du 16 février 2012, qui indiquait que la saisine n'avait pas d'objet, faute de différend, mettait fin à son action ?

Et pendant tout ce temps, vous m'avez laissé croire que la médiation était en marche ! Et pendant tout ce temps, vous avez laissé votre collaboratrice, responsable du service Réclamations Clients affirmer, dans sa lettre du 12 juillet 2012 : « Ainsi que je l'ai fait pour chacune de mes réponses, j'en transmets une copie à la médiatrice externe, Madame Anne ....» Pourquoi l'avoir mise en copie de vos courriers si vous n'attendiez plus rien de sa part ? Qu'avez-vous fait de nos échanges du premier semestre 2012 ? Passés par pertes et profits ? Effacés de votre mémoire ? Seriez-vous atteinte par un Alzheimer précoce, ou tout simplement victime d'une crise de mauvaise foi ?

Non, je ne suis pas victime d'une hallucination ! Je dois me rendre à l'évidence : la saisine de Mme Anne ▮▮▮▮ n'était qu'une illusion d'optique, un leurre, un mirage !

La médiatrice externe : un usage réglementé

Le courrier de la médiatrice interne, et mes réactions m'ont permis d'imaginer les règles qui régentent l'usage de la médiatrice externe au sein de la compagnie :

1. Règle n°1 : L'identité et l'adresse de la médiatrice externe doivent rester confidentiels, pour éviter qu'un assuré ne puisse la contacter directement ;
2. Règle n°2 : La médiatrice interne a le monopole de la saisine ; elle peut ainsi présenter le dossier, comme bon lui semble, et occulter, si elle le juge utile, les détails embarrassants ;
3. Règle n°3 : Il faut laisser croire à l'assuré, le plus longtemps possible et par tous les moyens disponibles, que la saisine est en marche.
4. Règle n°4 : Il faut rechercher, le moment venu, les bons arguments pour faire savoir à l'assuré que la saisine n'a pas (ou n'a plus) lieu d'être !

La médiatrice externe : la bonne conscience de l'assureur

Nous sommes en présence d'un litige entre un assureur et un assuré ? Ce préjudice est clairement identifié : c'est l'impossibilité pour l'assuré de revendre son véhicule dont la carte grise est gelée en préfecture. A l'origine de cette situation, il y a un dysfonctionnement de l'assureur (et/ou de l'expert) que l'assureur ne veut pas reconnaître. Et on m'explique que les conditions requises pour la saisine de la médiatrice externe ne seraient pas réunies !

A quoi sert-elle, cette médiatrice ? Quel est son domaine de compétence ? N'a-t-elle d'autre utilité que de permettre à l'assureur de se donner bonne conscience, en affichant la possibilité d'un recours à un médiateur « indépendant », et de passer ainsi, aux yeux des clients, pour un assureur soucieux d'équité dans le règlement des litiges assureur-assurés ? Avec ses deux médiatrices (interne et externe), l'assureur semble mériter un brevet de bonne conduite.

Mais la réalité est tout autre. Il suffit à la médiatrice interne d'affirmer que l'assuré a été intégralement indemnisé pour son préjudice et que le fonctionnement du service Sinistres a été d'un professionnalisme sans faille, pour décréter que la saisine de la médiatrice externe n'a pas d'objet. La médiatrice interne est à la fois juge et partie.

Cette organisation bafoue les principes d'un système de médiation. On est loin des systèmes existants ailleurs (tel que celui de la FFSA,...), où l'assuré peut saisir directement un médiateur indépendant dès lors qu'il a déjà saisi les services de réclamation internes sans obtenir satisfaction. Ici, les règles ont été « adaptées ». La médiatrice interne, qui joue le rôle du niveau 2 de réclamation, détient également la clé qui verrouille l'accès à la médiatrice externe. Qui peut encore croire à l'indépendance de cette dernière ? Il suffit de répondre aux deux question suivantes pour en juger : qui autorise, ou pas, sa saisine et qui rémunère ses prestations ?

Sa Majesté la médiatrice interne : la dame qui dit toujours « Non »

De la « bulle administrative » qui la protège, la médiatrice interne diffuse ses oukases. Elle est en capacité de répondre à toutes les interrogations :
 – l'assureur a-t-il commis une faute ? Sa réponse est non. Mais où sont les résultats de l'enquête qui valident cette position ?
 – l'assuré a-t-il subi un préjudice non réparé par l'assureur ? Sa réponse est encore non. Pour elle, un gel de carte grise ne constitue pas un préjudice !
 – est-il possible de saisir la médiatrice externe ? Sa réponse est toujours non. Peu lui importe qu'en refusant cette saisine, elle doive violer les conditions générales de ses contrats.

Qui pourrait la contredire ? Pas l'assuré dont les arguments ont été écartés d'un revers de manche. Pas la médiatrice externe qui est interdite d'arbitrage. Sa Majesté la médiatrice interne se comporte en monarque absolu.

Ultime tentative

En passant outre le refus de la médiatrice interne, je vais tenter d'obtenir l'avis de la médiatrice externe. Je synthétise – une dernière fois ! – les tenants et les aboutissants de cette affaire, en y intégrant les dernières informations connues et j'adresse le courrier suivant à la médiatrice interne, qu'il me semble inutile de chercher à court-circuiter, avec copie – c'est ça qui est important – à la médiatrice externe.

15-10-2012 : je réponds à la médiatrice interne

Jean-Claude   le 15/10/2012

à Madame Maryse
   Réclamations Clients et Médiation

Copie à : Mme la Médiatrice externe

OBJET : Dossier 59506

Madame,

Je fais suite à votre lettre du 27 septembre 2012.

Dans cette lettre, vous citez ce que m'écrivait Madame Anne P... le 16 février 2012, à savoir que « dans la mesure où vous souhaitez simplement dénoncer la procédure de traitement de votre dossier, je suis au regret de vous informer que la saisine du médiateur n'a pas d'objet ».
Pourquoi ne citez-vous pas également la réponse que j'ai adressée à Mme Anne P... le 22 février 2012 ? Mais peut-être n'avez-vous pas eu copie de ce courrier ?
Dans sa lettre du 16 février 2012, Madame Anne P... disait également qu'elle n'observait pas « de différend entre moi et mon assureur », alors que vous même m'aviez écrit le 2 février 2012, juste avant de lui soumettre mon dossier : « Vous reconnaissez avoir été entièrement dédommagé pour les travaux de remise en état du véhicule mais vous estimez que cette indemnité ne règle pas le préjudice lié au gel de la carte grise ».
Auriez-vous omis de transmettre à Mme Anne P... ce courrier, dans lequel vous précisiez la nature du différend qui nous oppose ?
N.B. : Si je vous pose ces questions, c'est faute de visibilité sur les informations que s'échangent mes multiples interlocuteurs : service Sinistres, service Réclamations Clients, service Réclamations Clients et Médiation, Médiation externe. Si tous les intervenants ne disposent pas des mêmes informations, cela ne peut que nuire à la cohérence de nos échanges.

Vous me dites (encore une fois) que j'ai été « intégralement indemnisé de mon préjudice ». Si tel était le cas, pourquoi vous aurais-je adressé onze lettres (celle-ci est la douzième) pour vous amener à reconnaître la responsabilité de l'assureur et à prendre les mesures nécessaires pour réparer ce préjudice ? Mais puisque vous persistez à exprimer cette opinion, je vais revenir ci-après, de manière détaillée, sur les préjudices que j'ai réellement subis.

Premier préjudice : le remboursement des frais engagés suite à la tentative de vol

Le 18 février 2011, vous m'avez versé 494,92 €, en remboursement du coût des réparations que j'ai réglé au garagiste le 15/02/2011.
Le 25 mars 2011, dans le cadre de la procédure de rattrapage, vous m'avez remboursé le coût des contrôles demandés par l'expert (161,70 €), en compensation de votre faute de gestion.

Courrier adressé à la médiatrice interne : Page 2/5

N.B. : Je rappelle que, dans son courrier du 4 juin 2012, Mme Michèle H... a réfuté le terme de « rattrapage », en affirmant qu'il s'agissait, non d'une procédure de rattrapage, mais de la procédure normale. Je vous invite à relire le courriel que m'a envoyé le 19 février 2011, Jérémy .... , gestionnaire de sinistres, qui valide sans équivoque possible la pertinence de ce terme (cf annexe-document2).

Dans mon courrier du 24 mai 2011, j'ai argumenté auprès du service Sinistres, sur le caractère inéquitable de l'indemnité de 494,92 €. J'ai fait valoir que si j'avais adopté l'une des trois options proposées par l'expert, l'assureur m'aurait versé 848 € (option 1) ou 788 € (option 2 ou 3). Or suite à mon investissement personnel pour réduire la facture, par l'utilisation d' une portière d'occasion, voilà qu'il s'octroie tout le bénéfice de cette action et fait ainsi l'économie de 293,98 € (788 - 494,92). Au passage, il refuse de considérer les frais que j'ai engagés pour la recherche, l'achat et le transport de la portière d'occasion.

Le 9 juin 2011, le service Sinistre reconnaît la pertinence de mes arguments et me verse un complément de 131,78 €. En fait j'attendais 293,08 €, mais il a déduit de ce montant les 161,70 € versés en remboursement des contrôles (technique et géométrie).

En clair, le 09/06/2011, l'assureur a récupéré les 161,70 €, qu'elle m'avait versés le 25/03/2011 !

Je n'avais pas mentionné ce point jusqu'ici, ne souhaitant pas concourir contre la compagnie pour décrocher le prix de la mesquinerie.

<u>Deuxième préjudice : mon véhicule fait toujours l'objet d'une opposition en Préfecture et n'est donc pas vendable.</u>

C'est le préjudice majeur. Vous pourriez me dire que sur un véhicule âgé de 19 ans et à faible valeur vénale, ce n'est pas très grave. Mais le même problème aurait pu se produire sur un véhicule récent. C'est pour cela que je ne souhaite pas passer l'éponge sur votre mauvaise gestion du sinistre. Que feriez-vous si pareille mésaventure vous arrivait, à vous ?

Car mauvaise gestion il y a eu, il suffit d'ouvrir les yeux pour s'en convaincre. Nos multiples échanges épistolaires ne laissent subsister aucun doute. Relisez en particulier nos échanges relatifs au « suivi informatique », que le service Sinistres a transmis à l'expert le 07/02/2011 et dont vous ne m'avez signalé l'existence que dans votre courrier du 26/04/2012, après que je vous aie pressée de questions, notamment sur ce qu'avait fait le gestionnaire sinistres le 07/02/2011, suite à mon appel (cf mon courrier du 19/03/2012) .

N.B. : Je vous rappelle à ce propos qu'il a fallu que je vous interroge à deux reprises (cf mes courriers des 30/04 et 06/06/2012) pour que vous me traduisiez en langage courant, l'expression « suivi informatique », qui appartient à votre jargon interne, et que j'attends toujours que vous m'indiquiez quel était le contenu de ce message destiné à l'expert. Cette attitude me paraît peu empathique à l'égard de votre client, d'autant qu'il s'agit là d'un point capital pour l'analyse de la faute de gestion commise par le service Sinistres.

Par ailleurs, si vous n'avez rien à cacher, pourquoi ne m'avez-vous pas fourni une copie de ce document ?

<u>Troisième préjudice : tous les tracas consécutifs à votre erreur de gestion</u>

Si la procédure s'était déroulée selon les règles habituelles, qui sont celles définies par l'expert (cf annexe-document1), celui-ci aurait vu le véhicule pendant les travaux.

Courrier adressé à la médiatrice interne : page 3/5

Il aurait pu à cette occasion, prescrire les contrôles et réparations nécessités par l'état du véhicule (remplacement des pneus, changement de la rotule de direction,..) et délivrer (ou pas) le certificat de conformité. Tout se serait passé, au cours d' une séquence unique, dans le garage qui a effectué les réparations et j'aurais récupéré mon véhicule, tous contrôles effectués, dès le mardi 15 février 2011.

Au lieu de cela :
- j'ai dû me battre téléphoniquement (le 18/02/2011) avec le service Sinistres pour qu'une procédure de rattrapage soit mise en œuvre (40 minutes au téléphone), puisque c'était, après votre erreur de gestion, la seule solution envisageable pour obtenir un rapport de conformité ;
- J'ai dû ramener le véhicule au garage pour un contrôle de géométrie le 04/03/2011.
- j'ai dû amener le véhicule chez Autovision pour un contrôle technique le 04/03/2011 ;
- j'ai dû ramener le véhicule au garage pour le remplacement des pneus et de la rotule de direction le 20/07/2011 ;
- pour me retrouver finalement dans la situation initiale, puisque à ce stade, il aurait encore fallu que je refasse les contrôles et que je représente le véhicule à l'expert..

Retour sur le noeud du problème

Le nœud du problème, cause de notre différend, c'est ce qui s'est passé le 7 février 2011, suite à mon appel au service Sinistres. J'affirme que le 7 février 2011, le gestionnaire n'a pas pris la bonne décision de gestion. Et vous affirmez, sans analyse sérieuse, que « le service Sinistres n'a commis aucune faute ». Ceci résume notre différend.

Dans son courrier du 26 avril 2012, Mme Michèle H... (du service Réclamations Clients) m'explique pourquoi, selon elle, il n'y a pas eu de faute de la part du service Sinistres. Elle écrit « qu'aucune erreur n'a été commise par le service Sinistres étant donné que dès mon appel du 7 février 2011 l'informant de la mise en réparation du véhicule, le gestionnaire a adressé un suivi informatique à l'expert en ce sens le jour même, document reçu le 8 février à 5h12 au cabinet d'expertise ».

Et dans son courrier du 12 juillet 2012, Mme Michèle H... ajoute : « Par ailleurs l'expert avait connaissance de votre choix de faire procéder aux réparations de votre véhicule ; l'avis de réparation que vous avez transmis a été réceptionné le 8 février 2011 au cabinet d'expertise, selon la pièce annexée. Sur cet avis de réparation, vous avez indiqué le lieu ainsi que la date de mise en réparation. »

Tout était donc en place pour un déroulement normal de la procédure ?

Mais contrairement à ce que m'avait indiqué le gestionnaire sinistres par téléphone le 07/02/2011, l'expert ne s'est pas déplacé au garage pendant les réparations. Je rappelle que le gestionnaire sinistres, à qui j'avais demandé si je devais alerter l'expert, m'avait répondu : « je le préviens immédiatement après votre appel ; ainsi, il pourra suivre les réparations et produire un certificat de conformité ».

Courrier adressé à la médiatrice interne : page 4/5

Première anomalie, l'expert ne se déplace pas, étant donné qu'il ne réagit au « suivi informatique » (envoyé le 07/02/2011 par le service Sinistres), que le 14/02/2011.

Autre anomalie, dans la lettre qu'il m'adresse le 14/02/2011 (cf annexe-document1), l'expert me réclame l'avis de réparation, alors que j'ai posté ce document le 07/02, suite à mon échange avec le service Sinistres et que le cabinet d'expertise l'a reçu et horodaté le 08/02 (cf lettre de Mme Michèle H... du 12 juillet 2012).

Qui est responsable de ce pataquès ? L'expert qui n'a ni consulté le « suivi informatique » ni examiné son courrier en temps opportun ? Ou le gestionnaire sinistres qui, le 07/02/2011, n'a pas fait les choix de gestion pertinents pour alerter l'expert ?

Il ne m'appartient pas de démêler les responsabilités respectives au sein du couple Assureur-Expert. Mais les services en charge de ce dossier depuis près de onze mois, auraient pu chercher à approfondir cette question, en recueillant le témoignage des deux acteurs principaux que sont l'expert et le gestionnaire sinistres qui a émis le « suivi informatique » le 07/02/2011.

Conclusion

Au bout du compte, cette affaire se résume en 2 questions et 2 réponses :

1. L'expert devait-il voir le véhicule pendant les réparations ?

La réponse est oui. Car contrairement à ce que vous avez affirmé (15 mois après la survenance du sinistre !), c'est la procédure standard exigée par l'expert (cf annexe-document 1). Car si l'expert ne voit pas le véhicule pendant les réparations, c'est à dire avant remontage, il ne peut délivrer un certificat de conformité. A défaut, il peut, à sa discrétion, accepter une procédure palliative (contraignante et coûteuse pour l'assuré). C'est cette procédure palliative que j'ai expérimentée, à mon corps défendant.

2. Le service Sinistres a-t-il fait le nécessaire pour que l'expert voie le véhicule pendant les réparations ?

La réponse est non. Alors que le démarrage des réparations était imminent, le gestionnaire sinistres a posté un message (le fameux « suivi informatique ») dans une messagerie, sans s'interroger sur le délai sous lequel l'expert en prendrait connaissance, au lieu de le prévenir immédiatement par téléphone, (et en me dissuadant de le faire moi-même !). Ce simple geste aurait évité le dysfonctionnement que je dénonce et ses conséquences.

La procédure de traitement de mon dossier, c'est la procédure VEI définie par l'expert (cf annexe-document1). Je ne dénonce pas cette procédure, comme vous le suggérez, mais le mauvais choix de gestion du gestionnaire sinistres qui, le 07/02/2011, a causé son dysfonctionnement, avec le résultat que l'on sait.

Vous me dites ne pas vous opposer à la Médiation externe et j'en suis fort aise, tant il est évident qu'il existe « un différend entre un assuré et son assureur relatif au contrat d'assurance ».

Je me mets donc en attente de l'avis de votre Médiatrice externe.

Je vous prie d'agréer, Madame, l'expression de mes sentiments distingués.

Jean-Claude

Courrier adressé à la médiatrice interne : page 5/5

ANNEXE

Document n°1 : extrait du courrier émis par l'expert le 14/02/2011

Dans ce courrier, l'expert rappelle la nécessité de voir le véhicule pendant les réparations. Il montre que l'expert ne réagit que le 14/02/2011, au message reçu de l'assureur le 8/02/2011 à 5h12. Il montre que le 14/02/2011, l'expert me réclame l'avis de réparation, alors que le cabinet d'expertise a reçu et horodaté ce document dès le 8/02/2011.

Il montre enfin que le « suivi informatique » n'informe pas sur l'identité du réparateur et la date de dépôt du véhicule. Ce document n'était-il pas, entre autres, fait pour ça ?

, le 14 février 2011

AYANT REÇU DE VOTRE MUTUELLE UNE NOUVELLE MISSION D'EXPERTISE POUR LE SUIVI DES REPARATIONS ET CONTROLES DE VOTRE VEHICULE, NOUS RESTONS DANS L'ATTENTE D'UN RENDEZ-VOUS CHEZ VOTRE REPARATEUR. MERCI DE NOUS RETOURNER LE DOCUMENT JOINT INDIQUANT LA DATE DE DEPOT DE VOTRE VEHICULE CHEZ CE DERNIER AINSI QUE SES COORDONNEES.

SI NOUS N'AVONS PAS EFFECTUE CE SUIVI DE REPARATION AVANT, PENDANT ET APRES TRAVAUX, NOUS NE POURRONS PAS ETABLIR LE RAPPORT DE CONFORMITE VOUS PERMETTANT DE LEVER L'OPPOSITION SUR VOTRE CARTE GRISE EN PREFECTURE.

INFORMATION PROCEDURE V.E.I. APRES DECISION DE REPARER

Nous vous rappelons que la validation des réparations par l'expert dans le cadre d'un suivi V.E.I est subordonnée à la bonne exécution des travaux de remise en état du véhicule suite au sinistre mais également à la mise en réparation des organes de sécurité défectueux de façon à assurer la sécurité de tous les usagers de la route.

Pour ce faire, nous devons impérativement examiner le véhicule au minimum trois fois à savoir :
– 1er examen avant travaux
- 2e examen pendant travaux
- 3e examen après travaux

Document n°2 : extrait du courriel reçu du service Sinistres le 19/02/2011

Ce courriel confirme que, contrairement à ce que vous avez affirmé de manière réitérée, c'est parce qu'il *"n'a pas pu voir le véhicule pendant les réparations"*, que l'expert a refusé d'établir un rapport de conformité.

Suite à ce ratage, et à ma demande, le service Sinistres a négocié avec l'expert une solution de rattrapage. Par ce courriel daté du 19/02/2011,   m'informe du résultat de ces négociations.

De :   Jeremy
A :
Envoyé le : Samedi, 19 Février 2011 18:29
Sujet : RE : Fiesta / Dossier 11723500066U

1. L'expert n'ayant pu voir votre véhicule pendant les réparations, il serait prêt à étudier la possibilité de rendre un rapport en conformité en présence d'un contrôle technique et de géométrie qui permettent de valider la conformité de votre véhicule.

10-12-2012 : l'assureur ne répond plus

Le 10 décembre 2012, je constate – amèrement – que la médiatrice externe n'est pas intervenue. Aussi incroyable que cela puisse paraître, la saisine était bien un trompe-l'œil ! La médiatrice interne est également restée muette. C'est la conspiration du silence !

Cela fait maintenant 56 jours que j'attends un retour. Or jamais le délai de réponse de l'assureur n'avait jusqu'ici dépassé les 45 jours. La conclusion est évidente : après m'avoir indiqué à plusieurs reprises qu'il « mettait fin à nos échanges », cette fois, c'est sûr, il est passé à l'acte. Il a décidé de ne plus me répondre. Ne pas répondre, alors que j'ai fait l'effort de rédiger un courrier de synthèse de cinq pages, complet et documenté, c'est d'une incorrection inouïe. Ce courrier (comme les précédents !) est impitoyable. Il synthétise l'affaire de A à Z, et fournit des preuves de ce qu'il avance. Il met en exergue les contradictions de l'assureur et l'inconsistance de ses arguments.

Après avoir commis une faute de gestion qui a causé un préjudice à son assuré, refusé, malgré l'évidence, de reconnaître cette faute, voilà que maintenant il coupe unilatéralement les ponts. Il aura ainsi montré, en peu de temps, tous ses mauvais penchants.

L'heure est grave. Je suis à la croisée des chemins. Ce que je vais faire – ou ne pas faire – maintenant, sera déterminant pour le dénouement de l'affaire.

10-12-2012 : recommandé avec accusé de réception

Il me faut prendre une décision. Après tous les efforts déployés pour obtenir réparation de ce préjudice, je ne vais tout de même pas laisser cette affaire se terminer en eau de boudin. Ce serait trop bête. Analysons le contexte :

- je suis sûr de mon droit et je n'hésiterai pas à demander l'arbitrage de la justice, s'il faut en venir à cette extrémité. J'ai en main tous les éléments pour convaincre un juge de la mauvaise foi et/ou de l'incompétence de mes interlocuteurs. Ils sont vraiment les seuls à ne pas voir que leur démonstration ne tient pas la route. Quand l'assureur affirme le contraire de ce que dit l'expert, tout en affirmant dans le même temps que seul celui-ci a le pouvoir de décision, on comprend l'incommensurable aberration de sa ligne de défense ;
- il serait immoral que la compagnie puisse échapper à une sanction, pour une faute de gestion avérée, dès lors que cette faute entraîne un préjudice pour l'assuré ;
- je viens de découvrir un peu par hasard, que selon l'article L114-1 du code des assurances, en cas de contentieux avec une compagnie, « les actions sont prescrites deux ans après l'événement qui lui a donné naissance ».

Or dans mon affaire, la prescription biennale prendra effet le 7 janvier 2013, c'est à dire dans moins d'un mois. Autrement dit, il suffit à l'assureur de laisser encore un peu traîner les choses – on a vu combien il excelle dans cet exercice ! – pour invoquer la prescription et échapper à la réparation du préjudice. J'imagine que c'est la stratégie qu'il a choisie : il n'y a donc plus de temps à perdre.

Fort heureusement, l'article L114-2 du même code ajoute que « la prescription peut être interrompue par l'envoi d'une lettre recommandée avec accusé de réception ».

*

Je prépare sur-le-champ un nouveau courrier. A toutes fins utiles, il fera l'objet d'un envoi recommandé avec accusé de réception.

Je qualifierai le courrier ci-après de « dernière tentative de règlement à l'amiable ». Si rien ne se passe, suite à ce recommandé, l'assureur ira s'expliquer avec le juge de proximité.

Jean-Claude   .   , le 10/12/2012

à Madame Maryse
   Réclamations Clients et Médiation

Lettre recommandée avec accusé de réception

OBJET : Dossier 59506

Madame,

Dans mon dernier courrier, daté du 15/10/2012, je vous indiquais que je me mettais en attente de l'avis de votre médiatrice externe.

Cet avis devait mettre fin à la procédure de médiation externe, engagée sous votre couvert, le 2 février 2012.

A ce jour (56 jours plus tard), aucun avis ne m'a été communiqué, ni par la médiatrice externe, ni par vous-même.
C'est pourquoi, j'en déduis que j'ai mal interprété votre courrier du 27/09/2012, dans lequel, lorsque vous écriviez que « vous ne vous opposez pas à la médiation », il fallait en réalité comprendre que vous vous y opposiez !
Avec pour seul argument, celui que vous répétez de manière continue depuis des mois, comme pour vous en convaincre vous-même, à savoir que l'assureur n'aurait commis aucune faute, argument que je conteste formellement et dont je pensais avoir démontré la fausseté depuis longtemps.

Cependant, votre formulation me laisse perplexe, lorsque vous écrivez « je ne vois pas sur quel différend je pourrais la saisir ». Alors que d'une part le différend est clairement connu et que d'autre part, je pensais qu'elle était saisie depuis le 2 février 2012. Je mesure, par ailleurs, en vous lisant l'indépendance très relative de votre médiatrice.

Vous écrivez également : « [...] sauf si vous êtes en mesure de prouver et de quantifier un autre éventuel préjudice financier ».

Lettre recommandée à l'assureur : page 2/2

Pourquoi évoquer un autre préjudice éventuel ? Le préjudice dont je vous parle n'est pas imaginaire, c'est le gel de la carte grise qui m'interdit de vendre mon véhicule. Je vous l'ai précisé plusieurs fois depuis le début de nos échanges, notamment dans mon courrier du 16/01/2012. Je l'ai également précisé à la médiatrice externe dans mon courrier du 22/02/2012. Ne considérez-vous pas ce gel comme un préjudice ?

Il est vrai que je n'ai jamais chiffré ce préjudice, car j'attendais une proposition de votre part. Et vous, vous attendiez une demande quantifiée de ma part. En fait, on s'attendait mutuellement. C'est bête !

Je vais sur-le-champ réparer cette lacune. Je vous propose deux options.

Réparation du préjudice : option 1

Je demande que l'assureur missionne, à ses frais, un expert qui, dans un garage proche, fera sur le véhicule concerné tous les contrôles qu'il jugera utiles (avec si nécessaire, démontage et remontage de pièces), pour attester que le véhicule ne présente aucun problème de sécurité et délivrera un rapport de conformité.

Ou de non conformité, car je ne demande pas un rapport de complaisance. Si l'expert estime que le véhicule ne peut circuler dans les conditions normales de sécurité (et que cet avis est étayé), l'opposition sur la carte grise perdurera et je considérerai que l'assureur a réparé le préjudice.

Réparation du préjudice : option 2

A défaut de retenir l'option 1, je demande à l'assureur de me verser le prix auquel ce véhicule peut être vendu, ce jour, sur le marché de l'occasion, soit 455 €.

*

Je vous prie d'agréer, Madame, l'expression de mes sentiments distingués.

Jean-Claude XXXXXX

28-12-2012 : lettre n°6 de Réclamations Clients

Bingo ! Mon courrier recommandé a fait mouche. Cette fois, l'assureur me répond, par l'intermédiaire du service Réclamations Clients.

La médiatrice interne à qui j'avais adressé ma lettre recommandée a probablement préféré lui déléguer la réponse. De plus, on me répond en seulement 18 jours, en pleine période de Noël. On est proche du record absolu en matière de délai !

, le 28 décembre 2012

Monsieur,

J'ai pris connaissance de votre lettre du 10 décembre 2012 dans laquelle vous proposez deux options.

Je me rapproche du service Sinistres afin de recueillir sa position. Je reviendrai vers vous dès que possible.

Dans cette attente, je vous prie d'agréer, Monsieur, mes salutations distinguées.

Michèle
Chargée de Clientèle

Non seulement elle m'écrit, mais elle essaie de me joindre sur mon téléphone fixe. Comme je suis absent au moment de l'appel, elle laisse sur mon répondeur le message suivant : « Bonjour Monsieur   , je suis Michèle   , du service Réclamations Clients de la société   . J'interviens au sujet de votre dossier sinistre. Je viens de prendre connaissance de votre lettre du 10 décembre dans laquelle vous faites part de deux options : soit on fait passer un expert, soit on vous verse 455 € et on en termine là avec le dossier. J'aimerais que vous me rappeliez au   , pour qu'on se mette bien d'accord. Merci de me rappeler. A tout à l'heure ».

Que me vaut tant de sollicitude de la part d'une personne qui m'a écrit à deux reprises qu'elle mettait fin à nos échanges et m'a expliqué que la compagnie n'avait commis aucune erreur ? Qu'est-ce qui a pu motiver cette nouvelle attitude très positive ? Est-ce l'effet du recommandé avec accusé de réception ? Est-ce le fait que j'aie précisé comment le préjudice pouvait être réparé, palliant ainsi le manque présumé d'imagination de l'assureur ? Quelle qu'en soit la raison, j'apprécie pleinement cet instant...

09-01-2013 : je rappelle Réclamations Clients

Le 9 janvier, comme elle me l'a demandé, je rappelle la responsable du service Réclamations Clients. Elle me confirme que ma demande a été transmise au service Sinistres. Celui-ci doit décider, ou pas, de verser les 455 € que je demande. Mon option 1 – l'intervention d'un expert – n'est pas évoquée. Il m'apparaît que son principal souci, lors de cet entretien, c'est de s'assurer auprès de moi que, dans l'hypothèse où les 455 € me sont versés, elle pourra clore le dossier. Je réponds affirmativement. Puis elle me précise que ce versement, s'il a lieu, ne vaudra pas reconnaissance d'une faute de gestion, car elle continue d'affirmer qu'aucune faute n'a été commise par le service Sinistres. Bien que la langue me démange de contester cette version, je m'astreins à garder le silence.

J'avais noté *supra* le rôle prééminent du service Sinistres. Cette séquence le confirme : c'est lui (le fautif) qui va décider. Réclamations Clients n'est que son porte-parole.

On m'indique aussi que, le dossier étant maintenant soumis au service Sinistres, la procédure de médiation externe va être suspendue. Cette affirmation me laisse perplexe. J'en étais resté à l'information communiquée par la médiatrice interne, qui, dans son courrier du 27 septembre 2012, indiquait (ou plus exactement sous-entendait) que la saisine de la médiatrice externe n'avait jamais eu lieu, faute de motif valable. Et voilà que maintenant on m'indique que l'on suspend cette médiation qui n'a jamais existé. J'en perds mon latin.

Sommée de s'expliquer, voici la fable qu'elle me raconte à propos de la médiation externe. « Les deux choses ne sont pas contradictoires, me dit-elle, car, avant la saisine proprement dite, il existe une phase préliminaire de consultation du dossier et c'est cette phase préliminaire que l'on va suspendre. » Bon sang ! Mais c'est... bien sûr ! Pourquoi ne m'avait-on rien dit ! En fait, depuis le 2 février 2012, la médiatrice externe était en situation de consultation du dossier.

J'ai bien du mal à croire cette version, peu cohérente avec les épisodes précédents. Est-elle vraiment crédible ou veut-on me faire prendre, une fois de plus, des vessies pour des lanternes ? Réalité ou enfumage : je m'interroge ; grande opacité : le doute n'est pas permis. La correction, c'est d'annoncer les règles du jeu avant le début de la partie, pas à la fin.

Elle m'explique ensuite que si le service Sinistres refuse de m'indemniser, alors la médiatrice sera saisie de l'affaire (la vraie saisine cette fois !) et elle disposera de trois mois (encore trois mois !) pour émettre un avis en droit et/ou en équité (selon la formule consacrée). A moins qu'elle ne se déclare incompétente pour ce type de litige. Et pour terminer, deux cas de figure restent à envisager. Soit la médiatrice me donne raison et le dossier sera clos, soit elle donne raison à l'assureur ou se déclare incompétente et il ne me restera plus qu'une solution pour tenter d'obtenir gain de cause : saisir la justice.

Pour conclure, mon interlocutrice m'indique qu'elle sera en mesure de me communiquer la réponse du service Sinistres sous 10 jours. Finalement, mon dossier semble s'acheminer vers une solution amiable. Si la raison de ce revirement de la compagnie réside dans le fait que j'ai présenté des solutions pour la réparation du préjudice, pourquoi ne pas m'avoir indiqué plus tôt que cela constituait un préalable ? Mais n'est ce pas la finalité d'un service de réclamations que de proposer un arrangement à l'amiable ? Je l'avais d'ailleurs demandé à la médiatrice externe dans mon courrier du 19 mars 2012, en écrivant : « Je considère qu'il appartient à l'assureur de proposer une solution pour résoudre le litige qui nous oppose. » Comme, on l'a vu, l'assureur n'a jamais réagi à cette invitation ; il a préféré s'enfermer dans sa tour d'ivoire et inventer des explications farfelues, pour me débouter.

Ces réflexions me confortent dans l'idée qu'il ne faut pas chercher de ce côté la raison de ce changement d'attitude. La stratégie de l'assureur était probablement de faire durer le dossier jusqu'au 7 janvier 2013, sans rien reconnaître, de façon à faire jouer la prescription biennale, à compter de cette date. Mon envoi recommandé avec accusé de réception aura grippé cette stratégie bien huilée.

21-01-2013 : dernier échange avant dénouement

Le 21 janvier 2013, la responsable du service Réclamations Clients me téléphone vers 11 heures. Elle m'indique que le service Sinistres est prêt à me verser 455 €, ce qui correspond à mon option 2. Mais elle ajoute – c'est une véritable obsession chez elle –, « bien qu'il n'y ait eu aucun dysfonctionnement de la part de la compagnie », en insistant bien sur ce point.

Elle me demande de confirmer – une fois encore – qu'à la suite de ce paiement, elle pourra clore le dossier : je confirme. Mais, que craint-elle ? Que je la poursuive en justice, malgré cette indemnisation ? Je me réjouis de n'avoir pas à recourir à cette institution qui m'est peu familière. Cependant, je n'aurais pas hésité à le faire si cela s'était avéré nécessaire, compte tenu du comportement insupportable de l'assureur fait de mauvaise foi, de déni et d'affabulations. .

Je me félicite de cette victoire du pot de terre contre le pot de fer. C'est la victoire de la patience, de la persévérance, de la pugnacité. Mais que d'énergie dépensée ! Et que de coûts inutiles, car les frais administratifs engagés par la compagnie sont à coup sûr bien supérieurs au montant de l'indemnisation !

Analyse d'un revirement

Cependant, je ne peux m'empêcher de rechercher une explication rationnelle à ce revirement, alors que la compagnie persiste à nier toute faute. J'ignore ce que mes interlocuteurs ont dans la tête et je ne peux que formuler deux hypothèses :

1. La compagnie est convaincue que le service Sinistres n'a commis aucune faute.

Et bien qu'étant certaine de n'avoir absolument rien à se reprocher, elle me verse 455 €. « Étonnant, non ! », comme aurait dit Pierre Desproges, car dans cette hypothèse, me verser 455 €, c'est dilapider l'argent des assurés.

Ce n'est assurément pas de la bonne gestion. Ce coût s'ajoute au coût de tous les courriers échangés et des nombreuses « études particulières » qui ont été réalisées par les différents services. Il faut cependant relativiser le coût de ces études, car, vu le niveau de méconnaissance du dossier atteint par mes interlocuteurs, elles ont dû être très superficielles.

2. La compagnie sait qu'elle (ou l'expert) a commis une faute ou, du moins, elle n'est pas sûre de n'en avoir pas commise.

Dans ce cas, elle préfère me verser 455 € pour clore le dossier, me dissuader de saisir la justice et ne pas courir le risque d'avoir à débourser davantage, sans compter la contre-publicité qui pourrait en résulter. Et comme elle craint que malgré cette indemnisation, je l'assigne en justice, elle persiste à déclarer qu'aucune faute n'a été commise, car, reconnaître une erreur, ce serait perdre, à coup sûr, face au juge de proximité.

22-01-2013 : roulez tambours, sonnez trompettes !

Le 21 janvier 2013

Monsieur,

Je fais suite à notre entretien téléphonique de ce jour.

Tout d'abord, je confirme qu'il n'y a eu aucun dysfonctionnement dans la gestion de votre dossier. Cependant, dans le but d'une transaction amiable, je vous informe que ▓▓▓▓ accepte de régler la somme de 455 euros ; vous recevrez prochainement un chèque de ce montant.

Ceci étant, je procède au classement définitif de votre réclamation.

Je vous prie d'agréer, Monsieur, mes salutations distinguées.

Chargée de Clientèle

Dormez tranquilles, braves gens. Si votre inébranlable certitude d'avoir été irréprochables dans la gestion de ce sinistre vous permet de dormir sur vos deux oreilles, je m'en réjouis pour vous !

Et voici, établi une nouvelle fois avec le même traitement de texte moyenâgeux, l'ultime document reçu de l'assureur, celui qui consacre sa capitulation... Bon sang ! Je crois que si j'avais fait le Tour de France, j'aurais remporté le prix de la combativité !

```
NOS REFERENCES
       11723500066U/                              LE 21 JANVIER 2013


    NOUS VOUS REMETTONS CI-DESSOUS UN CHEQUE D'UN MONTANT
DE              455,00 EUR A L'ORDRE DE M.         JEAN CLAUDE

EN REGLEMENT

pour solde du sinistre du 7/01/2011, conformément au courri
er du 21/01/2013 du Service Reclamations Clients du groupe


    NOUS VOUS PRIONS D'AGREER NOS SALUTATIONS DISTINGUEES.
```

Bilan

Calendrier

Date du sinistre :   7 janvier 2011
Date d'indemnisation finale : 21 janvier 2013
Durée totale :   2 ans et 14 jours

Courriers échangés

J'ai adressé 15 courriers, dont :
- 11 à la compagnie
- 1 au médiateur de la FFSA
- 3 à la médiatrice externe

J'ai reçu 30 courriers, dont :
- 6 de l'expert
- 1 du médiateur de la FFSA
- 2 de la Médiatrice externe
- 21 de la compagnie

Résultats obtenus

Positifs :

La Fiesta ne peut plus être vendue, mais elle m'a été payée par l'assureur et elle n'a jamais cessé de rouler, après sa remise en état.

Négatifs :

Pléthore de courriers et d'interlocuteurs !
Communication brouillonne, ambiguë et partielle de l'expert.
Absence de réponses - ou réponses farfelues - à mes questions.
Dysfonctionnements de l'assureur et de l'expert.
Obstination de l'assureur à nier sa responsabilité.
Médiatrice externe : faire-valoir, figurante ou factrice ?
Pléthore d'« études particulières » (toutes stériles) du dossier.

On dit que « faute avouée est à moitié pardonnée »,
mais que peut-on dire d'une faute niée avec autant de persévérance ?

Épilogue

La Fiesta a repassé un contrôle technique le 4 mars 2013, deux ans après le contrôle prescrit par l'expert, comme la loi l'exige.

Résultats : Aucun défaut à corriger avec contre-visite.
6 défauts à corriger sans contre-visite : Eh oui ! A cet âge...

Chose étonnante, le défaut « 5.2.4.1.1 Demi train AV (y compris ancrages) : Jeu mineur rotule et/ou articulation D », qui était apparu lors du contrôle technique du 4 mars 2011, et au vu duquel l'expert avait imposé le remplacement de la rotule avant droite, est à nouveau signalé. Et pourtant, la rotule a été remplacée le 20 juillet 2011 par une rotule neuve. Ceci confirme que ce défaut n'était pas dû à la rotule : le garagiste qui l'a remplacée avait raison... à moins que la nouvelle rotule ne se soit dégradée depuis son remplacement.

La Fiesta a repassé un nouveau contrôle le 28/02/2015, et cette fois, alors qu'aucune intervention n'a été faite sur le véhicule depuis le contrôle du 04/03/2013, l'anomalie 5.2.1.1 n'est pas réapparue.

Décidément, la mécanique n'est pas une science exacte !

Postface

Dans son poème *L'horloge*, Théophile Gautier a écrit : « Oui, c'est bien vrai, la vie est un combat sans trêve [...] ». Le présent témoignage tend à le confirmer.

Mais si l'on en croit Victor Hugo, lorsqu'il affirme dans *Les Châtiments* que « Ceux qui vivent, ce sont ceux qui luttent [...] », ne devrait-on pas remercier ces services administratifs pour les efforts qu'ils accomplissent jour après jour, pour nous donner l'opportunité de nous battre ?

C'est pourquoi, à l'heure de mettre un point final à cet ouvrage, un doute immense me submerge. N'aurais-je pas plutôt dû intituler ce témoignage : « Ces services administratifs qui nous font aimer la vie... » ?

TABLE DES MATIERES

Préface...13

Le trimestre perdu..15

    03-03-2009 : je consulte la CNAV..16
    10-03-2009 : je sollicite mon député..18
    18-03-2009 : réponse de mon député..19
    26-03-2009 : accusé de réception de la CNAV..............................19
    06-04-2009 : lettre du directeur-adjoint de la CNAV...................21
    06-04-2009 : lettre de la CNAV au député....................................23
    10-04-2009 : je demande à la CNAV de rectifier le décompte......24
    24-04-2009 : lettre de la CNAV...25
    28-04-2009 : je questionne la CNAV..27
    15-05-2009 : accusé de réception de la CNAV..............................28
    10-07-2009 : faute de réponse, je relance la CNAV......................29
    14-09-2009 : je réitère ma demande de rectification...................31
    23-09-2009 : allô... ici la CNAV !..32
    22-10-2009 : je sollicite à nouveau l'aide de mon député............33
    30-11-2009 : lettre du directeur de la CNAV................................34
    04-12-2009 : lettre de mon député...37
    11-12-2009 : j'informe mon député et le remercie.......................38
    02-04-2010 : la CNAV ne tient pas sa promesse...........................39
    12-04-2010 : le trimestre retrouvé..40
    Bilan..41

La virgule et le tiret..43

    10-02-2010 : je me rends au service de l'état civil........................43
    22-09-2010 : je demande la rectification de mon acte de naissance (1ère tentative)...........45
    28-10-2010 : réponse du procureur..47
    15-11-2010 : je questionne le ministère de la Justice...................49
    06-01-2011 : je demande la rectification de mon acte de naissance (2ème tentative).........50
    12-01-2011 : le procureur n'est pas compétent............................52
    19-01-2011 : je demande au procureur le retour de mon dossier...54
    18-03-2011 : 2 mois plus tard..55
    18-04-2011 : 3 mois plus tard..55
    18-04-2011 : je relance le procureur..56
    15-04-2011 : réponse du procureur..57
    27-04-2011 : je demande la rectification de mon acte de naissance (3ème tentative).........59
    05-05-2011 : 1ère réponse du procureur.......................................60
    16-05-2011 : je demande des explications au procureur.............62
    19-05-2011 : 2ème réponse du procureur......................................63
    23-05-2011 : je redemande des explications au procureur..........65

26-05-2011 : 3ème réponse du procureur...66
30-05-2011 : je demande l'avis du Défenseur des droits....................................69
27-07-2011 : réponse du Défenseur des droits..70
03-08-2011 : j'interroge la mairie...74
01-09-2011 : réponse de la mairie..75
15-09-2011 : j'interroge la préfecture..76
16-11-2011 : 2 mois plus tard..76
16-01-2012 : 4 mois plus tard..76
02-02-2012 : 4,5 mois plus tard : réponse de la préfecture................................78
16-02-2012 : je réponds à la préfecture et j'attends...86
21-05-2012 : j'interroge le Défenseur des droits (2ème sollicitation)..............87
29-06-2012 : réponse du Défenseur des droits..88
10-07-2012 : je sollicite mon député...91
24-07-2012 : accusé de réception de mon député...93
13-11-2012 : arbitrage du ministre de l'Intérieur..94
12-12-2012 : je me rends au service de l'état-civil..95
24-12-2012 : je demande la rectification de mon acte de naissance (4ème tentative).........96
09-01-2013 : réponse du procureur...98
14-01-2013 : je questionne à nouveau le procureur...101
18-01-2013 : mon prénom composé m'est restitué..102
22-01-2013 : réponse du procureur...103
Ce n'est pas tout à fait fini..103
15-02-2013 : ma dernière lettre au procureur...104
15-02-2013 : j'écris au Défenseur des droits...105
15-04-2013 : dernier courrier du procureur..106
Bilan...107
Addenda..108

52 jours en mode « Zero Play »...111

04-04-2012 : ma Freebox ne répond plus..111
25-05-2012 : le 52ème jour...121
25-05-2012 : petit debriefing...122
28-05-2012 : je demande à Free une indemnisation.......................................124
28-05-2012 : je remplis le formulaire de contact..126
04-06-2012 : courriel n°1 de Free Fidélisation..127
05-06-2012 : je relance Free Fidélisation...128
08-06-2012 : courriel n°2 de Free Fidélisation..130
26-06-2012 : je sollicite Free Service National Consommateur....................131
05-07-2012 : courriel de Free SNC..133
14-07-2012 : je saisis le médiateur..134
16-07-2012 : accusé de réception du médiateur...134
24-07-2012 : le médiateur décide d'instruire ma demande...........................135
26-11-2012 : je relance le médiateur après 4 mois d'attente..........................136
28-11-2012 : le médiateur rend son arbitrage...137
04-12-2012 : je donne mon accord au médiateur..139
04-12-2012 : j'interroge Bouygues Télécom..140
31-12-2012 : Free suit l'avis du médiateur...141
Bilan...142

La boulette du 7 février 143
    07-01-2011 : tentative de vol 144
    10-01-2011 : déclaration de sinistre 144
    11-01-2011 : expertise du véhicule 145
    19-01-2011 : lettre n°1 de l'expert (le « kit » assureur) 146
    31-01-2011 : quelle option choisir ? 149
    02-02-2011 : pourquoi n'ai-je pas reçu le rapport d'expertise ? 150
    04-02-2011 : je livre la portière d'occasion au garagiste 152
    L'option secrète ! 153
    04-02-2011 : lettre n°2 de l'expert (le rapport d'expertise) 154
    07-02-2011 : je contacte le service Sinistres 157
    15-02-2011 : je récupère le véhicule après réparation 159
    16-02-2011 : j'informe le service Sinistres 161
    18-02-2011 : l'assureur rembourse les frais de réparation 161
    16-02-2011 : lettre n°3 de l'expert (une énorme surprise !) 162
    16-02-2011 : très contrarié, je contacte le service Sinistres 165
    04-03-2011 : contrôle technique et contrôle de géométrie 166
    28-03-2011 : l'assureur rembourse les contrôles 168
    18-04-2011 : lettre n°4 de l'expert (le verdict) 168
    24-05-2011 : mon avis intéresse l'assureur 170
    09-06-2011 : lettre n°1 du service Sinistres 172
    09-06-2011 : l'assureur me verse 131,78 € 175
    20-07-2011 : je fais réparer le véhicule 175
    02-08-2011 : lettre n°5 de l'expert (le rendez-vous) 177
    17-08-2011 : Lettre n°6 de l'expert (hors délais) 179
    20-8-2011 : je sollicite l'avis du service Sinistres 181
    31-08-2011 : lettre n°2 du service Sinistres 183
    22-09-2011 : je réponds au service Sinistres 184
    04-10-2011 : lettre n°3 du service Sinistres 185
    18-10-2011 : saisine du médiateur de la FFSA 186
    04-11-2011 : réponse du médiateur de la FFSA 187
    09-11-2011: lettre n°1 de Réclamations Clients 188
    28-11-2011 : lettre n°2 de Réclamations Clients 189
    30-11-2011 : je réponds à Réclamations Clients 190
    10-01-2012 : lettre n°1 de Réclamations et Médiation 191
    16-01-2012 : je réponds à Réclamations et Médiation 192
    02-02-2012 : lettre n°2 de Réclamations et Médiation 194
    16-02-2012 : lettre n°1 de la médiatrice externe 197
    22-02-2012 : je réponds à la médiatrice externe 199
    13-03-2012 : lettre n°2 de la médiatrice externe 200
    Seul contre tous 202
    19-03-2012 : je réponds à la médiatrice externe 202
    26-04-2012 : lettre n°3 de Réclamations Clients 205
    30-04-2012 : je réponds à Réclamations Clients 207
    04-06-2012 : lettre n°4 de Réclamations Clients 209
    06-06-2012 : je réponds à Réclamations Clients 211
    12-07-2012 : lettre n°5 de Réclamations Clients 214
    17-07-2012 : je réponds à Réclamations Clients 215

20-07-2012 : lettre n°3 de Réclamations et Médiation (accusé de réception)....................217
01-09-2012 : lettre n°4 de Réclamations et Médiation..218
11-09-2012 : j'écris à Réclamations et Médiation...220
27-09-2012 : lettre n°5 de Réclamations et Médiation...221
15-10-2012 : je réponds à la médiatrice interne..224
10-12-2012 : l'assureur ne répond plus...229
10-12-2012 : recommandé avec accusé de réception..229
28-12-2012 : lettre n°6 de Réclamations Clients...232
09-01-2013 : je rappelle Réclamations Clients..233
21-01-2013 : dernier échange avant dénouement...234
Analyse d'un revirement 234
22-01-2013 : roulez tambours, sonnez trompettes !...235
Bilan...236
Épilogue..237

Postface...239